本书得到国家社会科学基金重大项目（19ZDA118）和重点项目（19ATJ002）的资助，特此致谢！

中国统计发展报告

（2019–2020）

统计现代化的新征程

陈梦根　石峻驿　赵楠　等著

PORT ON THE DEVELOPMENT OF CHINESE STATISTICS 2019–2020

The New Journey of Statistics Modernization

中国社会科学出版社

图书在版编目（CIP）数据

中国统计发展报告.2019-2020：统计现代化的新征程/陈梦根等著.—北京：中国社会科学出版社，2022.2
ISBN 978-7-5203-9661-5

Ⅰ.①中…　Ⅱ.①陈…　Ⅲ.①统计—研究报告—中国—2019-2020　Ⅳ.①C829.2

中国版本图书馆 CIP 数据核字（2022）第 017434 号

出 版 人	赵剑英
责任编辑	谢欣露
责任校对	夏慧萍
责任印制	王　超

出　　版	中国社会科学出版社
社　　址	北京鼓楼西大街甲 158 号
邮　　编	100720
网　　址	http：//www.csspw.cn
发 行 部	010-84083685
门 市 部	010-84029450
经　　销	新华书店及其他书店

印　　刷	北京君升印刷有限公司
装　　订	廊坊市广阳区广增装订厂
版　　次	2022 年 2 月第 1 版
印　　次	2022 年 2 月第 1 次印刷

开　　本	710×1000　1/16
印　　张	16.25
插　　页	2
字　　数	223 千字
定　　价	89.00 元

序　言

在人类社会历史中，统计活动起源很早。尽管作为一门学科的统计学在 17 世纪中叶才出现，但早在上古社会，统计就已成为当时氏族、部落或国家管理的重要手段。伴随着人类社会的发展，统计在国家治理与社会运行中的重要性不断提高，现已成为一国或地区信息系统的重要组成部分。在统计体系中，政府统计与民间统计相辅相成，缺一不可，其中政府统计体系更是扮演着基础性的作用，是社会管理与决策体系的基石。联合国《官方统计基本原则》明确指出："官方统计资料是促进经济、人口、社会和环境领域发展以及促进世界各国和各人民之间相互了解和贸易所必不可少的基础。"统计体系提供了政府、企业及公众等用户所关心的方方面面的数据，是一国经济社会信息的重要来源。随着社会的进步及全球化的发展，统计信息在各级经济社会决策及国际交往中的作用将进一步提高。

统计体系为社会提供的是一种特殊产品即统计数据，覆盖了经济、社会、环境、人口等各个领域，涉及数据搜集、加工、发布等整个流程，可以说，统计是一个系统工程。实际上，任何一项经济测度都是为了认识和改变社会现实，但又往往受制于社会现实。经济现实非常复杂，而且总在不断发展变化，对经济测度的各种制约往往使之处于两难甚至多难的境地，这就决定了经济统计总会面临各种新的挑战，必须不断向前发展。

拿国内生产总值（GDP）来说，学界一般认为，1934 年 1 月美国商务部向国会金融委员会呈递《国民收入报告（1929—1932）》，象征着该指标的诞生。著名经济学家、1969 年首届诺贝尔经济学奖得主保罗·A. 萨缪尔森和 2018 年诺贝尔经济学奖得主威廉·D. 诺德豪斯曾经指出：虽然 GDP 和其他国民收入账户是显得有点神秘的概念，但它们确实属于 20 世纪最伟大的发明之列。八十多年来，GDP 指标不断完善，已成为经济统计中最核心的指标，被世界各国广泛采用，但各界对该指标的批评之声始终不绝于耳。2010 年，以 Stiglitz、Sen 和 Fitoussi 为首的"经济表现和社会进步测度委员会"发表著名的"斯蒂格里茨报告"，系统梳理和总结了经济测度方法，其中三大内容包括 GDP 统计、福利测度与可持续发展测度。该报告是对经济规模测度问题的一项全面总结，归纳了现存问题，提出了改进原则和建议，目标可概括为"Beyond GDP"（超越 GDP），试图开启新的经济统计范式。尽管如此，迄今为止，GDP 仍然是人类社会最重要的一个经济统计指标，其地位无法撼动。

从这个意义上说，伴随着人类社会的进步，经济测度本身是一个不断深化的过程，因此，统计体系的创新和发展仍然任重而道远。我国是一个发展中大国，统计发展水平落后于美欧发达国家，但统计的重要性日益突出，各类主体对统计的需求不断提高，能否全面、准确、及时地提供各类统计数据，已成为统计部门面临的巨大挑战。一直以来，党中央、国务院高度重视统计现代化问题，习近平总书记多次强调，统计是经济社会发展重要的基础性工作，是宏观调控的重要依据。

2014 年，我组织团队开展了"中国统计发展报告"的研究项目，此次出版的是该项目第五本成果。该项目旨在对我国统计改革与发展的有关问题开展专题研究，系列报告内容涉及面较广，专题研究形式不拘一格，从演进历程、发展现状到问题探讨，通过对实践问题的学术视角分析或理论研究的政策层面解析，为我国统计现代化与统计能力建设提出了不少真知灼见，其价值不言自明。

2021 年，时值建党一百周年，也是"十四五"开局之年，是中国经济社会发展迈向下一个新征程的重要时间节点，《中国统计发展报告（2019—2020）——统计现代化的新征程》的出版可谓恰逢其时。研究人员从不同统计领域选择了五个专题开展研究，提出相关理论见解与政策建议，希望能够为统计部门与其他研究人员提供一些参考或借鉴。本报告具体写作分工如下：导论作者为陈梦根；专题一作者为陈梦根、张乔；专题二作者为陈梦根、谢婉婷；专题三作者为陈梦根、段重宵、陈曦；专题四作者为石峻驿、秦康、陶思年；专题五作者为赵楠、韩尚容、董纬华、刘晓洁。最后由陈梦根负责总撰定稿，英文目录由谢婉婷翻译。

本报告得到了国家社会科学基金项目等多个课题的资助，研究写作时参考了国内外大量相关文献资料，出版过程中得到了中国社会科学出版社编辑谢欣露博士的大力支持，在此一并致谢！本报告可能存在一些不足与错漏，敬请专家学者批评指正！

陈梦根

2021 年 7 月 2 日

摘　　要

《中国统计发展报告（2019—2020）》旨在对影响中国统计发展的相关问题进行系统、深入的专题研究，为中国统计体系改革发展、统计方法应用创新提供一些理论支持和政策建议。统计是社会非常重要的基础设施，推进中国统计现代化对中国实现可持续与高质量发展至关重要。本年度报告共包括五大专题：①中国统计发展回顾与展望；②中国货币与金融统计发展回顾和展望；③中国国家资产负债表编制的理论方法与逻辑思考；④国际三大评级机构信用评级方法的比较；⑤中国能源统计发展分析。各专题重点围绕中国统计发展的理论与实践问题展开，研究内容主要涉及发展历程、现状分析、主要问题、优势劣势、机遇挑战等，同时也非常注重国内实践与国际标准、其他国家实践的比较研究，以及对统计数据质量的评估，由此探讨中国统计体系的未来发展方略，并提出相关政策建议。

Abstract

The *Report on the Development of Chinese Statistics 2019—2020* aims at conducting researches on the issues which affect the development of Chinese statistical system. These studies intend to provide some theoretical support for the reform and development of official statistical system, as well as the innovation of statistical methods in China. National statistical system is an important infrastructure and a modern, scientific and efficient statistical system is vital for the development of China. This report consists of five research topics: 1) review and prospect on the development of China's statistics; 2) review and prospect on the development of China's monetary and financial statistics; 3) theoretical method and logical thinking of China's national balance sheet compilation; 4) comparison of the credit rating methods of the three international rating agencies; 5) analysis on the development of China's energy statistics. The research mainly focuses on the practice of Chinese statistics and the contents usually include the development history, status quo, main problems, advantages and disadvantages, opportunities and challenges, etc. Each topic pays much attention to the assessment of data quality and international comparison with the international standards or other countries' practice. Furthermore, the direction and strategy for the future development is deeply discussed and some policy suggestions are put forward to promote Chinese statistics.

目　　录

导　论 ……………………………………………………………… 1

专题一　中国统计发展回顾与展望 …………………………… 8

　一　引言 …………………………………………………………… 8

　二　发展历程回顾 ………………………………………………… 9

　　（一）奠基性发展：1949—1977 ……………………… 10

　　（二）改革式发展：1978—2001 ……………………… 11

　　（三）规范化发展：2002—2011 ……………………… 13

　　（四）创新性发展：2012—2020 ……………………… 15

　三　发展经验总结 ……………………………………………… 18

　　（一）基本实践逻辑 …………………………………… 18

　　（二）主要历史经验 …………………………………… 20

　四　新时代的机遇与挑战 ……………………………………… 23

　五　展望与建议 ………………………………………………… 27

专题二　中国货币与金融统计发展回顾和展望 ……………… 33

　一　发展历程回顾 ……………………………………………… 34

　　（一）奠基性发展：1949—1977 ……………………… 34

　　（二）改革式发展：1978—2000 ……………………… 35

　　（三）规范化发展：2001—2020 ……………………… 37

　二　基本体系与现状分析 ……………………………………… 41

　三　基于国际标准的评估 ……………………………………… 44

　　（一）相关国际统计准则 ……………………………… 44

（二）比较评估 …………………………………… 48

  四 展望与建议 …………………………………………… 56

专题三 中国国家资产负债表编制的理论方法与逻辑思考……… 63

  一 资产负债表理论与基本概念 ………………………… 65

    （一）基本概念与核算规则 ……………………… 65

    （二）资产负债的分类和估价 …………………… 67

    （三）机构部门 …………………………………… 69

    （四）表式与逻辑 ………………………………… 70

    （五）表式设计 …………………………………… 72

  二 世界其他国家资产负债表编制情况 ………………… 77

    （一）国际资产负债表编制背景 ………………… 78

    （二）现行国际资产负债表编制的内容与模式 ……… 79

    （三）部分发达经济体编制资产负债表的实践 …… 79

  三 中国的国民经济核算体系与资产负债表理论 ……… 83

    （一）中国资产负债核算的发展历程 …………… 83

    （二）现行中国国民经济核算体系与其编写背景 … 84

    （三）现行中国国民经济核算体系的内容与架构 …… 85

  四 中国国家资产负债表核算规则 ……………………… 90

    （一）非金融资产核算——基于固定资产、存货与其他

        非金融资产 …………………………………… 90

    （二）金融资产与负债核算 ……………………… 96

    （三）资产净值核算 ……………………………… 127

  五 中国国家资产负债核算面临的问题与启示 ………… 128

    （一）资产负债核算的总体连贯性 ……………… 129

    （二）国家资产负债核算的逐步推进式研究 …… 129

    （三）资产负债的估价方法、产权所有与

        部门划分问题 ……………………………… 129

    （四）政府资产负债表的编制情况 ……………… 130

（五）自然资源资产核算困难重重 …………… 130

六　几点建议…………………………………………… 131

（一）完善数据统计制度，构造大数据平台意义下的
资产负债数据库 …………… 131

（二）国家资产负债表编制应做到责任到部门，国家与
地方做好对接 ………… 131

（三）完善国家资产负债表账户体系，细化资产分类，
扩展应用领域 …………… 132

（四）推进产权制度改革，拓宽核算范围，
深化核算研究 ………… 132

（五）加强国际合作，借鉴发达经济体先进成果，
进行国际对比 ………… 133

专题四　国际三大评级机构信用评级方法的比较 ……………… 137

一　信用评级及三大机构概述 ………………… 137
（一）信用评级概述 ………… 137
（二）三大评级机构的产生和发展 …………… 138

二　穆迪金融机构评级方法 ………………… 140
（一）评级方法概述 ………… 140
（二）评级的定义、指标及方法 …………… 141
（三）案例应用 ……………… 142

三　标普金融机构评级方法 ………………… 144
（一）评级方法概述 ………… 144
（二）评级的定义、指标及方法 …………… 145
（三）案例应用 ……………… 148

四　惠誉金融机构评级方法 ………………… 149
（一）评级方法概述 ………… 149
（二）评价的定义、指标及方法 …………… 150
（三）案例应用 ……………… 152

　　五　三大机构评级方法的比较及中国评级现状 ·············· 153
　　　　（一）穆迪评级流程与思想 ·············· 153
　　　　（二）标普评级流程与思想 ·············· 156
　　　　（三）惠誉评级流程与思想 ·············· 158
　　　　（四）三大机构评级方法异同 ·············· 159
　　　　（五）中国信用评级现状 ·············· 160

专题五　中国能源统计发展分析 ·············· 165

　　一　能源统计的基本内涵 ·············· 165
　　　　（一）能源统计的定义 ·············· 166
　　　　（二）能源统计的对象 ·············· 166
　　　　（三）能源统计指标体系 ·············· 166
　　　　（四）能源平衡表 ·············· 167
　　　　（五）能源统计的作用 ·············· 169

　　二　中国能源发展和利用 ·············· 170
　　　　（一）能源与经济发展 ·············· 170
　　　　（二）能源发展现状 ·············· 173
　　　　（三）中国能源发展成就回顾 ·············· 175

　　三　能源政策视角下的中国能源统计指标 ·············· 180
　　　　（一）中国的能源政策 ·············· 180
　　　　（二）与能源政策相关的统计指标 ·············· 183

　　四　中国能源统计与国际能源统计实践的比较 ·············· 189
　　　　（一）中国能源统计发展历程 ·············· 189
　　　　（二）中国能源统计工作现状 ·············· 192
　　　　（三）国际能源统计实践分析 ·············· 199

　　五　能源统计的前沿进展——理论与实践 ·············· 203
　　　　（一）能源消费总量统计：进展及应用 ·············· 203
　　　　（二）能源利用效率测度：理论方法及应用 ·············· 206

索　引 ·············· 233

Content

Introduction ·· 1

Topic 1   Retrospect and prospect of Chinese statistics ·············· 8

  1. 1   Introduction ·· 8

  1. 2   Retrospect of development history ······························· 9

      1. 2. 1   Groundbreaking development: 1949—1977 ······ 10

      1. 2. 2   Reformative development: 1978—2001 ··········· 11

      1. 2. 3   Standardized development: 2002—2011 ··········· 13

      1. 2. 4   Innovative development: 2012—2020 ·············· 15

  1. 3   Summary of development experience ······················ 18

      1. 3. 1   Basic logic of practice ································ 18

      1. 3. 2   Main historical experience ························· 20

  1. 4   Opportunities and Challenges in the new era ·············· 23

  1. 5   Prospect and suggestions ································ 27

Topic 2   Retrospect and prospect of the development
of Chinese monetary and finance statistics ·············· 33

  2. 1   Retrospect of the development history ························ 34

      2. 1. 1   Groundbreaking development: 1949—1977 ······ 34

      2. 1. 2   Reformative development: 1978—2000 ··········· 35

      2. 1. 3   Standardized development: 2001—2020 ··········· 37

2. 2　Analysis on the basic framework and current situation ⋯ 41

2. 3　Assessment based on the international standard ⋯⋯⋯⋯ 44

　　2. 3. 1　Relevant international statistical guidelines ⋯⋯⋯ 44

　　2. 3. 2　Comparison and evaluation ⋯⋯⋯⋯⋯⋯⋯⋯⋯ 48

2. 4　Prospect and suggestions ⋯⋯⋯⋯⋯⋯⋯⋯⋯⋯⋯⋯ 56

Topic 3　Theoretical method and logical thinking of compiling the
**　　　　　Chinese national balance sheet** ⋯⋯⋯⋯⋯⋯⋯ 63

3. 1　Theories and basic concepts of balance sheet ⋯⋯⋯⋯ 65

　　3. 1. 1　Basic concepts and accounting principles ⋯⋯⋯ 65

　　3. 1. 2　Classifications and valuations of assets and
　　　　　　liabilities ⋯⋯⋯⋯⋯⋯⋯⋯⋯⋯⋯⋯⋯⋯⋯ 67

　　3. 1. 3　Institutional sectors ⋯⋯⋯⋯⋯⋯⋯⋯⋯⋯⋯ 69

　　3. 1. 4　Table form and logic ⋯⋯⋯⋯⋯⋯⋯⋯⋯⋯ 70

　　3. 1. 5　Table design ⋯⋯⋯⋯⋯⋯⋯⋯⋯⋯⋯⋯⋯ 72

3. 2　Compilation of balance sheet in other countries ⋯⋯⋯ 77

　　3. 2. 1　Background of compiling the international
　　　　　　balance sheet ⋯⋯⋯⋯⋯⋯⋯⋯⋯⋯⋯⋯⋯ 78

　　3. 2. 2　Contents and patterns of the current international
　　　　　　balance sheet ⋯⋯⋯⋯⋯⋯⋯⋯⋯⋯⋯⋯⋯ 79

　　3. 2. 3　Precedent guidance on compiling the balance sheet
　　　　　　in some economies ⋯⋯⋯⋯⋯⋯⋯⋯⋯⋯⋯ 79

3. 3　Chinese system of national accounts and theories of the
　　　balance sheet ⋯⋯⋯⋯⋯⋯⋯⋯⋯⋯⋯⋯⋯⋯⋯⋯ 83

　　3. 3. 1　Development history of Chinese balance sheet
　　　　　　accounting ⋯⋯⋯⋯⋯⋯⋯⋯⋯⋯⋯⋯⋯⋯ 83

　　3. 3. 2　Current Chinese system of national accounts and
　　　　　　its compiling background ⋯⋯⋯⋯⋯⋯⋯⋯⋯ 84

　　3. 3. 3　Contents and framework of current Chinese system

of national accounts ·································· 85

3. 4 Accounting principles of Chinese national
balance sheet ···································· 90

    3. 4. 1 Non – financial assets accounting ·················· 90

    3. 4. 2 Financial assets and liabilities accounting ············· 96

    3. 4. 3 Accounting net value of assets ······················· 127

3. 5 Problems and inspirations in Chinese national
balance sheet accounting ·································· 128

    3. 5. 1 Overall coherence in balance sheet
accounting ···································· 129

    3. 5. 2 Researches step by step on national balance sheet
accounting ···································· 129

    3. 5. 3 Valuation method, equity ownership of assets and
liabilities and departmentation problems ············· 129

    3. 5. 4 Compilation of government balance sheet ·········· 130

    3. 5. 5 Natural assets accounting is beset with
difficulties ···································· 130

3. 6 Some suggestions ··································· 131

    3. 6. 1 Improving the statistical system and establishing
the database of assets and liabilities under the
big – data platform ································ 131

    3. 6. 2 Ensuring the duty to departments and keeping good
connections between the central and local
government when preparing the national
balance sheet ···································· 131

    3. 6. 3 Improving the system of national balance sheet
accounts, refining the classification of assets and
broadening the applying fields ······················ 132

    3. 6. 4 Advancing the reform of property rights system,

expanding the accounting scope and deepening

accounting researches ·················· 132

3.6.5 Strengthening the international cooperation, referring

to the experience of developed economies and

making international comparisons ·············· 133

Topic 4 Comparing the credit rating methods among the three

rating agencies ························· 137

4.1 Introductions of credit rating and the three

rating agencies ······················ 137

4.1.1 Overviews of credit rating ·············· 137

4.1.2 Emergence of the three rating agencies ·········· 138

4.2 Moody credit rating methods about the financial

institutions ························· 140

4.2.1 Overviews of credit rating methods ··········· 140

4.2.2 Definitions, indicators and methods of

credit rating ····················· 141

4.2.3 Cases applications ················· 142

4.3 S&P credit rating methods about the financial

institutions ························· 144

4.3.1 Overviews of credit rating methods ··········· 144

4.3.2 Definitions, indicators and methods of

credit rating ····················· 145

4.3.3 Cases applications ················· 148

4.4 Fitch credit rating methods about the financial

institutions ························· 149

4.4.1 Overviews of credit rating methods ··········· 149

4.4.2 Definitions, indicators and methods of credit

rating ······················· 150

4. 4. 3　Reference applications ·················· 152

4. 5　Comparisons on the credit rating methods among
the three rating agencies and current situation of
Chinese's credit rating ·················· 153

4. 5. 1　Moody's credit rating process and thought ········ 153

4. 5. 2　S&P credit rating process and thought ·········· 156

4. 5. 3　Fitch's credit rating process and thought ········ 158

4. 5. 4　Similarities and differences of credit rating methods
among the three rating agencies ·············· 159

4. 5. 5　Current situation of Chinese credit rating ········ 160

**Topic 5　Analysis of the development of Chinese energy
statistics** ·················· 165

5. 1　Fundamental connotation of energy statistics ·········· 165

5. 1. 1　Definitions of energy statistics ············ 166

5. 1. 2　Subjects of energy statistics ············· 166

5. 1. 3　Indicator system of energy statistics ········· 166

5. 1. 4　Energy balance sheet ················· 167

5. 1. 5　Function of energy statistics ············· 169

5. 2　Energy development and utilization in China ········· 170

5. 2. 1　Development of energy and economy ·········· 170

5. 2. 2　Current situation of energy development ········ 173

5. 2. 3　Retrospect of Chinese energy development and
achievement ··················· 175

5. 3　Energy statistical indicators in view of Chinese
energy policy ·················· 180

5. 3. 1　Chinese energy policy ················ 180

5. 3. 2　Statistical indicators relevant to energy policy ··· 183

5. 4　Comparisons between Chinese energy statistics practice

and international energy statistics practice ················ 189

    5. 4. 1   Development history of Chinese energy

           statistics ·· 189

    5. 4. 2   Current situation of Chinese energy

           statistics ·· 192

    5. 4. 3   Current situation of international energy

           statistics ·· 199

  5. 5   Some advanced progress on energy statistics—theories

    and practice ··· 203

    5. 5. 1   Total energy consumption statistics：progress and

           application ·· 203

    5. 5. 2   Measurements of energy efficiency：theoretical

           methods and applications ····························· 206

Indexes ·· 233

图 目 录

图 1 – 1　中国统计体系的基本架构 ················· 10

图 2 – 1　中国货币与金融统计体系 ················· 43

图 2 – 2　货币统计分层次汇总 ····················· 49

图 3 – 1　现行国家资产负债表的资产分类 ········· 68

图 3 – 2　现行国家资产负债表核算分类 ··········· 70

图 4 – 1　穆迪信用评级步骤 ······················· 140

图 4 – 2　标普信用评级步骤 ······················· 145

图 4 – 3　惠誉信用评级步骤 ······················· 149

图 5 – 1　能源统计指标体系 ······················· 167

图 5 – 2　我国 2010—2019 年一次能源生产总量 ··· 176

图 5 – 3　我国 2010—2019 年能源消费总量 ········ 177

图 5 – 4　能源利用效率的生产函数分析框架 ······· 207

表 目 录

表 2 – 1　货币与金融统计主要国际准则 …………………… 46

表 2 – 2　金融统计核算方法 ………………………………… 52

表 2 – 3　中国货币与金融统计数据发布和国际标准的比较 …… 54

表 3 – 1　国家资产负债表静态式表式（1） ……………… 73

表 3 – 2　国家资产负债表动态式表式（1） ……………… 75

表 3 – 3　国家资产负债表动态式表式（2） ……………… 76

表 4 – 1　穆迪长期评级指标及说明 ………………………… 141

表 4 – 2　穆迪短期评级指标及说明 ………………………… 142

表 4 – 3　标普长期评级指标及说明 ………………………… 146

表 4 – 4　标普短期评级指标及说明 ………………………… 147

表 4 – 5　惠誉长期评级指标及说明 ………………………… 150

表 4 – 6　惠誉短期评级指标及说明 ………………………… 151

表 4 – 7　穆迪可获利指标下子指标评级 …………………… 154

表 4 – 8　行业风险因素情景及级别划分 …………………… 155

表 4 – 9　业务多元化和稳定性的综合评价 ………………… 157

表 4 – 10　全国债券市场评级机构市场格局 ……………… 162

表 5 – 1　我国 2010—2016 年能源消费结构指标值 ………… 178

表 5 – 2　我国 2010—2018 年能源效率指标值 …………… 179

表 5 – 3　市场失灵与行为失灵及针对性的能源政策 ………… 209

导　　论

　　2021 年是中国共产党百年华诞，站在"两个一百年"的历史交汇点，全面建设社会主义现代化国家又将开启一个新的征程。2021年 3 月发布的《中华人民共和国国民经济和社会发展第十四个五年规划和 2035 年远景目标纲要》明确提出，要加强宏观经济治理数据库等建设，提升大数据等现代技术手段辅助治理能力，推进统计现代化改革。随着中国特色社会主义全面进入新时代，统计体系改革与发展也正面临着难得的历史性机遇。

　　伴随新一轮科技革命大潮的不断推进，电子通信、互联网、大数据、云计算、人工智能、区块链等数字技术对人类社会各个领域都带来了天翻地覆的变化。与此同时，中国经济发展进入了以转型升级和提质增效为主旋律的新常态，数字经济蓬勃发展，社会领域正在发生深刻变革，也对统计体系提出了更高要求和诸多挑战。推进统计现代化，加强统计能力建设，全面提升统计数据质量，真正树立政府统计公信力与权威性，已成为社会各界对统计发展的新要求。统计部门迫切需要加大现代信息技术应用力度，夯实统计基础，全力推进现代化、服务型统计建设。实际上，经过长期的发展和几代统计人的奋斗，中国统计体系取得了长足进步。特别是 2012年开始实施的统计"四大工程"，带来了统计数据生产方式的根本变革，实现了统计报表无纸化、数据采集电子化、传输处理网络化和业务流程规范化，极大地推动了统计的现代化。

　　然后，相比于发达国家的统计发展水平和诸多国际统计标准，中国统计发展还存在一些不足，特别是离社会各界对统计数据的要求和期待相比，还存在一些差距。因此，统计部门需要深入开展理论与方法研究，不断完善统计分类和统计标准，优化调查方案设计，更加全面准确地反映国民经济及各行业、各地区的总量、规模、结构和质量，为经济发展和社会运行提供高质量的统计数据支持。

《中国统计发展报告》旨在对影响中国统计改革与发展的有关问题进行系统、深入的专题研究，从而为中国统计理论创新、实践改革发展、应用方法改进提供理论支持和政策建议。全书按专题形式撰写，各个选题重点围绕统计实践而展开，研究内容主要涉及发展历程、现状分析、主要问题、优势劣势、机遇挑战、改革思路等，同时也非常注重国内实践与国际标准、其他国家实践的比较，以及对统计数据质量的评估，以此求解中国统计未来发展方略，并提出相关政策建议。

《中国统计发展报告（2019—2020）——统计现代化的新征程》共包括五个专题，分别为：①中国统计发展回顾与展望；②中国货币与金融统计发展回顾和展望；③中国国家资产负债表编制的理论方法与逻辑思考；④国际三大评级机构信用评级方法的比较；⑤中国能源统计发展分析。在结构和内容安排上，各个专题研究独立成篇，自成体系，下面对各专题内容与结构分别做一个简要介绍。

专题一主要探讨新时代中国统计的发展问题，对中国统计70余年的演进和发展历程进行全面回顾，探讨中国统计发展的实践逻辑与历史经验，分析新时代中国统计改革和发展面临的机遇与挑战，并对如何构建一个科学、高效的现代统计体系提出政策建议。统计的根本任务在于提供有关社会经济现象的及时、准确的数据信息，为政府、企业和居民决策服务。新中国成立以来，中国统计工作经历了艰辛而辉煌、曲折而成功的发展历程，统计体系不断完善，为经济发展和社会进步做出了重大贡献。当前，中国特色社会主义进入新时代，推动高质量发展，全面建成小康社会，实现中华民族伟大复兴的中国梦，这一宏伟目标对统计体系发展提出了新的要求和挑战。如何改进国家统计体系的绩效，迅速提升统计能力，使统计体系能够生产更多、更好的及时准确的统计信息，更好地服务于经济发展与社会进步，是一个值得统计部门和学术界思考的重大课题。本专题对中国统计发展进行系统回顾与展望，主要内容包括四个部分：①发展历程回顾；②发展经验总结；③新时代的机遇与挑战；④展望与建议。

新中国成立 70 余年来，为了更好地满足社会对统计信息的需求，中国统计从无到有，逐步发展与完善，现已初步建立起一个体系完善的现代统计制度，在经济社会发展中发挥着重要的作用。然而，作为一个新兴的发展中国家，中国统计在实践中也暴露出不少问题，与国际统计标准、发达国家先进水平相比，中国统计仍存在诸多不足，离用户不断提高的多元化、精细化、及时性数据需求之间尚有一定差距。面对新时代中国统计发展面临的机遇与挑战，本专题对如何构建一个符合国情、国际接轨、科学高效的现代统计体系提出了具体的政策建议：①积极完善和创新统计调查方法体系，确保基础数据质量，拓宽数据来源渠道；②改革和优化统计管理体制，确保统计工作的独立性和中立性；③全面实施和进一步完善新国民经济核算体系；④尽快制定高质量发展和数字经济的统计体系；⑤大力加强生态、资源环境与民生统计；⑥积极改进和完善服务业统计；⑦科学应对大数据对统计体系的挑战与冲击；⑧建立和完善风险监测与预警体系。

专题二对中国货币与金融统计 70 余年的发展历程进行全面回顾，评估和分析发展现状，深入探讨中国货币与金融统计存在的问题及面临的挑战，并对如何构建一个符合国际标准、适应本国国情、科学高效的现代货币与金融统计体系提出建议。从国际上看，货币与金融统计体系是现代经济统计四大体系之一。联合国、国际货币基金组织（IMF）、世界银行等国际组织经过数十年的发展与完善，逐步建立了一套以《国民账户体系》（SNA）、《国际收支和国际投资头寸手册》（BPM）、《货币与金融统计手册和编制指南》

（MFSMCG）、《政府财政统计手册》（GFSM）为主体的国际经济统计规范。目前，依据这四大统计体系生产的数据已成为各国政府及企业、居民决策的有力依据。金融是现代经济的血液，在各国经济社会发展中发挥着重要作用，货币与金融统计也成为一国或地区经济统计的重要内容，是国家信息系统的重要组成部分。本专题系统回顾和分析中国货币与金融统计的发展历程及存在的主要问题，研究内容包括四个部分：①发展历程回顾；②基本体系与现状分析；③基于国际标准的评估；④展望与建议。

货币与金融统计是一国或地区经济统计的重要内容，为政府制定政策和市场主体决策提供有用参考信息。伴随着经济和金融的不断发展，中国货币与金融统计走过了一段不平凡的演进历程，从计划经济时期的奠基性发展到改革开放后的改革式发展，再到近20年的规范化发展，已初步建成一个和现行国民经济核算体系相适应的货币与金融统计体系，基本顺应了中国当前经济社会发展的要求。但与国际准则相比，中国货币与金融统计尚存不少问题，在概念分类、统计方法、指标设置与数据质量等方面还存在一定差距。展望未来，中国应积极发展和完善货币与金融统计，弥补现行体系的不足和短板，优化货币与金融统计体系的基础框架，加强不同部门间的协调，促进货币与金融统计的标准化、统计分类的国际可比性、统计方法的科学性、数据发布的规范性和统计信息的及时性，不断提高数据质量。为此，提出如下建议：①积极参与国际统计准则的制定或修订，采纳货币与金融统计国际标准；②加快构建和完善金融业综合统计体系，试点编制金融公司部门概览；③改革金融统计调查方案，完善货币与金融统计表式体系；④进一步改进货币供应量统计，完善流动性总量统计；⑤优化金融统计指标体系，积极弥补信息缺口；⑥加强金融风险监测，防范和化解系统性金融风险；⑦完善数据质量评估制度，大力提高货币与金融统计数据质量。

专题三重点探讨国家资产负债表的编制理论与方法问题。资产负债核算是国民经济核算体系的重要组成部分，其研究了机构部门与经济总体在核算期内所拥有的物质财富的累积及对应的债权债务关系。作为国民经济核算的基本工具之一，资产负债表在资产整合、危机警示等方面具有重要作用，可为宏观决策提供重要依据。不同于流量核算（如 GDP 核算等），资产负债核算属于存量核算范畴，从另一方面对宏观核算分析进行补充，共同筑起国民经济核算体系的大厦。对于某一确定的核算周期，资产负债核算涵盖了整个时期经济活动的改变。本专题探讨中国编制国家资产负债表的理论与方法问题，重点内容包括以下六个部分：①资产负债表理论与基本概念；②世界其他国家资产负债表编制情况；③中国的国民经济核算体系与资产负债表理论；④中国国家资产负债表核算规则；⑤中国国家资产负债核算面临的问题与启示；⑥几点建议。

2007 年美国次贷危机爆发，进而引发全球性的金融海啸，在危机缓和之后，美国、欧盟等发达经济体纷纷把资产负债存量分析纳入宏观研究的重点方向。2013 年党的十八届三中全会将编制中国国家与地方资产负债表的工作提上日程，2017 年中央全面深化改革领导小组第三十六次会议再次对编写国家与地方资产负债表提出新要求。因此，尽快研究资产负债核算的理论支撑、厘清资产负债核算背后的逻辑内核，已成为宏观经济分析的重点问题之一。编制国家资产负债表具有重要意义，从资产和负债的角度看，依靠国家资产负债表可以观察到资产与负债的总量，便于分析资产与负债的形成结构，以及资源配置是否有效。从机构部门的角度看，可以研究资产负债在部门内部、部门与部门之间的相关程度。从资产净值的角度看，能够了解一个国家与经济体的财富状况、不同经济主体间的财富流向。编制合理的国家资产负债表，能够为中国经济的绿色协调发展和高效运行提供支持，同时对下一步制定切实可行的宏观政策、不断优化经济结构贡献力量。中国应尽快开展国家资产负债表的编制工作，为此，提出如下建议：①完善数据统计制度，构造大数据平台意义下的资产负债数据库；②国家资产负债表编制应做到责任到部门，国家与地方做好对接；③完善国家资产负债表账户体系，细化资产分类，扩展应用领域；④推进产权制度改革，拓宽核算范围，加强理论研究；⑤加强国际合作，借鉴发达经济体先进成果，进行国际对比。

专题四主要研究国际三大评级机构的信用评级方法。信用评级作为债券市场软环境建设的重要环节，通过专业性的信息收集和分析，解决投融资双方的信息不对称问题，对促进市场公开透明、保护投资人利益有着重要作用。伴随着资本扩张速度的加快，越来越多的公司选择通过资本市场来筹集所需的资金，穆迪、标普和惠誉三大评级机构凭借自身独立地位和信息收集、加工与分析的优势，经过几次经济危机的检验后，逐步建立了良好的声誉。本专题通过研究和比较国际三大评级机构对金融机构的评级方法，梳理信用评级的主要方法，最后结合行业现状对我国未来信用评级进行展望。研究内容主要包括以下几个部分：①信用评级及三大机构概述；②穆迪金融机构评级方法；③标普金融机构评级方法；④惠誉金融机构评级方法；⑤三大机构评级方法的比较及中国评级现状。

现代信用评级行业经历百年发展，基本形成了国际资本市场以三大评级机构为主导、各国资本市场以本土信用评级机构与三大评级机构联合主导的信用评级行业格局。尽管2008年国际金融危机爆发以来三大评级机构的市场信誉受到了很大的冲击，但信用评级机构的内在发展规律决定了中短期内国际上很难出现可撼动三大评级机构全球领先地位的市场力量。因此，在未来一段时间内，目前这种行业竞争格局将继续保持。改革开放以来，我国信用评级市场经过多年的发展，在行业规模和评级技术等方面都取得了显著的进步，但与国际成熟市场以及我国信用体系建设的要求相比，还存在一定差距。我国的信用评级行业还处在发展初期，未来仍具有较广阔的发展空间。

专题五重点讨论中国能源统计的发展。新兴经济体的日益繁荣和生活水平不断提升，驱动了世界能源需求的增长，对能源供应能力、供应结构提出了不同的要求。能源统计分析利用能源统计数据，揭示经济社会发展以及能源经济运行状况，系统、鲜明、生动地反映客观实际，已成为宏观经济决策的重要依据。本专题从以下五部分探讨中国能源统计的发展：①对能源统计的内涵进行介绍；②对中国能源发展和利用进行回顾；③对中国能源政策和能源统计指标进行梳理；④从中国能源统计发展历程、中国能源统计工作现状和国际能源统计实践三个方面分析中国能源统计以及国际能源统计情况，并进行比较；⑤从理论和实践角度对能源统计的前沿进展进行总结。

人类社会的发展，离不开人类对能源利用的变革，因此人类的能源史，同样也是经济发展史。人类的能源史可以分为三个阶段：柴草时期、煤炭时期和石油时期。自新中国成立以来，尤其是1978年改革开放后，我国经济总量和能源消费总量迅速增长，能源发展极大地支持和促进了经济的发展。当前，中国是全球最大的能源消费国，也是过去20年全球能源消费增长的最重要来源。中国能源需求仍然以化石能源为主，2019年我国煤炭消费占比为57.7%，石油消费占比为18.9%，天然气消费占比为8.1%，一次电力及其他能源占比为15.3%。但随着中国转向更可持续的增长模式，能源需求结构也在发生变化。随着能源事业的快速发展，中国能源统计工作也不断完善，目前已经基本建成一套完整的能源统计体系。中国能源统计工作的成长大体可以分为三个基本阶段。展望未来，当前中国各级政府已充分认识到提高能源利用效率、建立节能减排统计监测和考核体系的重要性与紧迫性，能源统计制度仍需进一步改革和完善，以更好地支持能源利用效率的提升与"碳中和""碳达峰"目标的顺利实现。

专题一　中国统计发展回顾与展望

摘要　新中国成立以来，中国统计经历了从无到有、不断发展的演进历程，现已建立起一套初成体系、较为完善的现代统计制度。但与国际统计标准、发达国家先进统计水平相比，中国统计体系还存在一定差距，难以全面满足用户不断扩大化、精细化、及时性的数据需求。回顾70余年的发展历程，中国统计在实践中不断探索、改革、发展、创新，积累了宝贵的历史经验。进入新时代，中国统计发展面临诸多新的机遇与挑战，有关部门应积极构建和完善一个符合国情、与国际接轨、科学高效的现代统计体系。

关键词　统计；发展阶段；实践逻辑；历史经验；主要挑战

一　引言

统计是一国或地区重要的社会基础设施。统计的根本任务在于提供有关社会经济现象的及时、准确的数据信息，为政府、企业和居民决策服务。新中国成立以来，中国统计工作经历了艰辛而辉煌、曲折而成功的发展历程，统计体系不断完善，为经济发展和社会进步做出了重大贡献（李强，2012）。当前，中国特色社会主义进入新时代，推动高质量发展，全面建成小康社会，实现中华民族伟大复兴的中国梦，这一宏伟目标对统计体系发展提出了新的要求和挑战。如何改进国家统计体系的绩效，迅速提升统计能力，使统计体系能够生产更多、更好的及时准确的统计信息，更好地服务于经济发展与社会进步，是一个值得统计部门和学术界思考的重大课题。

新中国成立 70 余年来，为了更好满足社会对统计信息的需求，中国统计从无到有，逐步发展与完善，现已初步建立起一个体系完善的现代统计制度，在经济社会发展中发挥着重要的作用。然而，作为一个新兴的发展中国家，中国统计在实践中也暴露出不少问题，与国际统计标准、发达国家先进水平相比，中国统计仍存在诸多不足，离用户不断提高的多元化、精细化、及时性数据需求之间尚有一定差距（陈梦根，2008）。2020 年 10 月 29 日党的十九届五中全会通过的《中共中央关于制定国民经济和社会发展第十四个五年规划和二〇三五年远景目标的建议》明确提出，推进统计现代化改革。为此，本专题拟对中国统计 70 余年的演进和发展历程进行全面回顾，探讨中国统计发展的实践逻辑与历史经验，分析新时代中国统计改革和发展面临的机遇与挑战，并对如何构建一个科学、高效的现代统计体系提出政策建议。

二 发展历程回顾

新中国成立以来，伴随着经济的发展和改革、社会的进步和变迁，中国统计走过了一段非常曲折的演进历程，现已初步建成一个与中国经济社会发展要求相适应的现代化统计体系（如图 1 - 1 所示）。该体系主要包括统计调查制度体系、统计服务体系、统计保障体系三大部分，承担为政府、企业、居民及国际组织提供统计数据的工作，在中国经济社会发展中扮演着重要角色。梳理 1949—2020 年中国统计发展的基本脉络，根据不同时期统计发展的特征，大致可以划分为四个阶段：奠基性发展阶段（1949—1977）、改革式发展阶段（1978—2001）、规范化发展阶段（2002—2011）和创新性发展阶段（2012—2020）。

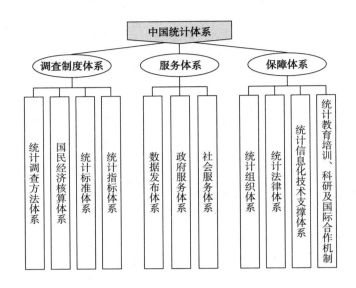

图1-1　中国统计体系的基本架构

（一）奠基性发展：1949—1977

为适应高度集中的计划经济管理需要，新中国的政府统计逐步开始组建和发展。1949年10月政务院在中央财政经济委员会计划局下设立了统计处，后改为统计总处。1951年初，开始陆续颁布各种统计报表。1952年8月，为适应大规模计划经济建设的需要，中共中央批准成立国家统计局，全国各地区、各政府部门的统计机构也相继建立。1953年1月，政务院发布《关于充实统计机构加强统计工作的决定》，要求国家统计局建立严格、系统、科学的统计制度，各级政府、各业务部门和公私企业也要建立相应的统计制度，配备统计人员（张塞，1987）。在第一个五年计划期间（1953—1957），中国逐步建立起较为完整的统计体系，由此形成一个集中统一的、遍布全国的统计系统和网络，为中国统计工作的组织建设和业务建设奠定了基础。

中国统计体系的基本框架是在学习借鉴苏联统计工作经验的基

础上建立起来的，适应于当时计划经济发展的需要而逐步完善的。在核算制度上，中国主要采用物质平衡表体系（MPS），该体系是苏联、东欧等国家和地区高度集中的计划经济发展的产物，中国国家统计局分别于1954年和1956年去苏联考察、学习后引进了MPS体系。受社会政治经济条件所限，当时在统计业务上实行集中统一领导、地方和部门统计机构的人员与管理由地方政府和部门领导负责的"统一领导，分级负责"统计管理体制。

此后，虽经多次调整和改造，直到改革开放前，统计系统的总体框架基本上没有大的改变。受制于当时特定的历史条件，中国统计工作发展并非一帆风顺，1958年的"大跃进"、浮夸风和1959年的反右倾，造成统计数字严重失实，教训十分沉痛。1962年4月，中共中央、国务院发布了《关于加强统计工作的决定》，要求建立集中统一、强有力的国家统计系统，在业务上实行垂直领导，国家统计局统一管理县以上政府统计部门的编制、经费和干部。[①] 但受"左"的思想影响，统计工作未被彻底纠正。进入"文化大革命"时期后，统计系统遭到严重破坏，国家统计局被缩减为国家计划委员会的一个内设局（组），地方统计机构也被相应地放在同级的计划委员会内，各级地方政府统计机构不再独立，人员编制、干部、经费等均归地方计划委员会直接管理（张塞，1987）。

（二）改革式发展：1978—2001

党的十一届三中全会以来，统计工作逐步得到恢复，开始走上真正的中国统计发展道路，并且在发展中不断改革，在改革中不断前进，步入改革和发展的新时期。1978年3月，国务院批准恢复国家统计局，随后各地方人民政府相继恢复或建立统计机构。改革开放初期，有关部门迅速重启或新设统计调查，高质量地完成了第三次全国人口普查，恢复发表统计公报，首次公开出版《中国统计年

---

① 中华人民共和国国家统计局：《中华人民共和国统计大事记（1949—2009）》，中国统计出版社2009年版。

鉴》，统计国际交往逐步扩大，统计机构全面恢复，统计力量也逐步发展壮大。① 1983 年 12 月全国人大常委会颁布《中华人民共和国统计法》（下文简称《统计法》），规定国家建立集中统一的统计系统，实行统一领导、分级负责的统计管理体制。1987 年 2 月国家统计局制定了《中华人民共和国统计法实施细则》，将统计工作纳入法治轨道。

适应于改革开放和建设社会主义市场经济的需要，1984 年 1 月国家统计局组建了直属的农村社会经济调查队和城市社会经济调查队，此后又于 1996 年成立了国家统计局直属的企业调查队。1994 年 7 月，国务院审议通过了国家统计局《关于建立国家普查制度改革统计调查制度体系的请示》，该文件提出必须按照建立社会主义市场经济体制的要求，参照国际成功经验，从根本上改革我国的统计调查方法，建立以必要的周期性普查为基础、经常性抽样调查为主体的国家统计调查方法体系。这一要求被 1996 年修订的《统计法》以法律形式固定下来。

在这一时期，中国先后开展了七次普查，即 1990 年第四次人口普查、1993 年首次第三产业普查、1995 年第三次工业普查、1996 年首次全国基本单位普查、1997 年首次农业普查、2000 年第五次人口普查、2001 年第二次全国基本单位普查。普查制度的建立也为经常性的非全面统计调查打下了坚实的基础。在农业统计方面，继粮食产量、农村住户抽样调查之后，又陆续推行了农村劳动力、畜禽生产、棉花产量、耕地面积、农村固定资产投资等抽样调查；在城市住户和价格统计方面，先后建立了住户调查、消费价格调查、工业品出厂与原材料购进价格、固定资产投资价格、房地产开发与经营价格等抽样调查制度；在工业统计方面，从 1998 年开始推行规模以下的非国有企业抽样调查方法；在贸易统计方面，从 1998 年开

① 中华人民共和国国家统计局：《中华人民共和国统计大事记（1949—2009）》，中国统计出版社 2009 年版。

始推行限额以下的批发零售贸易业、餐饮业抽样调查方法（徐荣华，2008）。由此，抽样调查、重点调查等非全面统计方法成为政府统计各领域最重要的调查制度。

值得特别关注的是，从 20 世纪 80 年代中期开始，中国逐步放弃传统的物质产品平衡表体系（System of Material Product Balances，MPS），转而采用国民账户体系（System of National Accounts，SNA）作为经济核算的主体框架，开始接受市场经济和全球统计标准、统计惯例（蒋萍等，2013）。实际上，国家统计局为了适应改革开放后出现的一些新情况（如非物质服务产出迅速增加），先后于 1985 年、1989 年、1992 年建立了 SNA 框架下的年度 GDP 生产核算、年度 GDP 使用核算以及季度 GDP 生产核算等。统计部门与科研院所大力合作，于 1992 年研制出《中国国民经济核算体系（试行方案）》，包括社会再生产核算表和经济循环账户两部分，为当时的国民经济核算提供了较好的指南。1993 年，以 MPS 体系的取消为标志，完成了由 MPS 体系向 SNA 体系的过渡。此后从 1999 年开始，以 1993SNA 为基础，对 1992 年研制的试行方案进行系统修订，制定了《中国国民经济核算体系（2002）》，标志着我国国民经济核算体系向 SNA 全面转轨（许宪春，2009）。由此，一个适应于社会主义市场经济发展的中国特色统计体系逐步形成，在经济社会发展中发挥日益重要的作用。

此外，从 20 世纪 80 年代中后期开始，伴随着电子和信息技术的迅速发展，中国统计信息化工程建设开始起步，1986 年成立国家统计局计算中心，1990 年省、地市和县级统计局开始广泛应用计算机信息技术，1999 年联结全国各省份及重点城市统计局 64 个节点的广域骨干网、中国统计信息网、统计系统内部信息网和办公自动化系统正式启用，统计数据的收集、传输、处理、发布等基本实现网络化、电子化。

（三）规范化发展：2002—2011

2002 年 4 月，中国正式加入国际货币基金组织（IMF）的数据公布通用系统（GDDS），开始大范围采用国际统计标准，数据公布更开放、更透明，引领中国统计步入面向开放新格局的规范化发展之路。顺应新的经济社会发展形势。这一时期有关部门积极推进统计制度建设，主要涉及以下几个方面：

（1）全面实施《中国国民经济核算体系（2002）》，新体系对1992年颁布实施的《中国国民经济核算体系（试行方案)》做了重大修订，在结构上更加严谨，在内容上更加丰富，在方法上更加科学，增强了国民经济核算在总体框架、基本原则、计算方法上与国际标准的一致性以及指标的国际可比性。

（2）建立新的周期性普查制度，成功组织实施了第六次全国人口普查（2010）、第一次和第二次全国经济普查（2004、2008）以及第二次全国农业普查（2007）。

（3）2005年3月，为贯彻落实党的十六届三中全会关于"完善统计体制"的精神，经国务院批准，国家统计局对调查队管理体制进行了重大改革，撤销原三支调查队，组建国家统计局32个省级调查总队、333个地市级调查队和887个市县级调查队。①

（4）统计法制建设进一步加强，截至2008年，国家统计局单独或与国务院有关部门共同制定的统计调查制度有30余项，内容涉及国民经济各行业和能源、环保、教育、科技、文化、卫生等经济社会发展各领域，基本形成了以国民经济核算制度为核心的中国经济社会统计报表体系。2009年全国人大常委会再次修改《统计法》，国务院先后颁布《全国经济普查条例》《全国农业普查条例》《全国人口普查条例》，初步建立起一套相应的统计法律体系，为统计工作的法治化提供了制度保障。

（5）统计信息化快速发展。随着网络信息技术的快速发展，2002年国务院决定由国家统计局牵头建设宏观数据库，2004年扩

---

① 中华人民共和国国家统计局：《中华人民共和国统计大事记（1949—2009)》，中国统计出版社2009年版。

建国家统计信息工程，作为中国电子政务的重要组成部分。同时，国家统计局利用人口、农业及基本单位普查数据建立了相应的数据库，着力推进网络直报系统。2007 年 4 月，国务院《中华人民共和国政府信息公开条例》颁布，使政府机构信息公开成为常态，建设服务型政府成为各部门努力追求的目标，中国官方统计也走向更大的透明度。

（四）创新性发展：2012—2020

党的十八大以来，在以习近平同志为核心的党中央坚强领导下，全国各族人民全面贯彻落实新发展理念，决胜全面建成小康社会。我国现代化建设事业取得了辉煌成就，为实现"两个一百年"奋斗目标和中华民族伟大复兴的中国梦打下坚实基础。这一时期统计工作得到了党中央、国务院前所未有的高度重视，习近平总书记多次对统计工作作出重要讲话、指示和批示，为新时期统计发展指明了方向。2016 年 10 月习近平总书记主持召开中央全面深化改革领导小组第二十八次会议，审议通过了《关于深化统计管理体制改革提高统计数据真实性的意见》，为深化统计管理体制改革、提高统计数据真实性提供了总体方略，是做好新形势下统计工作的纲领性文件。2017 年 10 月，习近平总书记在党的十九大报告中指出："中国特色社会主义进入新时代，我国社会主要矛盾已经转化为人民日益增长的美好生活需要和不平衡不充分的发展之间的矛盾。"[1] "完善统计体制"写入党的十九大报告，全国统计调查系统迅速掀起学习贯彻热潮。由此，中国统计改革与发展全面进入新时代，统计部门不断推进观念创新、方法创新、手段创新、体制创新，正全方位着手积极构建一个科学高效的现代统计体系。[2]

第一，2012 年 1 月国家统计局正式开始实施统计"四大工程"，

---

[1] 习近平：《决胜全面建成小康社会 夺取新时代中国特色社会主义伟大胜利——在中国共产党第十九次全国代表大会上的报告》，人民出版社 2017 年版，第 11 页。

[2] 宁吉喆：《深入学习贯彻党的十九大精神——推动新时代统计工作再上新台阶》，《人民论坛》2017 年第 11 期。

重点建设统一完备的基本单位名录库、统一规范的企业一套表制度、统一完善的数据采集处理软件系统和安全高效的联网直报系统。统计"四大工程"带来了统计数据生产方式的根本变革，实现了统计报表无纸化、数据采集电子化、传输处理网络化、业务流程规范化，大大提高了统计生产过程的可控性和规范性（李强，2011）。

第二，中国统计法治化趋势明显，打击统计造假、统计违法力度空前。2017年8月《中华人民共和国统计法实施条例》和《统计违纪违法责任人处分处理建议办法》正式实施。2017年9月《统计执法监督检查办法》正式实施，2018年9月中共中央办公厅、国务院办公厅发布《防范和惩治统计造假、弄虚作假督察工作规定》。2019年11月，国家统计局对《统计执法监督检查办法》进行了修改。

第三，在这一时期，中国在国民经济核算制度建设方面取得了重大进展。为加强和改进宏观经济调控，实现与联合国等国际组织最新核算标准《2008年国民账户体系》（2008SNA）相衔接，2017年7月中国正式实施《中国国民经济核算体系（2016）》。该体系依据2008SNA，针对经济生活中出现的新情况和新变化、《中国国民经济核算体系（2002）》实施十余年来暴露的问题与不足，对我国核算制度做出了全面修订，丰富和完善了核算内容，引入了新的概念，拓展了核算范围，细化了基本分类，优化了基本核算指标，改进了基本核算方法，是对我国现行国民经济核算体系的重大改革。新核算体系的实施，有利于更加全面准确地反映我国国民经济运行情况，更好地体现我国经济发展的新特点，增强我国国民经济核算的国际可比性，提高宏观决策和宏观管理水平。按照国家统计局的部署，2019年底将实施年度地区生产总值统一核算，2020年1月开始实施季度地区生产总值统一核算，实现地区生产总值汇总数与全国数在总量、速度和结构上的基本衔接，该举措为构建全国统一的国民经济核算制度迈出了坚实的一步。

第四，面对中国经济的迅速发展，2017 年 10 月中国实施了新版国民经济行业分类即《国民经济行业分类》（GB/T4754—2017），这是自 1984 年首次颁布国民经济行业分类标准以来的第四次修订，要求国务院各部门、各地统计局、国家统计局各级调查队从 2017 年统计年报和 2018 年定期统计报表起，统一使用新版分类标准，并按照有关规定做好历史统计资料调整工作。与前一版相比，新标准门类没有变化，大类增加 1 个（"土地管理业"），中类增加 41 个，小类增加 286 个。

第五，为进一步加强和改进中国统计质量管理，国家统计局根据《统计法》和国家统计质量管理相关规定，借鉴联合国统计委员会《通用国家质量保证框架（NQAF）模板》，于 2013 年 9 月制定了《国家统计质量保证框架》。该框架是开展统计质量管理的工作指南，从统计的准确性、及时性、可比性、一致性、适用性、可获得性和经济性七个方面对统计数据生产全过程控制、考量和评价提供详细说明，对提高统计能力、统计数据质量和统计公信力具有重要推动作用。

第六，2015 年 10 月，中国正式采纳 IMF 的数据公布特殊标准（SDDS），标志着中国统计与国际通行标准接轨迈上新台阶，有助于加快构建及时、全面、透明的统计数据发布体系。从加入 GDDS 到采纳 SDDS，深刻反映了改革开放以来中国统计事业的发展进步，中国统计的公信力和权威性显著上升。

特别地，针对蓬勃发展的新经济，中国统计部门积极作为，提出了一系列的统计应对。例如，2018 年 8 月发布《新产业新业态新商业模式统计分类（2018）》，2018 年 11 月发布《战略性新兴产业分类（2018）》，2021 年 4 月国家统计局发布《新产业新业态新商业模式统计监测制度（2021）》，对有关新经济统计进行规范。2019 年 5 月，国家统计局发布了《研究与试验发展（R&D）投入统计规范（试行）》，这是我国科技统计领域最重要的纲领性文件，无疑将对进一步规范 R&D 投入统计工作、提高科技统计工作效率和数据质量、实现与国际统计标准接轨等起到十分重要的作用。

三 发展经验总结

新中国成立以来，中国经济社会取得了巨大发展成就，在一个长期遭受战乱、近乎一穷二白的大国基础上迅速恢复经济，虽然历经曲折但一直不断向前发展。特别是改革开放以来，中国积极探索建立市场经济新体制，人民生活显著改善，经济快速发展，社会发生了翻天覆地的变化，这是人类历史上前所未有的伟大创举。与此相应，以不忘初心、百折不挠的精神建立了与社会主义市场经济体制相适应的统计体系，持续深化改革创新，逐步推进国际接轨，统计能力显著提升，取得了辉煌的成就。新中国统计发展70余年来，经历了创立、中断、恢复、改革和发展等不同的历史阶段，经过几代人的不懈努力，统计体系从无到有、从有到优，从专业到综合，从经济统计到社会、科技、环境、资源等多方面专业统计并存，初步建立起一个彼此关联、相互补充的庞大体系，基本满足了经济社会发展的需要和不同主体对统计信息多样化的需求（李强，2012）。

（一）基本实践逻辑

统计是国家信息系统最重要的内容，是国家治理的重要基础和工具（永山贞则、吴振国，1996）。一国统计发展的规律和特征取决于自身发展目标和发展战略，中国统计发展的规律和特征是由中国现代化强国建设目标和特殊历史过程所决定的，深刻理解这一基本实践逻辑是考察中国统计发展需要面对的首要问题。习近平总书记强调的"坚持把完善和发展中国特色社会主义制度，推进国家治理体系和治理能力现代化作为全面深化改革的总目标"[①]，实质上表

[①] 习近平：《切实把思想统一到党的十八届三中全会精神上来》，《人民日报》2014年1月1日。

明中国特色社会主义制度体系完善和制度能力提升是现代化国家建设过程中的一项长期任务，在不同发展阶段具有不同的实践特征和方向要求。①

新时代社会主义现代化强国建设必然要求建立现代统计体系，提高统计对经济社会发展的支持能力。统计发展因社会主义现代化强国建设需要和特殊的现代化实现过程而具有自身的实践特征和基本逻辑，中国统计发展无法脱离这一历史主线。中国统计发展既要遵循各国实践中统计功能和制度安排的一般性，也会根据新中国70余年现代化建设中经济社会发展的实践，在社会主义革命、建设、改革等不同时期表现出统计发展的特殊性。从新中国统计走过的历史道路来看，这种特殊性主要体现在三个方面。

一是中国统计发展受初始目标和制度背景的根本约束。在社会主义制度条件下推进现代化建设，谋求中华民族的伟大复兴，是中国社会发展的根本目标，也正是新中国统计发展的历史基点。社会主义现代化强国建设这一历史主线始终贯穿于中国各项事业的发展和改革实践当中，服务于中国的现代化强国建设也正是新中国70余年统计工作的根本出发点。在革命、建设和改革等各个发展阶段上不同统计制度安排的具体差异，仅是不同时期实践性与阶段性的体现，并未偏离这一历史主线。

二是中国统计发展始终服从于现代化建设和改革开放而兼具内生性与外生性。新中国成立后的现代化国家建设是在"一穷二白"的薄弱基础上开始推进现代化建设的，既要自力更生，也要引进国外的资源、技术和先进理念（权贤佐，2001）。因而统计发展一方面要考虑基本国情，充分利用本国的资源、传统和文化，发挥本国民众聪明才智，具有明显的内生性；另一方面还要学习外国先进的技术、制度和管理，由此决定了中国统计发展要充分借鉴国际先进

① 吕炜、靳继东：《始终服从和服务于社会主义现代化强国建设——新中国财政70年发展的历史逻辑、实践逻辑与理论逻辑》，《管理世界》2019年第9期。

经验，从计划经济时期模仿苏联模式建立集中统一的统计体系，到市场经济时期转向 SNA 体系，全面采纳国际统计标准，都表现出了强烈的外生性。

三是中国统计发展的路径具有鲜明的阶段性和探索性特征。新中国 70 余年来各个历史阶段上现代化建设的方向、目标和侧重点，从根本上决定着统计发展的实践路径。新中国成立之初，为迅速实现从落后的农业国向强大的工业国转变，建立以高度集中的计划经济体制和政府管理体制等为标志、具有强大整合能力的国家制度，满足统计服务于计划经济的要求而采取高度集中统一的模式。实行改革开放之后，逐步建立市场经济体制并不断完善，统计体系也不断改革和发展，从苏联的 MPS 体系全面转向西方国家的 SNA 体系，在宏观经济管理和市场主体决策中发挥着重要作用。进入新时代，统计系统积极采纳国际标准，完善统计调查体系，优化统计指标体系，为高质量发展保驾护航。在整个过程中，中国统计紧扣经济社会演进与变迁的时代脉搏，服务于国家重大战略决策部署，持续改革创新，走出了一条独特的发展道路。

（二）主要历史经验

长期以来，中国统计部门紧密结合中国国情，在实践中不断探索，在探索中不断改革，在改革中不断发展，在发展中不断创新，既有效支持了中国经济的快速发展，又闯出了一条中国特色统计发展之路，留下了许多宝贵的历史经验。

第一，坚持以"为国统计、为民调查"为神圣使命。官方统计是"民主社会信息系统的一个不可或缺的组成部分，它为政府、经济和公众服务，提供有关经济、人口、社会和环境情况的数据"[①]。中国统计部门始终坚持以"为国统计、为民调查"为使命，积极为政府和社会各界提供高质量统计产品与服务，在经济和社会发展中发挥了不可替代的作用。70 多年来，在党中央、国务院的正确领导下，

---

① 联合国统计委员会：《官方统计基本原则》，联合国统计委员会，1994 年。

中国统计以高度的使命感和责任感，不断开拓进取，基本建立起与社会主义现代化建设相适应、充分借鉴国际统计准则、满足经济社会发展需要的现代统计体系，包括比较完整配套的统计法律制度、比较完善高效的统计组织体系、比较科学适用的统计调查体系、以现代信息技术为支撑的统计生产方式、比较高质优效的统计服务体系、国际统计交流与合作的良好机制。当前，统计数据已成为国家的重要战略资源，统计在促进经济社会发展中的作用日益增强。

第二，坚持以改革创新作为推动统计发展的不竭动力。统计是一项古老的活动，也是一门常新的学问。中国统计部门始终坚持改革创新，从新中国成立初学习苏联的统计体系模式，建立起中国计划经济统计体系，到改革开放后推动从 MPS 体系到 SNA 体系的转轨，构建适应于市场经济要求的中国特色统计体系，大力采纳国际统计准则，无不是积极改革、勇于创新的实践创举。特别是进入 21 世纪以来，受益于电子信息技术的发展，中国统计部门积极变革统计生产方式，建设基本单位名录库、企业一套表制度、数据采集处理软件平台和联网直报系统统计四大工程，极大地提高了统计现代化水平。同时，积极推进统计制度方法改革和创新，完善经济结构、质量、效益、投资统计，改进消费、价格、收入、失业等民生统计，健全服务业和文化产业统计，建立并强化节能减排统计监测制度，实施环比统计制度和保障性安居工程统计制度，推动城乡一体化住户调查改革，极大地健全并改进了统计调查体系。

第三，坚持数据质量是统计工作的生命线。现在，社会各界对统计信息的需求量越来越大，对信息质量的要求也越来越高，统计数据质量问题成为衡量统计工作的核心指标。[①] 统计造假，祸害无穷，数据质量高低直接影响和决定着统计信息的可用性，数据质量低下可能直接导致错误的决策。只有提供真实可信的统计数据，才能准确反映经济社会发展的全貌，揭示经济社会运行的规律，为党

---

① 联合国：《统计组织手册：统计机构的运作与组织》（中文版），联合国，2003 年。

和政府制定政策以及企业和居民的科学决策提供优质服务（邱东、陈梦根，2008）。近年来，党中央、国务院对深化统计改革做出重要决策部署，多措并举防范和惩治统计造假、弄虚作假，确保统计数据真实准确、完整及时，千方百计维护和提高统计数据质量，促进统计服务经济社会发展的能力和水平，为推动中国社会主义现代化建设提供坚强统计保障。

第四，坚持以国家战略决策部署和重大理论现实问题为统计发展导向。统计是经济社会发展重要的基础性工作，是宏观调控的重要依据。长期以来，中国统计为国家重大战略和政策制定提供决策、监督和评价的数据支持，对诸多有关国家和地方经济社会发展的重大理论现实问题提供统计分析报告，已成为国家决策信息系统的重要组成部分。统计体系生存和发展的基础是生产真实准确、完整及时的统计数据，使统计数据成为推动中国经济社会发展征程中确定发展思路、制定经济政策、实施宏观调控的信息基石。进入新时代，统计部门应加快形成推动高质量发展的统计体系，为创新和完善宏观调控、更好地服务于供给侧结构性改革和打好三大攻坚战提供坚实的数据支撑。

第五，坚持符合基本国情的开放型统计发展模式。从新中国成立伊始，统计工作就面临发展模式的选择。中国学习苏联模式实行计划经济，适应于当时的特殊国情建立了高度集中统一的统计体系，采用 MPS 体系，统计调查主要依靠全面报表制度，统计工作效率低下。经历 30 年计划经济磨难之后，中国开启了改革开放的新征程，统计发展模式更是引起各界广泛关注，开始由 MPS 体系向 SNA 体系转轨，大量采纳国际统计准则和吸收先进国家的统计发展经验，逐步建立起一个较为完善的现代统计体系。一方面，从基本国情出发，不断改革现行的各项制度，提高统计工作效率，改进统计数据质量；另一方面，随着经济全球化的发展，积极采纳国际统计标准，在国际统计标准制定和交流合作中话语权不断增大。

四　新时代的机遇与挑战

现行统计体系是在特定的历史条件下形成的，在长期的发展过程中取得了巨大的成就。当前，中国社会已全面进入新时代，各项事业的发展也步入了一个新的阶段，统计发展面临着难得的历史性机遇。

首先，党中央、国务院对统计工作高度重视，为中国统计发展提供了强有力的政治保障。2016 年 10 月，习近平总书记主持召开中央全面深化改革领导小组第二十八次会议，审议通过了《关于深化统计管理体制改革提高统计数据真实性的意见》。该意见充分肯定了统计工作和统计数据的重要性，深刻阐述了关于提高统计数据真实性的总体方略，进一步明确了全面深化统计管理体制改革的指导思想、基本原则、主要目标和政策措施，是新形势下推动统计发展的行动纲领。2017 年 10 月，党的十九大胜利召开，报告明确提出要"完善统计体制"。2020 年 10 月，党的十九届五中全会报告提出，推进统计现代化改革。

其次，中国统计现已初成体系，为下一步发展打下了坚实的基础。70 余年来，中国统计发展取得了辉煌的成就，已经初步建成一个与国际标准接轨、适合本国国情的现代统计体系，在经济社会发展中发挥着重要作用。经过几代统计人的努力，中国统计体系逐步完善，无论是统计法律体系、统计制度体系、组织管理体系，还是统计调查体系、统计产品体系、统计服务和保障体系都取得了巨大进步。中国统计已具有较好的基础设施，统计数据的社会影响力、公信力和国际认可度显著提高。进入新时代，中国改革开放步入深水区，制度改革和创新全面推进，为统计改革和创新注入了新的动力。依托于既有的统计基础，全面深化改革的新时代东风无疑将为中国统计发展提供难得的契机。

再次，统计信息化建设迈上新台阶，为中国统计发展奠定了良好的技术基础。近一二十年来，中国科技特别是信息技术快速发展，电子通信、互联网、5G、大数据、云计算、电子商务、移动网络等日新月异，人工智能、卫星遥感、物联网等技术也突飞猛进，中国统计技术基础进步显著，在自动化采集、无纸化传输、信息电子化和数据库建设等方面甚至走在了世界前列。特别是统计四大工程的顺利实施，使统计信息化建设再上新台阶，对推进中国统计工作现代化和改进统计数据生产方式发挥了重要作用，成为中国统计进一步发展的重要技术基础。

最后，统计全面开放格局基本形成，为中国统计国际化发展创造了有利条件。2001 年中国加入世界贸易组织（WTO），经济全球化步伐加快，中国统计开始大规模采纳国际标准，与发达国家、国际组织的双边或多边统计合作日益加强，统计规范化发展步伐加快。目前，中国已成为世界第二大经济体、第一大贸易国，国际化程度显著提高，为国际统计合作与交流创造了有利的条件，也对统计数据的国际可比性提出了更高的要求。2002 年中国加入 GDDS，2015 年正式采纳 SDDS，统计开放发展迈上新平台。中国统计部门积极开展多边与双边的统计交流和技术合作，与联合国统计司、IMF、世界银行等国际机构保持密切联系，在国民经济核算、劳动力调查、服务业统计、工资统计等方面开展了一系列合作活动。此外，中国连续两轮全面参与了世界银行组织的全球国际比较项目（2011ICP 和 2017ICP）。进入新时代，统计全面开放格局基本形成，为中国统计国际化发展创造了有利条件。

当然，我们也应清醒地看到，中国统计历经 70 余年的发展尚存不少问题。例如，政府综合统计系统与部门统计系统之间协调不足，分类与标准不统一，数据共享机制不畅；又如，服务业统计、固定资产投资统计、城乡住户调查一体化体系、全国统一核算体系等方面的制度建设还无法全面满足现阶段经济社会发展的需要。进入新时代，随着中国经济的发展和经济全球化的加深，社会各界对统计数据的需求不断增加，对数据质量的要求也不断提高，中国统计发展正面临着诸多新的挑战。

第一，新时代经济社会形势更为复杂，对统计工作提出了更高要求。进入新时代后，中国社会转入一个新的历史阶段，经济结构更加复杂，国际环境更加严峻，改革进入深水区。全面深化改革，不是推进一个领域改革，也不是推进几个领域改革，而是要推进所有领域改革，要以经济体制改革为牵引，涵盖经济、政治、文化、社会、生态文明"五位一体"和党的建设等各领域的全面改革。新的形势对统计体系提出了更高的要求，供给侧结构改革、高质量发展、全面建成小康社会、脱贫攻坚、乡村振兴战略等各个方面都要求统计部门做出反应，提供有针对性、高质量的统计应对。

第二，新时代社会各界数据需求空前高涨，多元化、精细化要求显著提高。改革开放以来，中国统计事业不断进步，政府统计数据质量不断提高，政府统计的权威性、可靠性和社会认可度也不断上升。进入新时代后，中国社会对统计数据的需求不断提高，无论是质的方面还是量的方面要求都空前高涨。国家治理更加注重顶层设计，社会管理趋于精细化，宏观调控要求更加精准、科学，所有这些都离不开统计的支持，无不需要统计系统提供全方位、多元化、精细化的数据服务。

第三，大数据对传统统计带来巨大冲击，新时代更需要统计方法创新。随着互联网技术的飞速发展和普及，人类社会出现信息爆炸，大数据时代来临。传统统计基于大数定律，通过抽样调查获取样本，进而推断总体数量特征，大数据对传统统计带来挑战，以往的统计与核算方法受到前所未有的冲击（许宪春等，2019）。大数据几乎提供了调查对象的普查结果，对提高统计信息的准确性、及时性具有重要意义，但原始数据的生产方式，尤其是指标计算公式的选择、权重确定等都要做出相应调整，短期内将给统计工作带来诸多难题。随着互联网、物联网、云计算等信息技术的迅猛发展，企业、个人、机构等每个个体的社会经济活动特征，包括工业生产、社会消费、物流运输等，都会以计算机数据的形式被记录和存储，从而形成大规模的信息网络体系，包括结构化数据、半结构化数据和非结构化数据。不同主体通过网络爬虫、云计算等技术手段可以对不同数据进行挖掘和分析，这对传统统计工作的数据收集方式、统计理念方法、政府统计职能等都将带来重大挑战。

第四，新时代传统统计范式受到冲击。党的十九大报告明确指出，中国特色社会主义进入新时代，社会主要矛盾已经转化为人民日益增长的美好生活需要和不平衡不充分的发展之间的矛盾。这一重大判断不仅为新时代的经济建设、政治建设、文化建设、社会建设和生态文明建设指明了新的发展方向，而且为实施新时代"两步走"战略提供了决策依据和理论支撑。面对这一社会形势的根本性变化，统计关注重点也应做出调整，由社会对信息的多样化需求，进而转化为变革对现行统计基本范式的冲击。新时代中国社会要求统计范式做出调整，从"经济增长"的统计转向更广义的"可持续和福利"（Sustainability and Well – being）的统计，即在经济之外应更关注对人文、环境、生态、绿色发展、健康安全、社会福利、可持续发展等方面的统计。

第五，新时代中国统计数据缺口更为显著。2008 年国际金融危机暴露出现行统计体系存在巨大的信息缺口（Information Gaps），统计监测体系尚存缺陷。危机过后，G20、IMF 和 FSB 等国际组织大力实施数据缺口计划（DGI），成为全球应对信息缺口的主要行动，引发了经济与金融统计领域的一场数据革命。近一二十年来，中国经济发展迅速，科技日新月异，新产品、新模式、新业态不断涌现，作为一个新兴经济体，中国统计基础薄弱，信息缺口问题更为严重（陈梦根，2014）。如何弥补信息缺口，不断改进统计监测，是新时代中国统计部门必须面对的一大难题。

第六，新时代中国开放新格局对统计国际接轨提出了更高要求。进入新时代，中国将进一步推进高水平开放，发展更高层次的开放型经济，以开放促改革、促发展，推动形成全面开放新格局。在此背景下，中国统计必须进一步采纳国际标准，加强国际合作与交流。当前，联合国、IMF、世界银行、经济合作与发展组织（OECD）、欧盟等国际组织先后推出了一系列的统计标准、指南或手册，建立起一个内容广泛、指导全面、协调一致的统计准则体系。中国已先后采纳 GDDS 和 SDDS，标志着中国统计开放全面进入新阶段，也意味着对中国统计国际化的要求提高。中国统计法律体系、统计制度体系、统计调查体系、统计指标体系、数据发布体系等必须更进一步与国际接轨，采纳国际标准。

第七，新时代对统计风险监测提出了更高要求。随着社会生产力的快速发展，中国经济实力和综合国力大幅跃升。进入新时代，经济结构趋于复杂化，社会发展中不协调、不平衡、不充分的矛盾更加突出，国际经济金融联系增强，潜在经济风险加大（许宪春等，2019）。为了更好地防范和化解潜在重大系统性风险，必须加强对经济与金融风险的监测和预警，更好地为经济平稳、健康、快速发展保驾护航，这也是统计体系的重要任务。

五　展望与建议

70 余年来，中国初步建立了一个较为完善的现代统计体系，基本适应了时代的发展和用户的数据要求，但也存在不少问题，面临诸多挑战。特别是在统计工作独立性、数据发布规范性、统计信息及时准确性、统计标准和分类国际可比性等方面，离国际标准、发达国家先进水平还存在一定差距。展望未来，中国应积极采取有力举措，改革和发展统计体系，不断提高统计能力，更好地服务于经济社会发展。

Fellegi（1996）曾经指出，一国或地区统计体系是否有效可从下面三个角度来评估：一是统计体系能在多大程度上有效地满足用户的主要信息需求，从动态角度看，面对不断变化的用户需求，统计体系的适应能力如何；二是统计体系能在多大程度上有效地开发现有数据以满足用户需求；三是在统计产品质量和不受政治干扰方面，统计体系的可信度如何。总体来看，中国统计发展的目标是大力优化统计管理体制、改善统计运行机制和加强统计法治，全面推动统计改革和创新，尽快构建起一个符合国情、国际接轨、科学高效的现代统计体系。通过建立健全统计调查体系、统计指标体系、统计信息化技术支撑体系和统计标准分类体系等，提高数据的准确性、及时性和共享性，树立中国统计的公信力和权威性，为政府、公众和国际社会提供质量好、效率高的统计服务。

根据70余年统计实践的基本经验，中国统计未来改革和发展应遵循以下原则：第一，与国情相一致的原则，即中国统计的改革和发展必须与基本国情一致，与中国特色社会主义市场经济体制相适应，与人口众多、地域广阔的国情相适应，与国家管理体制和经济体制转型过程中经济利益主体、收入分配关系、社会组织结构等多样化的现实相适应；第二，与国际统计惯例相接轨的原则，中国与世界各国之间交流日益频繁，为了更好地参与国际事务，统计理念、统计方法、统计标准、统计数据与国际统计惯例接轨成为统计工作中最基本、最迫切的要求；第三，服务公众与政府的原则，即统计体制尤其是统计服务体系应积极向社会各界提供全面、及时、可信的统计数据，打造面向统计用户、面向统计基层、面向调查对象的现代化服务型统计，获得公众认可；[①] 第四，需求与可能相结合的原则，统计所带来的经济效益与社会效益多是长期而潜在的、间接的，统计体系发展的可用资源有限，中国统计改革和发展应在充分考虑现实基础和资源约束下量力而行，重在提高资源利用效率；第五，政府统计的独立性、中立性和公开性、透明性原则，这些原则必须通过法制建设来保证，为此，中国统计改革、发展和创

---

① 世界银行课题组：《中国统计体系改革发展战略研究报告》，中国统计体系改革发展战略国际研讨会，2005年11月21—22日。

新应当以统计法治为依托。①

中国发展社会主义市场经济，实现高质量发展，全面建成小康社会，实现中华民族伟大复兴的中国梦，离不开统计的支持，中国实现现代化必然包括统计的现代化。党的十九届五中全会通过的《中共中央关于制定国民经济和社会发展第十四个五年规划和二〇三五年远景目标的建议》从党和国家事业全局的高度出发，做出了推进统计现代化改革、加强宏观经济治理数据库建设、推动数据资源开发利用、扩大基础公共信息数据有序开放、加快数字化发展等一系列重大决策部署。统计部门应积极分析和总结统计改革发展经验，深入研究"十四五"时期统计改革发展的总体思路和目标，积极完善统计体制，改革统计制度方法，推动大数据、云计算、人工智能等现代信息技术与统计工作深度融合发展，加快构建与国家治理体系和治理能力现代化要求相适应的现代化统计体系。为此，基于上述目标和原则，提出如下建议：

（1）积极完善和创新统计调查方法体系，确保基础数据质量，拓宽数据来源渠道。这要求更加注重抽样调查技术在原始数据获取中的重要作用，完善与抽样调查相关的配套制度建设（如抽样框设计、基本单位名录库更新等），同时积极开拓新的原始数据源，如整理各部门行政记录资料、搜集企业会计财务与经营记录资料、尝试利用电子商务交易资料等。

（2）改革和优化统计管理体制，确保统计工作的独立性和中立性。数据质量是统计工作的生命线，统计结果能否真实地反映经济社会发展状况，在政府决策中能否充当参谋作用，能否引导和促进科学发展，都取决于统计数据质量水平。统计管理体制的弊端将降低统计数据质量，为保障统计工作的中立性，提高数据质量，中国应进一步改革和优化统计管理体制，以及统计指标与标准、统计法

---

① PARIS21，*A Guide to Designing a National Strategy for Development of Statistics*（*NSDS*），http：//www. paris21. org，2004.

律法规、数据生产与用户需求协调机制等关键制度。

（3）全面实施和进一步完善新国民经济核算体系。中国已根据 2008SNA 对国民经济核算制度进行修订，颁布实施了《中国国民经济核算体系（2016）》。同时，2019 年中国正式放弃原来的分级核算制度，将实施由国家统一核算地方 GDP 的方案。实施 2016 年核算体系和地区 GDP 统一核算是一项系统工程，工作涉及面广，技术要求高，有关部门应在实施过程中不断总结经验，进一步优化统计制度，创新核算方法，在实践中发展、创新，尽快构建起一套科学的国家统一经济核算制度体系，为准确测度国民经济规模和结构、实现国际可比性，以及改进领导干部政绩评价奠定坚实的制度基础。

（4）尽快制定高质量发展和数字经济的统计体系。新时代中国统计发展的最关键一环在于构建高质量发展的统计体系，有关部门应深入研究"创新发展、协调发展、绿色发展、开放发展、共享发展"的统计监测，为实现高质量发展提供有效的统计保障。同时，结合国民经济核算方法改革，更好地反映供给侧结构性改革和高质量发展的要求，开展深化"三去一降一补"的统计监测，完善对新产业、新业态、新模式的统计，适应数字经济蓬勃发展的需求，积极构建数字经济核算体系，健全反映经济提质增效、转型升级的统计指标体系。

（5）大力加强生态、资源环境与民生统计。当前，我国生态、能源、资源环境问题日益突出，加快编制和发布自然资源资产负债表，加强资源环境统计能够为社会经济发展、资源利用和环境保护提供更好的信息支持。同时，中国已经如期实现全面建成小康社会和坚决打赢脱贫攻坚战的宏伟目标，新时期相对贫困问题和民生问题受到空前关注，改进和加强民生统计对优化政府决策至关重要。

（6）积极改进和完善服务业统计。一直以来，服务业统计是我国统计体系中的一个薄弱环节，随着第三产业占 GDP 的比重超过第二产业，服务业在国民经济中的地位越来越突出，改进服务业统计，优化服务业分类体系，完善服务业统计指标体系，更全面地掌握服务业发展状况，有助于更好地开展经济管理与宏观调控。

（7）科学应对大数据对统计体系的挑战与冲击。大数据为统计发展带来了新的机遇，更是一种前所未有的挑战。数字经济新时代条件下推动中国统计改革与发展，一个重大课题就是要积极研究大数据对传统统计带来的挑战，在改进统计信息化支撑体系的同时，探讨大数据对现行统计理论与方法的影响，进而改进统计体系组织与运行模式，提高统计效率与数据质量。

（8）建立和完善风险监测与预警体系。1997年亚洲金融危机和2008年国际金融危机都对世界经济造成巨大冲击，危机过后，改进各国统计与监测体系成为国际社会的共识。当前，金融系统性风险、危机预警体系、经济金融脆弱性等问题成为研究者关注的热点。随着中国全面进入新时代，经济结构趋于复杂，潜在系统性风险增大，如何保证这艘经济巨轮平稳前行而不出意外，是中国迫切需要关注的课题，因此，建立和完善风险监测与预警体系无疑是中国统计发展的关注重点之一。

参考文献

陈梦根：《国家统计发展战略与统计能力建设》，《统计研究》2008年第4期。

陈梦根：《金融危机与信息缺口：统计解析》，《统计研究》2014年第11期。

蒋萍、刘丹丹和王勇：《SNA研究的最新进展：中心框架、卫星账户和扩展研究》，《统计研究》2013年第3期。

李强：《精心实施四大工程推进统计信息化再上新台阶》，《统计研究》2011年第7期。

李强：《新中国政府统计调查制度的建立、发展和改革六十年》，《统计研究》2012年第8期。

联合国：《统计组织手册：统计机构的运作与组织》（中文版），联合国，2003年。

马建堂：《在社会主义建设和改革道路上奋勇前行》，《中国信息报》2012 年 8 月 7 日。

宁吉喆：《深入学习贯彻党的十九大精神——推动新时代统计工作再上新台阶》，《人民论坛》2017 年第 11 期。

邱东、陈梦根：《基于数据质量观的中国统计能力建设》，《当代财经》2008 年第 3 期。

权贤佐：《转轨时期中国统计的矛盾、冲突与出路》，《统计研究》2001 年第 9 期。

世界银行课题组：《中国统计体系改革发展战略研究报告》，中国统计体系改革发展战略国际研讨会，2005 年 11 月 21—22 日。

王思彤：《十八大以来统计发展历程回眸》，《统计与咨询》2017 年第 10 期。

徐荣华：《改革开放 30 年中国政府统计能力建设评述》，《中国统计》2008 年第 10 期。

许宪春：《中国国民经济核算体系的建立、改革和发展》，《中国社会科学》2009 年第 6 期。

许宪春、关慧娟和张钟文：《新时代中国经济社会统计的创新与发展》，《统计研究》2019 年第 9 期。

永山贞则、吴振国：《官方统计的未来》，《上海统计》1996 年第 7 期。

张塞：《借鉴历史经验探索中国统计发展的道路》，《统计研究》1987 年第 5 期。

郑京平：《中国国家统计体系简介（一）——概况及统计法律体系》，《中国统计》2002 年第 2 期。

中华人民共和国国家统计局：《中华人民共和国统计大事记（1949—2009）》，中国统计出版社 2009 年版。

Fellegi, Ivan P. , "Characteristics of an Effective Statistical System", *International Statistical Review*, 1996, 64（2）: 165 – 187.

PARIS21, *A Guide to Designing a National Strategy for Development of Statistics*（*NSDS*）. http: //www. paris21. org, 2004.

专题二　中国货币与金融统计发展回顾和展望

摘要　货币与金融统计是一国或地区经济统计的重要内容，为政府制定政策和市场主体决策提供有用参考信息。伴随着经济和金融的不断发展，中国货币与金融统计走过了一段不平凡的演进历程，从计划经济时期的奠基性发展到改革开放后的改革式发展，再到近二十年的规范化发展，已初步建成一个和现行国民经济核算体系相适应的货币与金融统计体系，基本顺应了中国当前经济社会发展的要求。但与国际准则相比，中国货币与金融统计尚存不少问题，在概念分类、统计方法、指标设置与数据质量等方面离国际标准还存在一定差距。本专题对中国货币与金融统计七十余年的发展历程进行全面回顾，评估和分析发展现状，深入探讨中国货币与金融统计存在的问题及面临的挑战，并对如何构建一个符合国际标准、适应本国国情、科学高效的现代货币与金融统计体系提出建议。

关键词　货币与金融统计；发展历程；国际准则；评估；未来展望

从国际上看，货币与金融统计体系是现代经济统计四大体系之一。联合国、国际货币基金组织（IMF）、世界银行等国际组织经过数十年的发展与完善，逐步建立了一套以《国民账户体系》（SNA）、《国际收支和国际投资头寸手册》（BPM）、《货币与金融统计手册和编制指南》（MFSMCG）、《政府财政统计手册》（GFSM）

为主体的国际经济统计规范。目前，依据这四大统计体系生产的数据已成为各国政府及企业、居民决策的有力依据。金融是现代经济的血液，在各国经济社会发展中发挥着重要作用，货币与金融统计也成为一国或地区经济统计的重要内容，是国家信息系统的重要组成部分。

伴随着经济与金融的不断发展，中国货币与金融统计体系走过了一段不平凡的演进历程，从计划经济时期的曲折发展到市场经济时期的快速发展和持续改革，已初步建成了一个和现行国民经济核算体系相适应的货币与金融统计体系，基本顺应了中国当前经济社会发展的要求，为经济运行和管理提供了有力支持。本专题拟回顾中国货币与金融统计体系70余年的发展历程，基于国际标准进行评估，深入探讨中国货币与金融统计存在的问题及面临的挑战，并对其未来发展提出建议。

一 发展历程回顾

伴随金融业的演进变迁，中国货币与金融统计工作不断发展，在长期实践摸索、学习和借鉴国际先进经验的基础上，已初步建立了一个较为完善的现代货币与金融统计体系。该体系与现行国民经济核算体系基本适应，在长期的经济社会发展中发挥了非常重要的作用。概括而言，新中国70余年货币与金融统计发展大致可划分为三个时期：奠基性发展时期、改革式发展时期和规范化发展时期。

（一）奠基性发展：1949—1977

新中国成立之初，在解放区银行和货币系统的基础上，国家接收原官僚资本银行，对私营银行和钱庄进行改造，并根据建立社会主义所有制的要求，在全国普遍设立了国家银行机构、农村信用合作社和其他金融机构。此后，按照苏联的金融体系模式改造中国的金融机构和管理制度，形成了高度集中统一、以行政办法管理为主的金融体系。

在计划经济体制下，中国参照苏联模式，建立了以物质产品平衡表体系（MPS）为中心的一套统计体制。在这种背景下，货币与金融统计旨在为综合信贷计划服务，统计内容主要是银行信贷统计（庞皓等，2003）。该时期的货币与金融统计主要有以下特点：①高度集中统一的计划色彩显著，金融业务按国家计划执行，银行仅是财政的出纳，信贷与货币发行集中管理、集中统计；②统计规范未做宏观和微观层面区分，中国人民银行既是金融的行政管理机关又是具体经营银行业务的实体，还是货币与金融统计的主体；③金融产品和服务单一，货币与金融统计的对象单一，主要是对银行信贷与现金收支的统计；④统计内容与指标非常有限，所开展的统计工作仅包括银行信贷收支统计、现金收支统计及货币投放与回笼统计，主要服务于中国人民银行综合信贷计划的制订。

（二）改革式发展：1978—2000

1978 年党的十一届三中全会后，中国实行改革开放，金融体制开始发生重大变革，原来高度集中的金融体系逐步向多元化、市场化方向发展。20 世纪 80 年代初，中国陆续成立了农业银行、中国银行、建设银行、工商银行四家独立经营、实行企业化管理的国有专业银行。1983 年，中国人民银行开始履行中央银行职能（王国刚，2019）。到 1991 年，金融体制彻底打破"大一统"模式，建立了"以中央银行为核心，国有银行和其他商业银行为主体，保险、证券与其他金融机构并存"的金融体系。众多新型金融机构不断出现，包括城市信用合作社、邮政储汇局、信托投资公司、证券公司、期货公司、融资租赁公司等。1995 年《中华人民共和国人民银行法》颁布实施，首次以国家立法形式确立了中国人民银行作为中央银行的地位。

此外，中国还先后推出了一系列其他金融改革举措，诸如：①实施国有专业银行向国有商业银行的转变；②大力推进股份制商业银行的发展，组建城市商业银行；③组建资产管理公司，剥离国有商业银行不良贷款；④确立分业经营的金融管理体制，全面推进银行与信托、证券、保险的分业经营。在这一时期，伴随经济和金融体制改革的推进，中国货币与金融统计也不断演进变迁，步入改革式发展之路，主要举措或发展可归纳为以下四个方面。

首先，制定统计法律法规。1978年中国人民银行颁布《银行统计制度》，正式明确了银行统计的职责与地位，在现有基本统计报表（综合信贷统计、现金收支统计）的基础上，增加专业统计报表。根据《中华人民共和国统计法》和《中华人民共和国银行管理暂行条例》，中国人民银行于1984年和1986年先后出台并实施《中国人民银行金融统计暂行规定》和《其他金融机构统计管理暂行办法》，1995年正式颁布《金融统计管理规定》，这一系列法规明确了金融统计的内涵、主体和责任，为金融统计工作的顺利开展提供了法律保障。

其次，建立货币总量指标统计。伴随着市场化金融体系的建立，货币政策中介目标由贷款规模开始转向货币供应量，这对各层次货币供应量统计提出了更高的要求。1994年，中国人民银行发布《中国人民银行货币供应量统计和公布暂行办法》，正式推出货币供应量指标，并采用国际通行准则，对货币供应量层次划分、机构范围、统计形式、公布方式等内容做出详细规定。

再次，建立和完善金融统计体系。1978年2月中国人民银行从财政部分立，标志着中国迈出了调整、恢复金融体系的步伐。由此，各类金融机构应运而生，涵盖银行、保险、信托、证券、基金、担保、租赁和资产管理等业务，逐步形成了一个门类齐全、功能完备的现代金融体系。为了适应非银行金融机构的发展状况，有关部门逐步建立和完善了外汇、保险、信托、证券和期货等方面的统计体系，这些与银行统计一起共同构成完整的金融统计体系。

最后，改革金融统计方式。1997年中国人民银行和各金融机构对人民币业务（除保险外）实行全会计科目上报统计数据的制度，并在规范会计制度的基础上，重新设计和规范金融机构向人民银行

报送信息的报表格式、统计指标和项目代码。全会计科目上报制度
是根据中央银行宏观分析、资金管理、金融监督和货币政策以及商
业银行自身资产风险监管等方面要求，针对金融统计信息的需求而
设置的一套科学、统一、全面的指标体系，被认为是新中国成立以
来货币与金融统计工作一项最重大的改革。

（三）规范化发展：2001—2020

2001 年 12 月中国正式加入世界贸易组织（WTO），经济与金融
全球化发展步伐加快，中国进入一个新的发展时期。中国货币与金
融统计开始大量采纳国际标准，不断改革和完善原有体系，全面走
向规范化和国际化发展。从实践上看，这一时期可进一步划分为两
个阶段。

1. 面向开放新格局的规范化发展时期

第一阶段为2001—2007 年，是中国货币与金融统计体系面向开
放新格局的规范化发展时期。受 1997—1998 年亚洲金融危机的影
响，IMF 等国际组织纷纷制定或修订各种统计指南、手册，为各国
统计改革与发展提供参考。为了更好地顺应新的形势，2002 年 2 月
中国召开第二次金融工作会议，展开了新一轮的金融体制改革，明
确"十五"时期金融工作的主要任务。在这一阶段，中国金融体制
改革的特点是商业银行改革、外汇管理改革、农村金融体制改革、
金融市场改革等工作同步推进，进一步完善了金融市场体系、机构
体系、调控体系和监管体系。同时，随着金融对外开放步伐的加
快，外资金融机构大量进入中国。

金融市场的快速发展和金融开放程度的提高对中国货币与金融
统计提出了新的要求和挑战。同时，中国国民经济核算已基本完成
从物质平衡表体系（MPS）向国民账户体系的转变，金融统计也适
应 SNA 的要求逐步发展完善。由此，中国货币与金融统计积极采纳
国际标准，依照 IMF《货币与金融统计手册》（MFSM2000）和《货
币与金融统计编制指南》（MFSCG2008）等准则，全面转向了规范
化发展的新阶段。具体体现在以下几个方面。

第一，规范统计制度。依据 MFSM2000，中国人民银行 2002 年修订了货币与金融统计制度，修订内容重点涉及：对报表机构做出调整，把在中国的外资银行纳入统计范围，从国有银行范围剔除政策性银行，城市商业银行和城市信用社的报表分开编制；扩大统计范围，将境内金融机构外汇业务数据全部纳入报表；修正了原来报表中的一些错误，填补了遗漏，如资产负债表将"再贴现"计入"向中央银行借款"，而不在"对其他部门债权"项下扣减。

第二，改进统计指标编制。21 世纪以来，中国根据市场发展和形势要求对货币与金融统计的主要指标统计方法进行全面修订，其中最重要的是调整货币供应量统计口径（汪洋，2006）。为了更准确地反映金融市场的发展，中国人民银行先后两次调整货币供应量的统计口径：2001 年 6 月，将证券公司客户保证金计入广义货币供应量 M_2；2002 年初，按照当时中国各层次货币供应量的统计原则，将中国境内的合资银行、外资银行、外国银行分行、外资企业集团财务公司和外资财务公司等的人民币存款业务分别计入不同层次货币供应量。

第三，改进数据发布。2002 年 4 月，中国正式加入数据公布通用系统（GDDS），这是中国统计走向世界的重要里程碑，被称为"统计入世"。这对中国货币与金融统计数据发布提出了更高要求，也为提高货币与金融统计数据质量、透明度和可比性提供了契机。由此，中国货币与金融统计在数据公布方面取得了长足进步：一是建立了提前发布金融统计数据"公布日期"的制度；二是扩大数据公布的内容；三是提高数据公布的及时性。[1]

第四，建立并完善金融稳定统计。1997—1998 年亚洲金融危机暴露出现行统计体系对经济与金融脆弱性的监测存在明显不足的问题。[2] 对此，中国积极开展金融稳定统计工作。中国人民银行 2003

---

① 国家统计局国民经济综合统计司：《GDDS 在中国》，中国统计出版社 2006 年版。
② 2006 年 IMF 制定了《金融稳健指标编制指南》，为金融稳健统计提供规范的概念框架与方法体系，2019 年 IMF 发布了该指南的最新修订版本。

年成立金融稳定局，其主要职责是监控系统性金融风险，从而更好地防范和化解系统性金融风险。2003 年 7 月中国人民银行首次开展为期两年的金融稳定自评估，2005 年首次发布《中国金融稳定报告》，对中国金融体系的稳定状况进行监测和分析。

2. 向后危机时代的规范化发展时期

第二阶段为 2008—2020 年，即中国货币与金融统计体系面向后危机时代的规范化发展时期。2008 年国际金融危机对人类社会诸多制度领域产生深刻影响，其中之一就是暴露出现行统计体系存在巨大的信息缺口问题，货币与金融统计制度改革势在必行。为此，二十国集团（G20）倡导实施数据缺口计划（DGI），旨在弥补危机暴露出的信息缺口，帮助各国改进统计体系，由此引发世界范围内的一场数据革命。在这一时期，中国货币与金融统计积极借鉴国际标准和最新研究成果，大力开展国际交流与合作，并且在社会融资规模统计等方面自主开展了有益探索。具体来看，这一阶段的主要进展有以下几个方面。

第一，进一步完善货币供应量统计。住房公积金、商业银行表外理财、非存款金融机构存款等发展迅速，加快了存款分流，但货币供应量统计并未计入这些替代性金融工具，使得相比实际情形 M_2 被低估。因此，2011 年 10 月央行根据金融形势发生的新变化对货币供应量的统计口径再次做出调整，将非存款类金融机构在存款类金融机构的存款和住房公积金存款计入广义货币供应量 M_2，以便更好地反映真实情况（杜金富，2013）。

第二，建立社会融资规模统计。值得特别关注的是，面对融资市场的多元化与银行信贷指标的单一性，中国人民银行从 2011 年开始正式发布社会融资规模指标。该指标为实体经济一段时间内（月、季、年）从金融体系获得的资金总额，用以全面反映金融与经济关系，以及金融对实体经济的资金支持（盛松成，2013）。作为对流动性总量指标的探索与创新，中国增设社会融资规模指标获得了 IMF 等国际组织的肯定。

第三，积极完善统计标准。近十余年来，央行陆续制定和发布了金融机构、金融工具、存款分类、贷款分类、特定目的实体（SPV）编码、存贷款数据元等系列标准，其中最主要的是金融机构与金融工具的分类标准。2009年中国人民银行发布《金融机构编码规范》，构建了以监管分类为第一分类标志、以机构经济功能为第二分类标志、以负债在货币供应量中的作用为第三分类标志的分类体系。2010年中国人民银行发布《金融工具统计分类及编码标准》，对金融工具进行标准化分类。第一、第二层次基本按国际标准划分，便于进行国际对比分析；第三层次结合主体性特征、期限特征与会计基础，进一步细分为具体的中国化金融产品。

第四，采纳数据公布特殊标准（SDDS）。2015年10月中国正式采纳IMF的数据公布特殊标准，标志着中国统计数据发布制度将全面采用国际标准，按照SDDS的要求公布相关统计数据。继GDDS后，此次采纳SDDS进一步向世界表明，中国统计与国际通行标准接轨迈上新台阶，正一步一个脚印地向规范、透明、公正的方向发展（林京兴，2018）。SDDS对数据覆盖范围、公布频率、公布及时性、数据质量、公众可得性等方面的要求高于GDDS，明确要求按标准公布实体经济、财政、金融、对外和社会人口五个部门的数据。

第五，加强数据质量管理。为进一步加强和改进中国统计质量管理，借鉴联合国统计委员会《通用国家质量保证框架（NQAF）模板》，2013年9月国家统计局制定和颁布了《国家统计质量保证框架》。该框架从准确性、及时性、可比性、一致性、适用性、可获得性和经济性七个维度对统计生产过程控制和评价做出详细规定，是开展统计数据质量管理的重要指南，对加强货币与金融统计能力建设和数据质量管理具有重要推动作用。

第六，进一步完善金融稳定统计。早在1999年，IMF就与世界银行联合推动金融部门评估计划（FSAP），旨在加强对成员国金融脆弱性的评估与监测。中国已加入FSAP计划并于2009年8月正式启动。近年来，IMF、金融稳定理事会（FSB）等提出应根据数据公布特殊标准增强版（SDDS⁺）的要求编制 7 个核心金融稳健指标（FSI），中国目前已经编制杠杆率和人员支出比率指标。同时，中国金融系统也做了一系列基础理论研究和应用探索，2011 年开展社会融资规模统计，2017 年开始测算宏观杠杆率，为评估经济运行的风险状况提供支持。

第七，建立金融业综合统计体系。2012 年，中国人民银行在全国金融工作会议中提出，要加快建立"统一、全面、共享"的金融业综合统计体系。2018 年 4 月，国务院发布《国务院办公厅关于全面推进金融业综合统计工作的意见》（国办发〔2018〕18 号），正式着手建立金融业综合统计体系。这一举措为完善货币与金融统计体系和改进金融监管体系创造了条件，有助于增强金融服务实体经济的能力，健全货币政策和宏观审慎双支柱调控框架。

第八，加强和改进金融风险监测。2008 年国际金融危机之后，中国人民银行明确提出，要加强金融风险研判及重点领域风险防控，完善金融风险监测、评估、预警和处置体系，加强对影子银行、房地产金融等的宏观审慎管理，打好防范化解重大金融风险攻坚战。2018 年 11 月，中国人民银行、银保监会、证监会联合印发《关于完善系统重要性金融机构监管的指导意见》，该意见明确了系统重要性金融机构的概念范围、评估流程和评估方法，建立了国内系统重要性金融机构的监管框架。

二　基本体系与现状分析

当前，中国货币与金融统计已初成体系，形成了一套较为完整的统计制度体系和产品体系，它们承担着为政府、企业、居民及国际组织提供货币与金融统计信息的职能。根据业务隶属关系，货币与金融统计的执行主体包括中国人民银行、银保监会、证监会、国家外汇管理局和国家统计局等，其中最主要的数据提供者为中国人民银行。中国人民银行定期公布一系列货币与金融统计指标，包括货币统计概览、金融业机构资产负债统计、社会融资规模、金融机构信贷收支统计、企业商品价格指数和金融市场统计等。同时，中国人民银行还定期开展企业家问卷调查、银行家问卷调查、城镇储户问卷调查等专项调查，定期出版《货币政策执行报告》《中国区域金融市场发展报告》《金融稳定报告》《中国支付体系发展报告》《中国反洗钱报告》等专项统计分析报告，为社会各界提供相关统计数据与信息。

从理论上讲，货币与金融统计可划分为货币统计和金融统计两部分，二者既有联系又有区别，侧重点各不相同。① 货币统计主要是针对金融性公司的统计，通过金融性公司资产负债表和概览予以反映，广义货币是货币统计的主要内容。金融统计是针对经济中所有部门金融资产和金融负债的统计，既包括金融性公司间接融资的债权债务统计，也包括金融性公司以外部门直接融资的证券发行与交易统计（金融市场统计），还包括金融流量在部门间流动的资金流量核算。在不断地学习、改革和完善过程中，中国逐步建立了货币与金融统计体系的基本架构，基本满足了市场经济条件下各界对货币与金融统计信息的多样化需求，而且为国际组织和外国用户提供有关信息。

在现行体系中，中国货币与金融统计主要包括四个部分：一是货币统计；二是信贷与融资统计；三是金融市场统计；四是资金流量统计（见图2-1）。其中，货币统计主要包括货币供应量统计和存款性公司概览统计，还包括官方储备资产统计、货币当局资产负债表、金融业机构资产负债统计等。从方法上看，中国货币统计采取两种表述方式：存款性公司概览和货币供应量统计表。纵观中国

---

① 国际货币基金组织：《货币与金融统计手册》，国际货币基金组织，2000年，第3—7页。

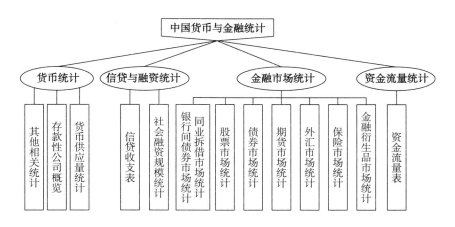

图 2 - 1　中国货币与金融统计体系

资料来源：笔者整理。

的货币统计框架，其最主要的缺陷是没有编制金融性公司概览，无法全面提供金融性公司部门对其他部门与非居民的资产和负债存量流量。信贷与融资统计反映金融机构资金来源和运用情况，以及金融部门为实体经济提供的资金支持情况，包括信贷收支统计和社会融资规模统计，与货币统计并行。信贷收支统计对存款性金融机构资产负债进行统计，这在一定程度上能够反映金融机构资金来源和运用情况，部分弥补货币统计概览的不足。社会融资规模从金融机构的资产方统计，不同于货币供应量从负债方统计，能够全面反映金融部门对实体经济提供资金支持的总量。不过，从范围上看现行的社会融资规模还不全面，如民间融资、私募股权等部分项目因为数据的可得性问题而未纳入统计（盛松成，2013）。金融市场统计主要包括同业拆借市场统计、银行间债券市场统计、外汇市场统计、保险市场统计、股票市场统计、债券市场统计、期货市场统计和金融衍生产品统计等，旨在反映金融交易主体在各类市场中的交易对象、交易价格、交易方式和交易规模等情况。中国金融市场起步较晚但发展速度非常快，开展金融市场统计的历史也较短，信息缺口较多。资金流量统计反映社会资金的来源与运用情况，资金流量表（金融交易部分）由中国人民银行编制。① 中国现行资金流量统计尚存一些不足，例如，非金融企业部门基础数据不全面，资金流量表金融交易与实物交易的连接问题，特别是金融创新对编制金融交易资金流量表带来了挑战。

三　基于国际标准的评估

（一）相关国际统计准则

自第二次世界大战后，为了规范各国统计方法和给统计基础比较薄弱的国家提供指导，联合国、IMF、世界银行、经济合作与发展组织（OECD）、BIS 等国际机构和各国政府密切合作，制定和颁布了一系列统计规范、手册与指南，形成了一套内容广泛的统计准则体系，全面覆盖了宏观经济、财政、金融、贸易、价格、产业、劳工等诸多领域，指导范围包括统计的概念、分类和方法，以及数据的收集、生产、评估和发布等全部流程（陈梦根等，2017）。总的来看，现行国际统计标准以国民账户体系为中心，主要包括四大体系，即国民经济核算体系、货币与金融统计体系、政府财政统计体系和国际收支统计体系。

针对货币与金融统计领域，相关国际准则涵盖了收集、加工、评估和发布货币与金融统计数据的主要过程。如表 2 - 1 所示，主要包括以下三类。

第一类是数据生产准则。在生产环节，各专业领域统计一般有各自不同的国际准则。对于货币与金融统计，生产环节的准则主要涉及三方面。一是基础类准则，最核心的是《2008 年国民账户体系》（2008SNA）和《国际收支与投资头寸手册》（第 6 版）

---

① 国家统计局国民经济核算司、中国人民银行调查统计司：《中国资金流量表编制方法》，中国统计出版社 1997 年版，第 1—2 页。

（BPM6），其中 2008SNA 提供国民经济的综合核算框架，详细介绍了金融资产/负债基本概念框架、金融资产分类、金融公司部门分类等，阐述了金融账户和资金流量核算方法；BPM6 介绍国际收支核算的概念、定义、分类和方法，为国际金融活动的统计提供了基本框架与准则。二是专门类准则，包括《货币与金融统计手册和编制指南》（MFSMCG2016）、《国民账户体系中金融生产、流量和存量》（FPFS2015）和《金融稳健指标编制指南》（FSICG2019）等。其中最核心的是 MFSMCG2016，该准则由 IMF 在 2016 年的修订中将《货币与金融统计手册》和《货币与金融统计编制指南》合并形成。FPFS2015 旨在提供有关不同类型金融服务生产和分配核算的指南，以及基于"从谁到谁"层面编制金融账户和机构部门资产负债表的方法，其与 2008SNA、BPM6 及相关统计手册一致，对收集、编制和发布金融公司部门账户及核算数据具有重要参考价值。三是相关类准则，主要包括《2014 年政府财政统计手册》（GFSM2014）、《政府财政统计：发展中国家编制指南》（GFSCGDC2011）、《证券统计手册》（HSS2012）、《公共部门债务统计：编制者和使用者指南》（PS-DS2011）和《外债统计：编制者和使用者指南》（EDSGCU2013）等。

第二类是数据公布准则。数据发布是统计的重要环节，此类准则主要包括数据公布通用系统和数据公布特殊标准，由 IMF 于 20 世纪 90 年代中后期推出，旨在为各国经济统计数据发布提供指导，亦适用于货币与金融统计（许涤龙、欧阳胜银，2012）。其中，GDDS 主要针对统计基础薄弱国家，SDDS 主要针对统计相对健全国家。2012 年 IMF 颁布了数据公布特殊标准增强版，其作为数据发布更高级别的标准，供拥有重要金融部门的经济体使用。截至 2018 年 7 月，全球共有 16 个国家采纳 SDDS[+]。中国虽然已采纳 GDDS 和 SDDS，但要迈上更高层次仍需继续努力。

第三类是数据质量评估准则。IMF 数据质量评估准则由《数据质量评估通用框架》（DQAF）和 7 个专项框架构成，通用框架适用于所有专业领域，并为专用框架提供基础。DQAF 于 2003 年 7 月出台，核心部分主要包括保证诚信、方法健全性、准确性与可靠性、适用性和可获得性等数据质量的五个维度，通用框架还对统计机构环境、统计过程和统计产品特征提出了要求。专项框架涉及国民账户统计、居民消费价格指数、生产者价格指数、政府财政和公共部门债务统计、货币统计、国际收支和国际投资头寸统计、外债统计等。其中，和货币与金融统计相关的重点涉及《货币统计数据质量评估框架》（DQAFMS）和《外债统计数据质量评估框架》（DQAFEDS）两个专项框架。前者主要针对货币统计领域，用于评估货币统计的概念和定义、核算范围、记录原则等是否与国际上公认的标准、指南或好的做法一致。后者主要用于外债统计领域，注重对外债头寸概念和定义、核算范围、记录原则等是否与国际上公认的标准、指南或好的做法一致进行评估。在侧重点方面，DQAFMS 更侧重于对方法的健全性、适用性的评估，而 DQAFEDS 更侧重于对准确性、可靠性和可获得性的评估。为了反映国际统计的发展尤其是国际标准方法的更新，2012 年 5 月 IMF 发布了 7 个专项评估框架的新版本，新版专项框架与 2008SNA、BPM6 保持协调一致。

表 2 – 1　　　　　　　货币与金融统计主要国际准则

国际标准	英文全称	英文简称	颁布机构	统计领域	备注
数据生产准则					
《2008 年国民账户体系》	*System of National Accounts 2008*	2008SNA	联合国等	国民经济	2008 年修订
《国际收支与投资头寸手册》（第 6 版）	*Balance of Payments and International Investment Position Manual（Sixth Edition）*	BPM6	IMF 等	国际收支	2009 年修订
《国民账户体系中金融生产、流量和存量》	*Financial Production，Flows and Stocks in the System of National Accounts*	FPFS	联合国等	金融生产、流量和存量	2015 年制定

续表

国际标准	英文全称	英文简称	颁布机构	统计领域	备注
《货币与金融统计手册和编制指南》	*Monetary and Financial Statistics Manual and Compilation Guide*	MFSMCG	IMF	货币与金融统计	2016 年修订
《金融稳健指标编制指南》	*Financial Soundness Indicators：Compilation Guide*	FSICG	IMF 等	广义金融稳健	2019 年修订
《证券统计手册》	*Handbook on Securities Statistics*	HSS	IMF 等	证券	2012 年制定
《2014 年政府财政统计手册》	*Government Finance Statistics Manual*	GFSM	IMF 等	政府财政	2014 年修订
《政府财政统计：发展中国家编制指南》	*Government Finance Statistics：Compilation Guide for Developing Countries*	GFSCGDC	IMF 等	政府财政	2011 年制定
《公共部门债务统计：编制者和使用者指南》	*Public Sector Debt Statistics：Guide for Compilers and Users*	PSDS	IMF 等	公共部门债务	2012 年制定
《外债统计：编制者和使用者指南》	*External Debt Statistics：Guide for Compilers and Users*	EDSGCU	IMF 等	外债	2013 年修订
数据公布准则					
《数据公布通用系统》	*General Data Dissemination System*	GDDS	IMF	社会经济与金融	1996 年制定
《数据公布特殊标准》	*Special Data Dissemination Standard*	SDDS	IMF	社会经济与金融	1997 年制定
《数据公布特殊标准增强版》	*Special Data Dissemination Standard Plus*	SDDS⁺	IMF	社会经济与金融	2012 年制定
数据质量评估准则					
《数据质量评估通用框架》	*Data Quality Assessment General Framework*	DQAF	IMF	社会经济与金融	2003 年制定

续表

国际标准	英文全称	英文简称	颁布机构	统计领域	备注
《货币统计数据质量评估框架》	*Data Quality Assessment Framework for Monetary Statistics*	DQAFMS	IMF	货币	2003 年制定
《外债统计数据质量评估框架》	*Data Quality Assessment Framework for External Debt Statistics*	DQAFEDS	IMF	外债	2003 年制定

资料来源：笔者整理。

（二）比较评估

经过 70 余年的发展，中国货币与金融统计有了巨大发展，但与国际标准相比，中国货币与金融统计还存在诸多不足。下面基于国际准则从数据生产、数据公布和数据评估三个层面分别进行比较与分析。

1. 数据生产

第一，货币与金融统计框架不完整。IMF 的货币与金融统计体系提供了货币统计分层次汇总方法，四个层次有特定的目的和作用。[1] 如图 2 - 2 所示，四个层次分别为：第一个层次汇总得到部门资产负债表，提供银行、证券、保险及基金等部门的信息，为制定货币政策、金融分业管理和经济分析提供参考；第二个层次由部门资产负债表合并形成中央银行概览、其他存款性公司概览和其他金融性公司概览[2]；第三个层次是存款性公司概览，作为货币统计的中心内容，由其统计得到广义货币，广义货币是宏观经济分析的重要指标；第四个层次形成金融公司部门概览，其为货币统计的最高

---

[1] 国际货币基金组织：《货币与金融统计手册》，国际货币基金组织 2000 年版，第 3—7 页。

[2] 三大概览主要功能：中央银行概览反映基础货币的构成状况；其他存款性公司概览反映占广义货币绝大部分的存款构成状况；其他金融性公司概览反映非存款金融机构的资金融通状况。

级别汇总，主要反映全部金融机构的资产和负债。图2-2中虚线框
展示了中国现行的货币统计框架，其中货币概览及信贷收支统计较
为完备，但缺少包含证券、保险等在内的反映全社会资金融通的金
融概览。同时，机构统计范围不全，特别是进入数字经济时代后，
金融科技创新层出不穷，新型机构大量涌现，如移动支付、支付
宝、余额宝、担保公司等，统计监测相对薄弱，存在巨大的信息缺
口（张涛，2010）。

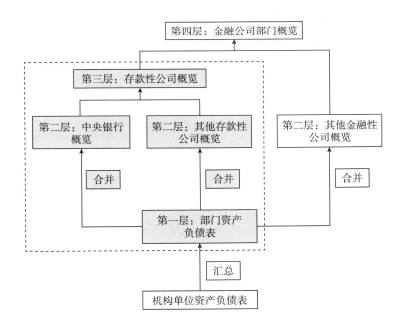

图2-2　货币统计分层次汇总

资料来源：笔者整理。

第二，货币供应量统计方法更新滞后。货币统计的核心是测算
货币总量指标，首先需要明确货币总量的内涵及构成。IMF最新修
订的《货币与金融统计手册和编制指南》，取消了对货币层次的划
分，通过明确广义货币框架来确定货币供应量的不同统计口径
（IMF，2016）。中国目前仍采用1994年确定的货币供应量统计办

法，虽然对货币供应量统计口径先后做了三次调整，但随着短期金融债券、银行理财产品、网上银行、移动支付、数字货币等的出现，原有的货币供应量统计框架受到极大的挑战，已无法全面反映市场变化。其主要缺陷体现在以下三个方面。其一，随着金融创新的不断发展，数字支付、网络银行等使一些金融工具的货币属性模糊，部分工具流动性水平发生显著变化，各层次货币供应量统计口径的界限划分变得困难，削弱了货币总量指标对政策和分析的参考作用。例如，传统的货币供应量统计按照金融工具流动性水平高低来确定统计口径，居民储蓄存款因其流动性低于企业存款而被划入 M_2，企业存款则由于可以使用支票和流动性更强而被划入 M_1；当前随着支付宝、微信支付、手机银行等的发展，储蓄存款的流动性与现金无异，势必对原来的货币供应量统计带来巨大影响，传统的 M_1 和 M_2 统计口径是否还有效、其指标内涵有何变化以及影响如何，值得深入探讨。其二，部分金融资产如银行卡项下的活期储蓄存款、结算中款项、预算外财政存款等流动性产生变化，致使货币供应量统计可能出现遗漏或重复。其三，货币互换、边境贸易、跨境旅游等使境外流通人民币现钞规模扩大，但现行体系下货币供应量统计并未包括该部分货币。

第三，创新型金融机构及金融工具统计信息不充分。20 世纪 90 年代以来，中国金融体系发展迅速，如证券、期货、基金、担保、资产管理等非存款类机构似雨后春笋般涌现并迅速发展。各类金融机构开发的新型金融工具也不断出现，如理财产品、信托计划、衍生产品、主权财富基金等，这些金融活动迅速扩张但在表外发生。此外，一些跨市场、跨业务的新型金融工具统计，包括债务证券、交易所交易基金（ETF）、银行间头寸、信用违约掉期（CDS）、标准化担保、保险及期权（包括植入证券的产品）、担保债券、证券化产品和结构化产品等，在货币统计中没有完全体现，因此，有必要新增一些金融资产在货币统计中统计处理的详细说明。2009 年底至今，中国人民银行陆续发布了《金融机构编码规范》《金融工具统计分类及编码标准（试行)》《贷款统计分类及编码标准》，这种状况逐步有所改善，但还有若干重要金融工具的统计标准和办法尚未制定。当前，国内金融统计数据搜集和管理普遍存在重机构、轻产品的缺陷，传统的统计方法难以应用到对影子机构、新型工具、跨境业务等的监测上，使得这些业务部分游离于统计和监管之外。

第四，核算方法、计值规则等方面尚存不足。在存量核算方法上，IMF 在 MFSMCG2016 中提出要关注部门资产负债表，以及推动在脆弱性评估中使用标准报告表式（SRF）的建议（IMF，2016)。标准报告表式是编制资产负债分析矩阵（BSA）的主要数据来源，能够提供最新、最详细的月度数据，标准报告表式分币种、分工具数据有助于确定货币和资产结构不匹配问题。根据 BSA 方法，可采用 SRF 中统计数据编制部分金融稳健指标来进行脆弱性分析，这些指标包括资本和资产比率、流动性资产（现金和可转让存款）与总资产比率、金融衍生工具总头寸与资本比率、客户存款（不包括存款机构和其他非金融性公司）与总（非银行间）贷款比率、外币计值贷款与总贷款比率、外币计值负债与总负债比率、股本敞口头寸对资本比率、本币净头寸与资本比率、外币净头寸与资本比率等。中国货币与金融统计中仅有存款性公司资产负债表，无法开展全面的资产负债核算分析。总的来看，核算方法、计值规则的落后会削弱货币与金融统计的数据使用效率和效果，也将影响金融脆弱性评估和稳健性统计，不利于金融风险的监控和预警。

第五，资金流量核算仍较薄弱。在流量核算方法上，IMF 最新的货币与金融统计准则建议设立金融交易账户和资金流量矩阵（陈梦根、张唯婧，2014)。中国已编制年度资金流量表（金融交易账户)，但数据发布滞后严重，尚未建立资金流量矩阵（见表 2 - 2)。此外，未来还应探索编制区域资金流量表及资金存量表。

表 2 - 2　　　　　　　　　　金融统计核算方法

类别	IMF 标准（MFSMCG）	中国实践
存量核算	各部门资产负债表 新增资产负债分析矩阵（BSA matrix）	存款性银行资产负债表 无资产负债核算分析
流量核算	金融交易账户 资金流量矩阵	年度资金流量表 （金融交易账户） 社会融资规模统计 尚无资金流量矩阵

资料来源：笔者整理。

2. 数据发布

IMF 等的有关国际准则对金融数据发布和报送内容提出了诸多建议和要求，如 GDDS 和 SDDS 要求各国金融部门发布广义货币和信贷总量及银行部门的分析账户、中央银行总量与中央银行的分析账户、利率和股票市场四大类别的数据（许海燕等，2003）。在对外部门的金融活动领域，涉及的数据类别包括国际收支总量、国际储备及外币流动性、商品贸易和汇率四大类。此外，SDDS 还包括两个数据类别：国际投资头寸和外债。相比而言，SDDS 在公布指标上较 GDDS 更为全面。例如，关于存款性公司概览，GDDS 仅要求成员国按货币持有部门分类公布广义货币的组成成分（包括广义货币 M_2 和狭义货币），而 SDDS 还要求公布类似于 M_3 指标的高能货币数据，并要求按 MFSM2000 中要求的存款性公司概览进行报送。对于利率指标，GDDS 建议成员国公布短期和长期政府债券利率（特别是 3 个月或 6 个月期限的国库券发行利率以及 10 年期政府债券利率），SDDS 在上述指标之外对存贷款基础利率也做出要求。在数据公布的频率和及时性方面，SDDS 比 GDDS 水平高，对很多同一或相似数据类别，SDDS 要求公布频率比 GDDS 至少高一个级别，公布的及时性也至少缩短一半时间。此外，SDDS 还包括对金融稳健指标（FSI）的公布，IMF 要求成员国按季报送，在其网站和

《全球金融稳定报告》上披露各国金融稳健指标信息。

从国际上看，各国普遍高度重视货币与金融统计数据发布工作，一些统计水平先进的国家在数据发布方面积累了丰富的经验。例如，英国在数据披露计划方面，英格兰银行严格遵循数据披露程序，根据 SDDS 和 GDDS 的要求按时向公众披露相关统计数据[①]，每年 9 月末公布下年度数据发布日程，高度重视数据的时效性，确保数据尽早为公众所用。[②] 同样，美国针对货币与金融统计也建立了一套完整的数据发布体系，确保公众能够及时、便捷地获取相关数据信息，其公布的数据包括 12 类，涉及货币与金融领域的主要有：货币供应量与准备金余额数据、银行资产与负债数据、资金流量数据、银行资产质量数据、汇率和国际数据以及利率数据等。[③]

中国货币与金融统计一直注重与国际接轨，不少方面取得了可喜的成绩。例如，在指标统计方面，中国金融统计在存款性公司概览、中央银行概览数据的公布频率和及时性方面已经超过 GDDS 的指导规范，基本达到 SDDS 的要求（见表 2 - 3）；在数据公布方面，中国 2003 年建立了提前发布金融统计数据的"公布日期"制度，方便数据使用者长期规划，数据及时性方面已完全达到 GDDS 要求，并积极向发达国家的数据公布标准迈进。但与国际准则相比，中国货币与金融统计在信息公开性、透明性和共享性方面仍有差距，主要体现在：一是各数据收集单位独家承担数据的分析与发布，中国人民银行、国家统计局及其他部门数据共享的程度还很低，对基础

①　在信息共享方面，英格兰银行除公开发布统计数据外，对于数据披露计划和统计方法文档一律对公众公开，以便于用户更好地理解和使用数据。为了使公众能够及时方便地获取数据，在其网站上以多种方式、多种格式披露其数据结果，在公布数据时会清晰地解释数据的来源、编制方法和有关原则等。

②　余文贵、何伊、陈丽、张艾平、邓飞和孙学栋：《完善中央银行金融统计职能的立法建议》，《区域金融研究》，2013 年第 10 期，第 43—50 页。

③　该 12 类为主要经济指标、银行资产质量数据、银行资产与负债数据、银行结构数据、商业融资数据、汇率和国际数据、资金流量、家庭融资数据、工业生产数据、利率数据、货币供应量与准备金余额数据以及其他数据。参见张浩《美国金融统计工作概况》，《金融纵横》2007 年第 13 期。

数据的利用程度不高；二是各机构由于统计目标不同，许多定义、分类、口径并非协调一致，不足以支持政策制定和风险评估；三是统计内容相对单一，统计信息不充分，只公布金融统计数据结果，忽视其主要构成数据，难以和国际标准接轨；四是部分指标发布频率和及时性方面还落后于SDDS的要求，如金融稳健指标。

表2－3　　中国货币与金融统计数据发布和国际标准的比较

数据类别	GDDS	SDDS	中国
广义货币和信贷总量			
具体指标	国内外净资产；国内信贷；广义或狭义货币	除GDDS外，还包括：纳入广义货币的非股票证券；不纳入广义货币的存款、非股票证券；贷款；金融衍生工具；商业信贷和预付款和股票及其他权益	除GDDS外，还包括：不纳入广义货币的存款；债券和实收资本
频率	月度	月度	月度
及时性	1—3个月	1个月	20天
中央银行总量			
具体指标	储备货币	储备货币	储备货币
频率	月度	月度	月度
及时性	1—2个月	1周	20天
利率			
具体指标	短期和长期政府债券利率，政策可变利率	除GDDS外，还要求公布存贷款基础利率	符合SDDS要求
频率	月度	日度	日度
及时性	高频率（如月度）	即时	即时
股票市场			
具体指标	鼓励公布股价指数	股价指数	股价指数
频率	月度	日度	日度
及时性	无	即时	即时

数据类别	GDDS	SDDS	中国
金融稳健			
具体指标	无	涉及资本充足性、资产质量、收益和利润、流动性、对市场的风险敏感性五个层面 12 个核心指标	《中国金融稳定报告》
频率	—	季度	年度
及时性	—	1 个季度	6 个月

注：GDDS，数据公布通用系统；SDDS，数据公布特殊标准。

3. 数据评估

20 世纪 90 年代后，受金融危机的冲击和影响，货币与金融统计数据质量问题日益受到各国重视（许涤龙、欧阳胜银，2013）。例如，美联储制订了完善的数据质量管理方案，根据国际标准进行数据评估，严格保证货币与金融统计的数据质量。英格兰银行货币与金融统计部制定了《数据质量框架》，对货币与金融统计数据的相关性、完整性、可得性、保密性、成本效益等原则提出明确要求。长期以来，数据质量问题一直是困扰中国统计部门的一大难题。与国际统计标准及先进国家水平相比，中国货币与金融统计在数据质量方面存在诸多不足，亟须建立和完善一套符合国际标准、适合本国国情的数据质量评估与控制机制，全方位改进货币与金融统计数据的质量。具体而言，中国货币与金融统计数据评估方面的不足之处主要体现在以下几个方面。

（1）没有建立一套数据质量评估的科学机制。中国货币与金融统计尚未建立有效的数据质量评估机制，也没有一个相应的机构承担这一职能。国际准则明确要求各国建立一套制度并由独立的机构专门负责货币与金融统计数据质量评估，机构成员一般应具有专业性和代表性，包括本国从事统计工作的人员、统计专家、学者以及相关的数据使用者。

（2）没有形成专门的货币与金融统计数据质量评估方法。从实践上看，统计数据质量评估包括定性分析与定量分析，IMF 的 DQAF、DQAFMS 和 DQAFEDS 是货币与金融统计数据质量评估的基本框架，专家意见法等定性或其他定量方法也常作为数据评估的辅助方法。

（3）没有建立外部评估机制。长期以来，中国对货币与金融统计数据质量问题重视不足，尚未建立科学、有效的外部评估机制。实际上，聘请国际组织或各国统计专家和顾问对本国货币与金融统计进行数据质量评估，已成为不少国家改进货币与金融统计数据质量的重要手段。

（4）没有发布过货币与金融统计数据质量评估报告。一直以来，中国并未对货币与金融统计开展过全面的数据质量评估，也未形成过正式的评估报告。

四　展望与建议

新中国货币与金融统计走过了 70 余年的曲折发展历程，现已初成体系，能够为政府、企业和居民提供基本的货币与金融统计数据，但离实际社会需求及期待还存在不小的差距。特别是 2008 年国际金融危机爆发以来，各种非银行金融机构、创新型金融工具及一些跨境、跨市场、跨业务的金融活动快速发展，现行货币与金融统计对诸多新型机构和工具的风险监测较弱，难以全面、准确地反映市场运行状况。2009 年 G20 组织实施了数据缺口计划（包括 DGI－1 和 DGI－2），旨在帮助各国完善和发展统计体系，弥补危机所暴露出来的信息缺口。IMF、联合国等国际组织制定或修订了一系列的国际统计标准，2008SNA、BPM6、GFSM2014、MFSMCG2016 等先后出版，外债统计、公共部门债务统计、金融稳健指标等也已经出版或正在修订。各国纷纷实施和采纳新的国际标准，更新和完善统计体系，这也为中国迎头赶上国际先进统计水平提供了契机。

一直以来，中国经济持续快速发展，已成为世界第二大经济体，经济结构更加复杂，金融体系也日益多元化，对外开放达到新的历史高度，政府及各类市场主体决策对货币与金融统计信息的需求急剧膨胀，统计数据缺口问题更加严重。特别是在大数据、云计算、物联网、区块链等技术的推动下，近年来金融科技创新步伐加快，数字货币快速兴起，各种新型金融工具、机构与交易模式层出不穷，对中国货币与金融统计带来了前所未有的挑战。

展望未来，中国应积极发展和完善货币与金融统计，弥补现行体系的不足和短板，优化货币与金融统计体系的基础框架，加强不同部门间的协调，促进货币与金融统计的标准化、统计分类的国际可比性、统计方法的科学性、数据发布的规范性和统计信息的及时性，不断提高数据质量。为此，笔者提出如下建议。

（1）积极参与国际统计准则的制定或修订，采纳货币与金融统计国际标准。一方面，中国应积极参与联合国、IMF 等组织对相关统计标准的制定或修订工作，不断拓展同国际组织和各国政府的统计合作与交流，争取更大的国际话语权，促进中国货币与金融统计能力提升；另一方面，中国要加强对货币与金融统计体系及其他国际标准的研究和开发（聂富强、崔名铠，2010），全面评估中国现行体系与 2008SNA、BPM6、MFSMCG2016 等框架之间的异同，适时修订和完善本国货币与金融统计体系，采纳新的概念、分类、统计口径及处理方法，在尊重国情的前提下推动货币与金融统计体系和国际标准全面接轨。

（2）加快构建和完善金融业综合统计体系，试点编制金融公司部门概览。2018 年 4 月，中国正式启动构建统一、全面、共享的金融业综合统计体系，目前该举措刚刚推出，实践上进展较为缓慢。金融业综合统计体系通过以金融机构数据元为采集依据、以统计信息标准化为手段，对金融部门的资产、负债、损益以及风险情况进行全面的综合统计，改进金融信息披露，提高金融市场透明度，以更好地监测金融风险跨境、跨市场、跨机构传染。[1] 此外，中国现已编制存款性公司概览，但尚未建立金融公司部门概览，在建立金融业综合统计框架时应积极试点编制金融公司部门概览，全面提供金融性公司部门对国内其他所有部门和非居民部门的债权与负债存量流量数据，加强对全社会金融活动和融资总量的统计监测，更好地服务于国家宏观调控和宏观审慎管理。

（3）改革金融统计调查方案，完善货币与金融统计表式体系。中国金融统计脱胎于计划经济体制，在指标设置、分类和表式方面仍然不能很好地适应现代金融统计工作的需要，货币与金融统计在全面反映金融活动和社会流动性方面存在明显不足。改革金融统计调查体系是未来发展的一个重点，特别是进入大数据时代后，货币与金融统计必须建立更加完善的现代化调查体系，进一步完善和丰富分析体系与调查内容（盛松成，2011）。主要工作有以下几个方面：一是整合与挖掘资源，针对大数据、移动支付等金融科技发展的新态势，积极探索金融统计调查的新内容、新方法、新机制，完善统计调查体系；二是进一步优化统计工作流程、内控管理和考核机制，全面覆盖数据管理、业务处理、系统管理等各项环节，完善统计表式体系，全方位提升金融统计数据质量；三是加强对经济金融领域重点和热点问题研究，建立金融大数据分析平台，提高货币与金融监测的分析广度和深度。

（4）进一步改进货币供应量统计，完善流动性总量统计。近二十年来，金融创新步伐显著加快，大量新型金融工具涌现，如短期金融债券、商业票据、回购、银行理财产品、金融衍生产品等，对传统货币供应量统计框架带来了冲击（缪宗，2013）。同时，随着数字金融的发展，网络交易、移动支付、数字货币等新型支付手段兴起，各类存款的流动性水平发生变化，传统的货币供应量统计口

径划分受到冲击。中国应进一步探索货币供应量和流动性总量指标的统计理论创新，改进和完善各项存款、基础货币、外汇占款、社会融资规模、全社会流动性总量等重要金融总量指标的统计方法，增强各类指标间的协调性，确保货币与金融统计对货币政策分析和宏观调控决策的有效性、实用性。

（5）优化金融统计指标体系，积极弥补信息缺口。中国现行货币与金融统计主要侧重于银行统计，对证券、保险、基金等非存款性金融机构和金融控股公司的统计尚存不少问题，对货币经纪公司、消费金融公司、担保公司、金融衍生产品等新型机构或工具更是缺乏全面的统计监测，存在显著的信息缺口（陈梦根，2014）。改进和优化金融统计指标体系，积极弥补各种信息缺口，是货币与金融统计未来发展的关键所在。具体应做好：一是加强非银行金融机构（NBFI）统计，这也是中国构建金融业综合统计框架的重点和难点；二是完善金融机构信息披露制度，增加或改进有关市场头寸、大型交易对手、表外业务、交易账户、杠杆、期限匹配和大规模风险暴露等方面信息的披露；三是完善金融市场统计指标体系，金融市场本身是一个快速发展、不断演进的领域，新机构、新工具、新业务层出不穷，目前中国对金融市场的统计还比较粗糙，指标单一，以价格、交易量等常规指标为主，精细化、时效性还不够。

（6）加强金融风险监测，防范和化解系统性金融风险。近年来受地方政府债务、影子银行、移动支付等的影响，中国金融体系潜在风险上升。加强对金融系统性风险的监测预警，防止或降低危机爆发的可能性，成为金融监管部门的中心任务之一。具体工作主要涉及：一是加快实施国内系统重要性金融机构评估框架，先从国内系统重要性银行开始，再扩展到系统重要性 NBFI；二是积极发展系统性风险分析的数据和工具集，改进对系统性风险和机构间风险暴露的测度①；三是大力加强有关复杂模型评估技术的披露和信息交换，包括估值技术、风险管理方案、风险评估模型、压力测试情况等；四是积极提高 OTC 衍生产品市场的透明度，关注其风险、交易对手和市场集中度等方面的信息披露；五是加强对影子银行部门的统计与监测；六是积极探索对分布信息、尾部风险的监测；七是加强跨境金融风险统计监测，初期可以国际收支平衡表和国际投资头寸表为基础，进一步细化金融资产分类和部门分类，形成更为翔实的金融资产和投资的往来及存量统计。

（7）完善数据质量评估制度，大力提高货币与金融统计数据质量。《国家统计质量保证框架》作为改进统计数据质量的纲领性文件，明确了统计数据质量的标准，但在执行方面并未提出具体可行的举措和实施细则。完善数据质量评估与保证制度，重点包括：一是改进和创新数据质量评估方法，推动定性分析与定量分析相结合、内部评估与外部评估相结合；二是探索建立货币与金融统计数据质量评估认证制度，推动统计数据质量评估认证的常规化；三是在《国家统计质量保证框架》基础上，制定货币与金融统计数据质量保证的实施细则；四是建立用户对统计数据质量的反馈机制，实现用户与生产者之间的良性协调互动。

参考文献

陈梦根：《金融危机与信息缺口：统计解析》，《统计研究》，2014 年第 11 期。

陈梦根：《中国货币与金融统计发展：历程、现状及展望》，《国际经济评论》2020 年第 7 期。

陈梦根、刘浩、胡雪梅：《金融危机与统计发展》，《国际经济评论》2017 年第 2 期。

---

① Johnston, R. Barry, Effie Psalida, Phil de Imus, Jeanne Gobat, Mangal Goswami, Christian Mulder and Francisco Vazquez, "Addressing Information Gaps", *IMF Working Paper*, 2009, http://www.imf.org/external/pubs/ft/spn/2009/spn0906.pdf.

陈梦根、张唯婧：《IMF 对货币与金融统计体系的最新修订解析》，《经济与社会体制比较》，2014 年第 4 期。

杜金富：《货币与金融统计学》，中国金融出版社 2013 年版。

国际货币基金组织：《货币与金融统计手册》，国际货币基金组织 2000 年版。

国家统计局国民经济核算司、中国人民银行调查统计司：《中国资金流量表编制方法》，中国统计出版社 1997 年版。

国家统计局国民经济综合统计司：《GDDS 在中国》，中国统计出版社 2006 年版。

林京兴：《从 GDDS 到 SDDS 的统计发展——纪念改革开放 40 年统计改革发展之公开透明篇》，《中国信息报》，2018 年 10 月 15 日，http：//www. zgxxb. com. cn/jqtt/201810150011. shtml。

缪宗：《货币供应量统计的国际比较与中国思考——基于统计口径因素的分析》，《金融与经济》2013 年第 7 期。

聂富强、崔名铠：《金融市场视角下的货币与金融统计——由近期金融统计新国际标准相继出台引发的思考》，《华北金融》2010 年第 1 期。

欧阳胜银：《货币与金融统计国际准则的比较及启示》，硕士学位论文，湖南大学，2011 年。

庞皓、黎实、聂富强等：《中国货币与金融统计体系研究》，中国统计出版社 2003 年版。

盛松成：《坚持科学发展，不断完善金融调查统计体系》，2011，http：//news. xinhuanet. com/fortune/2011 –03/25/c_ 121229246_ 5. htm。

盛松成：《社会融资规模的内涵、统计原则与理论基础》，《新金融评论》2013 年第 2 期。

汪洋：《对我国货币供应量统计中若干问题的讨论》，《管理世界》2006 年第 5 期。

王国刚：《中国金融 70 年：简要历程、辉煌成就和历史经验》，《经济理论与经济管理》2019 年第 7 期。

许涤龙、欧阳胜银：《货币与金融统计国际准则体系的发展与启示》，《财经理论与实践》2012 年第 1 期。

许涤龙、欧阳胜银：《基于国际可比性的货币统计数据质量评估》，《经济统计学》（季刊）2013 年第 1 期。

许海燕、宋光辉和许涤龙：《GDDS 和 SDDS 的比较研究》，《统计与信息论坛》2003 年第 6 期。

余文贵、何伊、陈丽、张艾平、邓飞和孙学栋：《完善中央银行金融统计职能的立法建议》，《区域金融研究》2013 年第 10 期。

张浩：《美国金融统计工作概况》，《金融纵横》2007 年第 13 期。

张涛：《中央银行统计工作面临的挑战与发展》，《中国金融》2010 年第 16 期。

IMF Statistics Department，"Monetary and Financial Statistics Manual and Compilation Guide Revision Experts Group Meeting：Issues Paper" IMF，Washington DC，http：//www. imf. org. external/pubs/ft/cgmfs/eng/pdf/issue. pdf，2012.

IMF, *Monetary and Financial Statistics Manual and Compilation Guide*, Washington：International Monetary Fund，2016.

Johnston，R. Barry，Effie Psalida，Phil de Imus，Jeanne Gobat，Mangal Goswami，Christian Mulder and Francisco Vazquez，"Addressing Information Gaps"，IMF Working Paper，http：//www. imf. org/external/pubs/ft/spn/2009/spn0906. pdf，2009.

专题三 中国国家资产负债表编制的理论方法与逻辑思考

摘要 自 2008 年国际金融危机以来，国家资产负债研究越来越受社会各界的关注。在国民经济核算体系中，资产负债核算是一项重要的内容，已成为支撑宏观经济分析的基石之一。如何编制一个科学、合理的国家资产负债表，现阶段受到广大学者和有关部门的高度关注。中国对国家资产负债体系的研究起步较晚，但是已取得一些阶段性成果。本专题通过梳理中国国家资产负债表编制方面的理论研究与实践探索的发展沿革，对比世界其他国家在资产负债核算领域已有的实践经验与内容模式，探讨中国国民经济核算体系中国家资产负债核算的方法与规则，从资产和机构部门角度阐述现阶段国家资产负债核算的基本体系。中国编制国家资产负债表应特别注意总体连贯性、推进步骤、估价方法、产权问题、政府资产负债界定、自然资源资产负债表编制等方面。最后，针对中国国家资产负债核算存在的问题，从数据分析、工作划分、体系完善、制度改革、国际合作等方面提出了建议。

关键词 国家资产负债表；国民经济核算；金融资产与负债

资产负债核算旨在研究机构部门或经济总体在核算期内所拥有的资产与所承担的债务情况，反映核算主体的财富积累与债权债务关系，是国民经济核算体系的重要组成部分。传统的经济核算（如GDP核算等）主要进行流量核算，而资产负债核算隶属于存量核算范畴，从另一方面对宏观核算分析进行补充，与流量核算共筑起国民核算体系的大厦。对于某一确定的核算周期，资产负债核算涵盖一个时期经济活动的改变，具体表现为：期初，资产负债具有一定规模和结构，经过一个核算期内的交易活动（如生产、分配等）和非交易活动（如物价变化、核算类别更新等），在期末形成了新的资产负债的规模和结构，即核算期内经济行为所呈现的结果。国家资产负债表是在特定时点编制的、用以汇集各机构部门关于资产、负债与资产净值存量核算结果的报告。作为国民核算的基本工具之一，国家资产负债表对资产整合、危机警示等方面具有重要作用，为宏观决策的制定提供重要依据。

随着中国市场经济的快速发展，新的经济主体和新的经济活动不断涌现，中国的国家资产负债研究经历了一个不断向前推进的过程。但是，受限于资料收集与估价方法等问题，中国尚未公布公开完整的国家资产负债表。2007 年美国次贷危机发生，进而引发全球性的金融海啸，在危机和缓之后，美国、欧盟等发达经济体纷纷将资产负债存量研究作为宏观经济分析的重点方向。2013 年，党的十八届三中全会将编制中国国家与地方资产负债表的决策提上日程；2017 年，中央全面深化改革领导小组第三十六次会议再次对编写中国国家与地方资产负债表提出新要求。因此，深入研究资产负债核算的理论支撑、厘清资产负债核算背后的逻辑内核，已成为经济统计的重点问题之一。究其原因，编制国家资产负债表具有重要意义。从资产和负债的角度看，利用国家资产负债表可以观察资产与负债的总量，便于分析资产与负债的形成结构，以及资源配比是否有效。从机构部门的角度看，可以研究资产负债在部门内部、部门与部门之间的相关程度。从资产净值的角度看，能够了解一个国家与经济体的财富状况以及不同经济主体间的财富流向。为此，编制合理的国家资产负债表，能够为中国经济的健康、协调和高效运行做出贡献，同时对下一步制定切实可行的宏观政策和不断优化社会经济结构提供支持。

一　资产负债表理论与基本概念

进行资产负债核算研究时，首先应当对资产负债表的理论背景、地位作用以及性质内核进行分析。同时，资产负债表编制的理论方法还涉及核算的某些基本规则，特别是在对资产负债进行分类估价之时。

（一）基本概念与核算规则

1. 基本原理

在国民经济的运行过程中，该年期初与期末的资产负债存量是衡量经济发展态势的重要工具。期初的资产负债存量是国民经济运行的先导因素，期末的资产负债存量是国民经济运行的历史积累结果，同时又是新一轮国民经济运行的起点。流量与存量的转化关系，一直是经济主体进行经济活动时所必须遵守的要点。交易活动和非交易活动核算是流量，期初资产负债和期末资产负债是存量，期间的变化是流量。两者相互依存，相互制约，存量是产生流量的基础，流量又有一部分最终转化为存量，存量和流量之间的循环转化贯穿国民经济活动的始终。国民经济核算体系在结构上表现为"期初资产负债—生产—收入分配—消费与积累—对外贸易—物量与价格调整—期末资产负债"这样完整的经济循环，而生产、分配、消费、投资等交易活动，以及价格变化、突发事件、自然增长、自然退化、分类变化等非交易活动会引起期初资产负债到期末资产负债的变化。

2. 资产负债核算的主体、对象与核算时点

机构部门作为资产负债核算的主体，其由同类机构单位构成。机构单位是指能够以自身名义拥有资产和承担负债，且能够独立从事经济活动并与其他实体进行交易活动的经济实体。在现实生活中，具备机构单位条件的单位主要有两类：一类是得到法律或社会

认可的法律实体或社会实体，另一类是住户。中国经济领土内所有常住机构单位拥有的资产、负债和资产净值（资产负债差额），包括中国常住机构单位与非常住机构单位之间的债权债务是资产负债核算的主要对象。资产负债核算时点为公历年末：上年公历年末的资产负债表为本年期初资产负债表，是本年核算期的起点；本年公历年末资产负债表为本年期末资产负债表，是本年核算期的终点。

3. 经济所有权

经济所有权在两个层次上界定：法定所有者的法定所有权和经济所有者的经济所有权。法定所有者指在法律上拥有相关实体，从而获得相应经济利益的机构单位；经济所有者指经营相关实体，承担有关风险，从而享有相应经济利益的机构单位。每项实体同时具有法定所有者和经济所有者，并且一般情况下两者一致。当存在不一致时，资产应当优先记于经济所有者的资产负债表上。

4. 资产与负债

对于资产负债核算，资产指的是经济资产，其必须同时具备以下两个条件：一是资产的所有权已经确定，二是资产所有者能够在目前或可预见的将来通过对它的使用获得经济利益。纳入资产范围的内容包括金融资产、生产过程创造的固定资产和存货等生产资产以及某些与生产过程无关但符合经济资产条件的自然资源资产。负债指的是金融债券的对应体，即一个机构单位或机构部门对其他机构单位或机构部门的债务。在资产负债核算中，负债即金融负债，并与金融资产相对应。

5. 资产净值

资产净值是指某个机构单位或机构部门所拥有的全部资产减去全部负债后的差额，同时也是资产负债表的平衡项。资产大于负债则用正数表示，反之用负数表示。

6. 三大核算规则——权责发生制、复式记账与现期市场价格估价

资产负债核算遵循权责发生制原则，其记录时间是价值被创造、转移、交换或取消之时，交易仅仅在实际发生时记录。在记录方法

上，采用复式记账原则，机构部门之间的资产负债交易必须在同一时点记入交易双方的资产负债表，每笔交易同时在两个对应的项目中记录。在记录各种交易、资产和负债总量时，以现期市场价格作为基本估价原则。资产与负债原则上应按编制资产负债表时的当期价格估价，但由于缺乏基础资料和估价技术不完善，目前部分估价仍采用会计资料中的历史成本价。

（二）资产负债的分类和估价

1. 资产与负债分类

资产是一种价值贮藏，它代表所有者在持有或使用该实体的期间应获得的经济利益，是将价值从某一核算期结转到另一核算期的手段。对于资产，往往可以从多个方面进行分析。

在微观经济领域，特别是在会计行业上，资产具有其理论内核。中国《企业会计准则》认为，资产是"企业过去的交易或者事项形成的、由企业拥有或者控制的、预期会给企业带来经济利益的资源"。会计定义的资产，除了符合准则要求以外，还要确保与该资源有关的经济利益能够流入企业，并且资源成本或价值可计量。《企业会计准则》中的会计主体是企业，但是放眼至整个社会，其主体可以进行合理外延——对主体来说，只要是自己拥有或控制，并且预期会给自己带来经济利益的资源，都可以称为资产。进入现代投资领域后，资产具有流动性、营利性与风险性三大特性。流动性保证资产能够在合理范围内顺利变现，衡量了投资的时间与价格两者之间的优先关系。营利性是指资产创造利润的能力，而风险性保证了会计主体在经济活动之后其资产价值低于投入时的资产价值的可能性。一般来说，风险性与流动性呈正向关系而与盈利性呈反向关系。在逻辑内核上，三者其实是对立又统一的关系。因此，为使得三者能够保持最为平衡的状态，应要求企业合理配置产权比例，优化产权结构。

将"资产是否具有实物形态"作为评判标准，资产可以分为有形资产与无形资产，而有形资产可以细分为动产和不动产。若是以资产的货币变现能力来区分，资产可以分为货币资产和非货币资产，这需要考虑货币金额（资产所带来的收益）是否确定。从资产内容区分，资产可以分为非金融资产和金融资产，而非金融资产又包括生产资产和非生产资产。生产资产是在 SNA 生产范围内依靠生产过程的产出而形成的非金融资产，非生产资产则是不通过生产过程的产出而形成的非金融资产。非金融资产在存在形态上可细分为固定资产、存货和其他非金融资产。固定资产是通过生产活动生产出来的、在生产过程中被反复或连续使用一年以上的、单位价值在规定标准以上的资产。存货指用于生产耗用、经营销售、行政管理而储存的各种产品。其他非金融资产指生产过程以外产生的非金融资产。由于资料来源的限制和估价问题，现阶段中国资产负债表中的其他非金融资产核算研究还比较薄弱。金融资产细分为通货、存款、贷款、股权和投资基金份额、债务性证券、保险准备金和社保基金权益、金融衍生品和雇员股票期权、储备资产和其他。目前中国国家资产负债表的编制，从资产内容对资产进行分类，具体见图3－1。

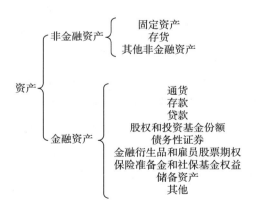

图3－1　现行国家资产负债表的资产分类

在资产负债核算中，负债即金融负债，并与金融资产相对应，即某一主体的金融资产就是另一主体的金融负债。金融负债是债务人在特定条件下对债权人承担的支付义务。因此，负债的细分与资产相同，此处不再赘述。

2. 资产负债的估价

受基础资料限制，对于非金融资产，如果有市场交易的，按市场交易价格估价；没有市场交易的，按账面价格或历史成本价估价。对于金融资产或金融负债，如果有市场交易的，按市场交易价格估价；没有市场交易的，按账面价格估价。

（三）机构部门

机构部门由同类机构单位构成。在资产负债表中，所有常住机构单位通常被划分为非金融企业部门、金融机构部门、政府部门、住户部门（含住户相关非营利组织）四个部门，这四个部门共同构成了经济总体。非金融企业部门指主要从事市场性货物生产、提供非金融市场性服务的常住企业，它包含各类非金融法人企业，即非金融部门对应除金融业以及公共管理、社会保障和社会组织两个行业外的全部企业法人。金融机构部门指主要从事金融媒介以及与金融媒介密切相关的辅助金融活动的常住企业。其对应金融业，具体包括货币金融服务、资本市场服务、保险业和其他金融业。政府部门指在中国境内通过政治程序建立的对其他机构单位拥有立法、司法和行政权的法律实体。它具体包括各级政府、事业单位、社会保障基金和纳入财政预算管理的非市场性非营利组织。在 SNA 机构部门分类中，还有一个机构部门是为住户服务的非营利机构，受限于基础资料收集，该机构部门被归于政府部门。住户部门指共享同一生活设施，共同使用部分或全部收入和财产，共同消费住房、食品和其他消费品与服务的常住个人或个人群体。所有住户归并形成住户部门。

由上形成了国家资产负债表的主要分类结构，即其核算对象与核算内容，以图 3 - 2 概括表示。

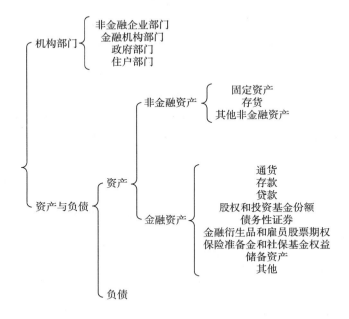

图 3 - 2　现行国家资产负债表核算分类

（四）表式与逻辑

现阶段，国家资产负债表的表式结构尚未具有确定统一的形式，而微观资产负债表已形成较为完备的理论框架。因此，可以通过研究微观领域的资产负债表，进一步明确国家资产负债表的编制标准。

在会计领域中，资产负债表是反映会计主体在特定日期（一般是会计期末）财务状况的会计报表，其与利润表、现金流量表和所有者权益变动表并称为会计主体四张主表。资产负债表反映出某一会计主体在某一特定日期拥有的经济资源、其所承担的在该时间下的义务与资产所有者对净资产的要求。

1. 基本表式

账户式是资产负债表最常采用的形式，报表分左右两部分：左方是资产各项目，反映全部资产内容和存在形态，右方则是负债和所有者权益，反映全部负债以及所有者权益的组成形式。报表左右两边平衡，体现了会计准则的要求。

除此之外，资产负债表各表还可采用交易×部门的矩阵结构。主栏按资产和负债项目分列，主要包括三个部分：①资产，包括非金融资产与金融资产，反映国内各机构部门之间、经济总体的资产总规模及构成情况；②负债，仅含金融负债，反映国内各机构部门之间、经济总体与国外之间的债务关系；③净值，是资产总额与负债总额相抵后的余额，是各机构部门及经济总体的财富和经济实力的最终体现。资产负债表宾栏按机构部门和国外分列，机构部门包括非金融企业部门、金融机构部门、政府部门和住户部门，四个机构部门合在一起为中国经济总体。

2. 基本逻辑关系——基于会计恒等式

编写资产负债表时必须遵循准确的逻辑关系。如何选择一个恰当的逻辑关系，从而使资产负债表能够具有良好的数量表示，在资产负债表编写时需要注意。微观经济领域中，常用会计恒等式对一个生产期内进行的活动予以描述。定量价值总是表现为双重存在，一方面它表现为特定的物质存在，是价值自然属性的物质承担者，在企业会计中称作资产；另一方面它又表现为相应的要求权，价值归谁所有，是价值社会属性的体现，在企业会计中称为权益。此即，会计主体在进行生产活动中必然需要一定量的资金，其一方面表现为资产，另一方面表现为对该资产的求偿权，即权益。因此，从数量上来说，资产恒等于权益，即会计恒等式：资产＝权益。此处涉及的权益包括两个部分：一是企业的债权人对企业资产的求偿权益，相对于企业来说，即负债；二是企业的投资人对企业净资产所享有的权益，即所有者权益。所以，资产恒等于负债加上所有者权益，即资产＝权益＝负债＋所有者权益。会计恒等式能够反映客观经济规律，是复式记账和包含资产负债表在内的会计报表体系的理论基础。

以会计恒等式为基础，在进行资产负债表编写时应该注意以下几个逻辑情况：

第一，非金融资产＝固定资产＋存货＋其他非金融资产；

第二，金融资产＝通货＋存款＋贷款＋股权和投资基金份额＋债务性证券＋保险准备金和社保基金权益＋金融衍生品和雇员股票期权＋储备资产＋其他；

第三，资产总额＝非金融资产＋金融资产；

第四，负债＝通货＋存款＋贷款＋股权和投资基金份额＋债务性证券＋保险准备金和社保基金权益＋金融衍生品和雇员股票权＋储备资产＋其他；

第五，资产净值（资产负债差额）＝资产总额－负债；

第六，∑各机构部门资产净值＝经济总体资产净值。

资产负债表汇总不同机构部门金融债权与债务同时发生、同时消失的过程，其数量相等、方向相反。某一机构部门或几个机构部门拥有的债权数额，必然与相应的另一机构部门或几个机构部门所承担的债务数额相等。在国民经济总体范围内，国内各机构部门的国内金融资产与国内负债相互抵消。

3. 基本编表方法

编制资产负债表的基本方法有两种：直接法和间接法。

直接法充分搜集现有的会计、统计和部门行政记录资料，以获得相关总量及结构数据，从而编制资产负债表。间接法以直接法编制的普查年度资产负债表为基础，通过有关流量核算资料，利用"外推法"和"内插法"编制资产负债表。由于非金融资产不存在相互借贷和债权债务关系，由机构部门单一所有权确定。因此，资产负债表中非金融资产只在持有者的资产项下反映。非金融资产只在国内机构部门和经济总体下进行反映，不核算国外的非金融资产。

（五）表式设计

通过总结国家资产负债表的理论背景、核算规则等，可以对国家资产负债表的表式进行具体设计。目前，国家资产负债表的表式形式主要有以下两大类方法——静态式与动态式。静态式与动态式的区别在于选择进行资产负债核算的时间节点不同。静态式反映了某一时点所有机构部门或者单个机构部门资产负债的存量，而动态式则反映了一个核算期内所有机构部门或者单个机构部门资产负债的变化。静态表式用于描述资产负债的总量和结构，动态表式用于解释资产负债的变化与转移，两者具有共性。

1. 静态式国家资产负债表

静态表式能够较好地描述经济发展总量庞大且结构复杂的国家的资产负债情况。静态表式共分为两大种类型：一种是用统计表主词表示机构部门大类，仅需计算部门内部的整合数据，属于综合表式；另一种主词则是单一机构部门下的内部资产负债核算，属于专业表式。

（1）静态式表式（1）

在静态式表式（1）中，主栏为机构部门总括，而宾栏为全部资产分类、负债、资产净值与期末资产总额。为了使制表美观，可以选择将主宾栏位置互换（见表3-1）。该表可以反映四大机构部门在核算期末的全部资产存量的规模，便于对该活动期内各部门的经济行为进行分析，此表遵循资产负债核算编写的逻辑关系。

表3-1　　　　　　　国家资产负债表静态式表式（1）

	非金融企业部门	金融机构部门	政府部门	住户部门	总计
一. 金融资产					
1. 通货					
2. 存款					
3. 贷款					
4. 股权和投资基金份额					
5. 债务性证券					
6. 保险准备金和社保基金权益					
7. 金融衍生品和雇员股票期权					
8. 储备资产					
9. 其他					

	非金融企业部门	金融机构部门	政府部门	住户部门	总计
二. 非金融资产					
1. 固定资产					
2. 存货					
3. 其他非金融资产					
三. 负债					
四. 资产净值					
五. 期末资产总额					

静态式表式（1）有以下需要注意的地方：

首先，表中主词可以进行细分，只不过这种细分并非必要，其取决于研究需要与实际情况。事实上，在进行细分之后，静态式表式（1）就与静态式表式（2）差别不大；其次，对于各个核算项目，应当注意核算内涵与外延的可比性以及与核算时点的关系，比如，某些固定资产具有长期使用属性，在使用年限期间，当年对其核算应当进行资产折旧，此时在资产负债表中显示的应当是净值而非原值；再次，应当注意资产与负债的属性，核算项目在逻辑关系上应当保持平衡；最后，主宾栏的分类并不唯一，如果时点选择期末，就可以核算期末的综合资产负债表，反之，如果时点选择期初，则可以核算期初的资产负债表，变动应当紧跟研究需要。

（2）静态式表式（2）

静态式表式（2）是每一机构部门的内部表式。产生这种表式的原因在于，经济生活中各机构部门所扮演的角色不同，因此，各机构部门对于资产负债的定义有所区分，需要结合实际情况分析，在此不再给出具体表式形式。

2. 动态式国家资产负债表

动态表式衡量在一定时期内资产与负债之间的转移与变化。

（1）动态式表式（1）

动态式表式（1）反映核算期内资产负债的变化与期初期末的资产存量，体现流量与存量相互转化的思想。该表的主栏是机构部门，宾栏是金融资产（负债）与非金融资产在核算期内的变化与期初期末的资产存量（见表3-2）。动态式表式（1）具有自己的逻辑关系：

第一，期初资产存量 ± 核算期资产（负债）变化量 = 期末资产存量，即 $\sum_i a_i^{(1)} + \sum_i a_i^{(0)} + \sum_i v_i^{(1)} + \sum_i v_i^{(0)} = \sum_i b_i^{(1)} + \sum_i b_i^{(0)}$；

第二，各机构部门期初资产额之和（金融资产/非金融资产）= 总体期初资产总额（金融资产/非金融资产）；

第三，各机构部门期末资产额之和（金融资产/非金融资产）= 总体期末资产总额（金融资产/非金融资产）；

第四，各机构部门资产/负债变化之和（金融资产/非金融资产）= 总体资产/负债变化。

表3-2　　　　　　　国家资产负债表动态式表式（1）

	期初存量		资产/负债变化		期末存量	
	金融资产	非金融资产	金融资产	非金融资产	金融资产	非金融资产
非金融企业部门	$a_1^{(1)}$	$a_1^{(0)}$	$v_1^{(1)}$	$v_1^{(0)}$	$b_1^{(1)}$	$b_1^{(0)}$
金融机构部门	$a_2^{(1)}$	$a_2^{(0)}$	$v_2^{(1)}$	$v_2^{(0)}$	$b_2^{(1)}$	$b_2^{(0)}$
政府部门	$a_3^{(1)}$	$a_3^{(0)}$	$v_3^{(1)}$	$v_3^{(0)}$	$b_3^{(1)}$	$b_3^{(0)}$
住户部门	$a_4^{(1)}$	$a_4^{(0)}$	$v_4^{(1)}$	$v_4^{(0)}$	$b_4^{(1)}$	$b_4^{(0)}$
合计	$\sum_i a_i^{(1)}$	$\sum_i a_i^{(0)}$	$\sum_i v_i^{(1)}$	$\sum_i v_i^{(0)}$	$\sum_i b_i^{(1)}$	$\sum_i b_i^{(0)}$

对于金融资产与非金融资产的内容，可以做进一步细分，以便于实际问题的分析。

（2）动态式表式（2）

动态式表式（2）是最为综合的表式。资产负债核算虽然是存量核算，但是核算过程中又存在流量的变化，即资产负债的转化与转移。棋盘式表式可以较好地对这一现象进行描述，因此，设计出动态式表式（2）作为一种全要素综合表式，进而对资产负债核算进行分析（见表3-3）。

表3-3 　　　　　　　　　　**国家资产负债表动态式表式（2）**

		国外	国内				期末资产/负债
			非金融企业部门	金融机构部门	政府部门	住户部门	
国外		c	α_1	α_2	α_3	α_4	
国内	非金融企业部门	β_1	θ_{11}	θ_{12}	θ_{13}	θ_{14}	b_1
	金融机构部门	β_2	θ_{21}	θ_{22}	θ_{23}	θ_{24}	b_2
	政府部门	β_3	θ_{31}	θ_{32}	θ_{33}	θ_{34}	b_3
	住户部门	β_4	θ_{41}	θ_{42}	θ_{43}	θ_{44}	b_4
期初资产/负债		—	a_1	a_2	a_3	a_4	—

动态式表式（2）的创新在于，该表式不仅考虑了国内资产负债的彼此转移，同时引入了外部因素（国外资产流入流出），在总体上更能够解释核算期内进行的经济活动。在该表中，主词代表流入方向，宾词代表流出方向。

表3-3中有以下信息：

第一，c是一常量，在形式上可理解为核算期内始终在国外的那部分资产或负债，其可能在经济活动的进行中流入国内，又随着经济活动的进行而流出，最后在表中呈现出该数值。

第二，行向量 $\alpha = (\alpha_1, \alpha_2, \alpha_3, \alpha_4)$，代表核算期内国内机构部门向国外流出的资产或负债总量，其被包括在核算期的期初核算部分中，但是不被包括在核算期的期末核算部分中。

第三，列向量 $\beta = (\beta_1, \beta_2, \beta_3, \beta_4)'$，代表核算期内国外向国内机构部门流入的资产或负债总量，其被包括在核算期的期末核算部分中，但是不被包括在核算期的期初核算部分中。

第四，方阵 $\Theta = \begin{pmatrix} \theta_{11} & \theta_{12} & \theta_{13} & \theta_{14} \\ \theta_{21} & \theta_{22} & \theta_{23} & \theta_{24} \\ \theta_{31} & \theta_{32} & \theta_{33} & \theta_{34} \\ \theta_{41} & \theta_{42} & \theta_{43} & \theta_{44} \end{pmatrix}$，其是流量矩阵，代表核算

期内国内各机构部门的资产或负债的变化，对角线元素 θ_{ii} 代表本核算期内该机构部门内部并没有产生变动的那部分资产或负债，而非对角线元素 θ_{ij}（$i \neq j$）代表的是机构部门 j 向机构部门 i 流入的那部分资产或负债，同时也是机构部门 i 向机构部门 j 流出的那部分资产或负债。

第五，行向量 $a =$（a_1，a_2，a_3，a_4），代表在核算期内期初国内所有机构部门的资产或负债。

第六，列向量 $b =$（b_1，b_2，b_3，b_4）$'$，代表在核算期内期末国内所有机构部门的资产或负债。

同时，表 3 - 3 中具有下述的逻辑关系：

第一，国内流出国外的资产/负债量 + 核算期内的资产/负债流量 = 期初国内资产/负债总额。

第二，国外流入国内的资产/负债量 + 核算期内的资产/负债流量 = 期末国内资产/负债总额。

表 3 - 3 体现了国家资产负债的经济结构与规模，其中既存在存量核算又存在流量核算，涉及资产负债核算的动态分析方法。同时，该表式也可根据研究内容将机构部门内部进行细分，若是想要观察各类资产负债的动态变化，可以利用卫星账户进行观测。

二　世界其他国家资产负债表编制情况

由于国家资产负债表可以很大程度上反映一个国家核算期内的经济活动状况，近年来，国家资产负债表研究已成为世界各国所共

同关注的问题之一。因此，那些已经对国家资产负债表进行编制的国家，其做法能够对中国资产负债核算研究产生一定的参考作用。

（一）国际资产负债表编制背景

2008 年国际金融危机爆发，迅速席卷了以发达国家为主的世界各国，并波及全球经济的稳定。各国为应对金融危机带来的问题纷纷采取不同措施，其中，编制并整合资产负债表与积累账户的要求被提上日程。资产负债表和积累账户等领域的数据缺失与数据质量低下问题给官方在衡量金融市场给全球经济带来风险的程度上造成很大困难。为此，国际统计界面对金融危机挑战的应对方式即 G20 提出的应对数据缺口和标准落实政策。

首先，问题涉及有关数据缺口建议的提出与相关机构的建立。在金融危机爆发初期的 2009 年，国际货币基金组织（IMF）与金融稳定委员会（FSB）提出研究应对数据缺口的 20 条建议，并且得到了会议批准。该建议中，明确提出各级经济体要编制覆盖全部机构部门的资产负债表，"包括所有参与国际国民经济核算工作组机构在内的 IAG 要制定一项推动编制和发布资产负债核算、资金流量核算和按机构部门分类数据的策略"；另外，应提升非银行金融部门数据统计的优先级，并且借鉴欧洲央行、欧盟统计局等的相关经验。IMF 还特别成立关于经济金融统计研究的跨部门工作组协调该建议的推进与落实。

该建议实施后，已经产生了一些具体且有实际效用的成果。首先，IMF 提出 BSA 方法，完善资产负债编制情况，重点研究错配情况（涉及期限、币种、资本）产生的风险，进行金融账户的实体经济化；其次，IMF 先后出版关于 G20 数据缺口情况的报告，对 G20 经济体的资产负债核算情况进行总结并评估；最后，经济合作与发展组织（OECD）推出统一的部门资产负债表模板，内容包括机构部门、金融工具、非金融资产的分类，经济账户与资本账户贸易的进一步细分，数据应按照季度频率发布等。

其次，鉴于已经取得的成果，IMF 对下一步工作提出了新的规划，分为近期与中长期。近期规划包括：一是统一主要经济体在资产负债核算中对机构部门的分类，二是要求经济体向 IMF 提供金融资产负债的存量交易数据，三是重视非银行金融机构的数据编制，四是完善非金融资产的估价方法。中长期规划要求将更多部门资产负债表与积累账户纳入，加大主要经济体的部门与部门之间、部门与国外的互动，提高各国实际情况的可比性，并且尽量扩大资产负债项目的覆盖范围，使得经济分析具有更加全面的数据。

（二）现行国际资产负债表编制的内容与模式

基于 2008SNA 中的账户结构以及 OCED 推出的部门资产负债表模板，现阶段资产负债核算的内容与模式应当包括以下部分：在模块上，主要包括资产负债表和积累账户；在部门上，分为金融机构部门、非金融机构部门、政府部门、住户部门、为住户服务的非营利机构与国外六个主要机构部门，但是根据实践，多数经济体将住户部门与为住户服务的非营利部门合并成一个部门；在内容上，主要包括资产和负债两部分，资产又包括非金融资产和金融资产（非金融资产包括生产与非生产的有形资产和无形资产，金融资产可按照金融工具进行分类）；在编制与发布频率上，可以按年度或者季度进行编制发布（自 2008 年国际金融危机以来，各国更加重视按照季度进行编制）；同时估价方式需注意更新。

（三）部分发达经济体编制资产负债表的实践

该部分首先总括各经济体资产负债表的编写模式，之后再引入先行国家的具体编写情况。

对金融资产与负债和积累账户进行分析。在金融资产和负债核算中，大部分经济体已核算包括全部机构部门和金融工具在内的金融资产与负债，并且它们都将为住户服务的非营利机构并归为住户机构部门。在编制频率上，绝大多数经济体（如澳大利亚）按照季度编制包含全部机构与金融工具在内的金融资产负债表，少部分经济体采用季度、年度混合或者完全年度方式进行编写。同时，各经济体区分了金融工具的选取，基本没有进行金融工具的下层划分。

主要经济体普遍对机构部门未能细分，绝大多数经济体仅对一个或少数几个机构部门进行一定程度细分，且一般只细分金融机构部门与政府部门。但是，大多数经济体在积累账户的编写方面极为薄弱，只有法国、美国、澳大利亚、捷克、日本、丹麦公布了全部或者部分积累账户数据。

对非金融资产，多数经济体进行分部门核算，但是不同经济体存在较大差别：大部分经济体仅涵盖 SNA 中的主要机构部门，并且大部分经济体仅进行生产资产核算，缺乏对非生产性非金融资产数据的收集，只有少数国家按照季度编制该部分资产负债表。多数国家未进行机构部门二级再区分，资产与积累账户也存在同样的问题。

1. 英国

英国对资产负债表的编制情况可以追溯到 1975 年英国国家统计局发布的《国民经济核算蓝皮书》，其内容包括国家资产负债表核算，按照部门、资产等进行分类，每张表都为时序表，反映历年来资产负债表各构成部分的情况。

英国资产负债表核算衡量的是国家财富和总净资产的指标，反映对金融资产和非金融资产的市场价值估计，可用来国际比较、市场监测并进行财政决策。英国资产负债表核算中资产被划分为金融资产与非金融资产，非金融资产又分为生产资产与非生产资产，金融资产与负债由八类项目构成，内容上与 2008SNA 保持了一致。

英国已经完成权责发生制，因此政府相应工作表都是以权责发生制为基础。在估值方法上，英国采用当前市值法取代历史成本法，若存在以采用历史成本得到的部门资产负债表，则利用物价指数调整为当前市场成本。

2. 加拿大

加拿大资产负债表的研究编制历史也比较悠久，在 20 世纪 60 年代，加拿大统计局就进行了资产负债的编制工作。1985 年，加拿大统计局公布了国家资产负债账户，涉及金融流量与非金融资产存量，同时，在编制频率上，数据收集分为季度与年度数据。

在加拿大国民账户体系中，金融流量与国家资产负债是两大账户的重要组成部分。国家资产负债账户是关于所有经济部门的一组资产负债表，即国家资产负债表与基本部门资产负债表。基本部门资产负债表加总可以得到国家资产负债表，加拿大国家资产负债账户将为住户服务的非营利机构单独进行统计。对于非金融资产，加拿大国家资产账户省略了较多类别，核算仅包含生产资产与部分非生产资产，自然资源并未分类；金融资产与负债标准与2008SNA一致，但其并未考虑金融衍生品、雇员股票期权与投资基金份额等金融工具。目前，加拿大采用的估价法按照如下方式核算：有形资产采用永续盘存法进行一致估价，从而获得重置成本估值；金融资产与负债按照市值或者票面价值估价，外币资产则按照期末汇率转化为加元；自然资源为年度实物量的净现值估计。

未来加拿大准备发布存量流量变动账户，将自然资源纳入季度资产表，并且制定利息股息矩阵进而改善投资流量和资产负债账户的总体估值质量。

3. 美国

美国资产负债表在形成初期借鉴了其他国家的国家资产负债表和部门资产负债表。美联储在20世纪90年代编制国民净资产表，但是未能落到实际成果。2012年美联储公布的资金存量表未能包括政府、金融机构与国外的非金融资产部分。美国国家资产负债表中的经济部门与其他国家机构部门相比存在一定变化，其包括居民与非营利组织、非金融公司制经营组织、非金融非公司制经营组织、金融部门、联邦政府、州和地方政府、对外部门。

对于美国国家资产负债表来说，特点之一就是对外部门金额较大，地位重要。美元是世界上最重要的结算货币和储备货币，因此，美元在全球性金融市场的这种主导地位，使得美国进行国际贸易时可以做到低成本高收益，这也是美国国家资产负债表长久保持稳健性的重要原因。

4. 澳大利亚

澳大利亚官方统计与核算历史也很悠久，1945年就发布了澳大利亚历史上第一套正式的国民账户。从20世纪60年代开始，澳大利亚又开始发布季度和年度国民账户数据。直到1995年，澳大利亚首次尝试发布国家资产负债表，并且在1997年决定每年定期发布资产负债表。现在，澳大利亚统计局也依靠2008SNA，编制出一套完整的国家资产负债表。

澳大利亚资产负债核算的对象是经济资产，即机构单位对其拥有所有权、所有者通过持有或者使用可以获得经济利益的资产。澳大利亚还探索了自然资源的资产负债编制情况。

澳大利亚统计局考虑生产性问题，即人为因素产生的主观造物，将资产分为非金融生产性资产、非金融非生产性资产和金融资产。负债指金融负债，与金融资产对应。机构部门按照5类法（4国内+1国外）进行划分。在估值方面，对于不同机构部门，采用市场价值法、永续盘存法与净现值法三种不同方法：金融资产与负债采用市场价值法；住户（包含非营利机构）采用永续盘存法；自然资源采用净现值法。

5. 日本

日本国民账户体系在20世纪90年代末才正式包括国家资产负债表，其公布于《日本统计年鉴》。日本经济部门也分为5类。日本在资产负债核算中例证的重要性在于，其因经济泡沫产生经济衰退，产生"资产负债表衰退"的概念。

资产负债表衰退，是指当泡沫经济破灭后，私人部门经济的资产大幅缩水，但负债仍维持泡沫期间的价值，大部分企业处于资不抵债的状况。负债大于资产，这是资产负债表衰退的一个重要特征。为平衡资产负债关系，企业需减少借贷偿还债务，遏制经济的行为使得经济活动萎缩，因此企业将注意贷款问题，国家政策重心由财政政策转为货币政策。

上述五国，虽然表式的具体形式有所差别，但是机构部门、核算对象基本保持一致（相应2008SNA），计价上一般按照公允价值。

三 中国的国民经济核算体系与
资产负债表理论

国民经济核算体系（SNA）是世界上最重要的宏观经济统计体系，其在一定经济理论指导下，综合运用统计、会计和数学等方法，从数量上系统地反映国民经济运行状况以及社会再生产过程中生产、分配、交换、使用各个环节之间与国民经济各部门之间的内在联系，为国民经济管理提供依据。

现阶段，SNA在国内外都主导着国民经济核算理论方法的发展方向，中国目前实行的是2016年制定的《中国国民经济核算体系（2016）》，即CSNA（2016），其较之CSNA（2002）更贴近经济生活出现的新情况与新变化。在CSNA（2016）中，研究的划分体系与框架发生了变化。但是，资产负债表理论仍然是基本核算模块的重要组成部分。

（一）中国资产负债核算的发展历程

中国最早关于资产负债核算的论文，可以追溯到1991年，刊登在《统计研究》上。这标志着中国对资产负债核算这一领域开始进行探索与研究。新千年开始，中国经济社会发展变革日益加剧，对资产负债核算研究的内容要求越发精细。针对这种情况，许多统计学家对资产负债核算进行了较为广泛的研究，主要涉及资产负债的基本概念、核算方式以及资产与负债之间的具体关系，涵盖理论与实践层面。查阅以往资料，目前可以大致将资产负债研究分为初始起步期、发展沉寂期和深化爆发期三个时期，分别对应时间为1991—1999年、2000—2012年和2013年至今，划分依据为2000年是新千年的开始、2013年党的十八届三中全会提出"探索编制自然资源资产负债表，编制全国和地方资产负债表"的要求。

（1）初始起步期：1991—1999年

此阶段是中国对资产负债核算研究的初期。虽然只处于起步阶段，但是相关研究大量涌现。1992年《中国国民经济核算体系（试行方案）》推出，开始将资产负债核算纳入核算体系；1995年资产负债核算制度开始产生并在全国范围实行，同时制定了《资产负债表试编方案》；1997年国家统计局开始编制资产负债表。以上三个政策的出台，极大地刺激了资产负债核算领域的扩展。这一时期讨论问题较多，主要涉及资产负债的基础理论、资产的估值以及与传统的会计领域资产负债表的相关对比。同时，此阶段发表的重要文章也较多，主要集中于《统计研究》《中国统计》等。

（2）发展沉寂期：2000—2012年

这一阶段资产负债核算领域受到的关注较少。在前一阶段中，虽然全国与各省份分别出台了相应的资产负债表，但资产负债相关信息并未公开。同时，2008SNA正式出版，受到中国统计学者的高度关注，资产负债核算研究趋于沉寂。该阶段的研究依旧是对前一阶段研究的发展，主要研究对象并未发生变化，发表于高层次期刊的资产负债相关论文不多，但为下一步资产负债研究的深化奠定了良好基础。

（3）深化爆发期：2013年至今

资产负债核算研究在该时期产生了一个新的高峰，源于党的十八届三中全会通过了《中共中央关于全面深化改革若干重大问题的决定》。该文件指出，要加快步伐，尽快编制全国和地方资产负债表；同时探索编制自然资源资产负债表，对领导干部实行自然资源资产离任审计。鉴于此，统计学者又重新聚焦资产负债核算领域，且研究主要转向了国家与政府资产负债表，同时对自然资源资产负债表的编制进行初步探索。该时期相关论文发表较多，且主要集中于国家资产负债表与自然资源资产负债表两方面。

（二）现行中国国民经济核算体系与其制定背景

2009年2月，联合国统计委员会第40届会议对外发布了最新版本的国民经济核算标准体系（2008SNA），它涉及对当今世界在经济、社会、政治、科技、环境等领域众多前沿问题的核算方法和核算规则的界定。在此之前，中国国民经济核算体系使用的是 CSNA（2002）。CSNA（2002）实施十多年来，随着中国社会主义市场经济的高速发展，宏观经济管理和社会公众对国民经济核算方式已产生诸多新要求，所以需要对中国现行国民经济核算体系进行修订，使其适应经济发展的新情况。因此，为加强和完善宏观经济调控，满足经济新常态下宏观经济管理和社会公众的新需求，实现与国民经济核算新的国际标准相衔接的目标，按照党的十八届三中全会关于加快建立国家统一的经济核算制度的要求，中国对中国国民经济核算体系进行了全面系统的修订，即 CSNA（2016）。

CSNA（2016）丰富和完善核算内容，引入新的概念，拓展核算范围，细化基本分类，修订基本核算指标，改进基本核算方法，是对中国现行国民经济核算体系的重大改革。新核算体系的实施，能够更加全面准确地反映中国国民经济运行情况，更好地体现中国经济发展的新特点，加强中国国民经济核算的国际可比性，有利于提高国家宏观决策能力和宏观管理水平。

（三）现行中国国民经济核算体系的内容与架构

在 CSNA（2016）中，国民经济核算体系主要由基本核算和扩展核算组成。基本核算是核心，旨在对国民经济运行过程进行系统描述；扩展核算是对核心内容的扩展，重点对国民经济中的某些特殊领域的活动进行补充。

1. 基本核算

基本核算包括国内生产总值核算、投入产出核算、资金流量核算、资产负债核算和国际收支核算。国内生产总值核算（GDP 核算）描述生产活动最终成果的形成和使用过程，是国民经济核算体系的核心内容。GDP 核算分为 GDP 生产核算与 GDP 使用核算，两部分核算都包括现价核算和不变价核算：现价核算就是计算现价支出法 GDP 的各构成项目，即居民消费支出、政府消费支出、固定资本形成总额、存货变动、货物和服务净出口；不变价核算就是计算不变价支出法 GDP 的各构成项目。投入产出核算是国内生产总值核算的整合和扩展，以投入产出表的形式描述国民经济各部门在一定时期内生产活动的投入来源和产出使用去向，揭示国民经济各部门间相互联系、相互依存的数量关系。投入产出核算包括供给表、使用表和产品部门×产品部门表，国务院规定，每 5 年（逢 2、逢 7 年份）进行一次全国投入产出调查，编制投入产出基本表；逢 0、逢 5 年份编制全国投入产出延长表，编制步骤是先编制供给表和产品部门×产品部门表，并且以此为基础推导使用表，这与世界上大部分国家的编制方法是相反的。资金流量核算是国内生产总值核算的延伸，以收入分配和资金运动为核算对象，描述一定时期各机构部门收入的分配和使用、资金的筹集和运用情况。资金流量核算的表现形式有两种：T 形账户形式和矩阵形式。国际收支核算全面描述中国常住单位与非常住单位之间的经济往来关系，一方面反映一定时期内发生的对外经济收支往来，另一方面反映对外资产负债存量及其变动状况。国际收支核算又可以细分为对外经济交易核算与对外头寸核算两类核算。资产负债核算描述特定时点的资产负债存量和结构情况，以及资产负债从期初到期末之间发生的变化。编制资产负债表是中国现阶段的重要工作之一。

2. 扩展核算

扩展核算包括资源环境核算、人口和劳动力核算、卫生核算、旅游核算和新兴经济核算。扩展核算是在国民经济核算基本概念和基本分类的基础上，通过对某些基本概念的扩展、某些基本分类的重新组合以及改变处理方法等，对国民经济中某些领域的活动或与国民经济有密切关系的外部行为进行详细的描述，以满足特定类型分析和专门领域管理的需要。扩展核算体现了国民经济核算体系的开放性和灵活性。

3. 现行中国国民经济核算体系与资产负债核算理论的关系

资产负债核算，即资产负债表理论，与 CSNA（2016）联系十分密切。实际上，CSNA（2016）中对国民经济核算体系框架的相关描述，也表明了资产负债核算在其中的定位。国家的基本核算中，GDP核算、投入产出核算、资金流量核算与国际收支核算都是流量核算，但是只有资产负债核算是存量核算。

以往，中国国民核算研究的目光集中于流量核算。考虑传统GDP核算，在宏观经济系统中，对于一个经济体在特定时期的经济规模的衡量以及该经济体经济增长率高低的分析，一般通过观察GDP核算结果可以得出相应的结论。然而，对该经济体资产与负债规模的研究通常较少，而且存量数据的完备性和发布频率可能会存在一定问题。出现这种现象的原因是多方面的，一个普遍理解是，长期以来，宏观经济分析很大程度上基于凯恩斯学派，而凯恩斯经济理论着眼于经济的短期增长，因此流量核算（特别是GDP核算）的需求被排在了第一位，国民资产负债核算研究相对薄弱。现阶段，中国流量核算已经初具规模，可以按期发布数据，但资产负债核算相较流量核算而言发展缓慢，应当受到重视。

考虑研究资产负债核算的意义与作用。资产负债核算能够从另一个角度解释国民经济的运行方式。概括而言，资产负债核算作为存量核算能够补充整个核算期的始末状态数据，与GDP核算等的流量数据一起，共同为国家宏观经济建设体系提供数据支撑、完善经济建设分析。更深层次地，作为研究国家存量核算的重要内容，国家资产负债表进一步描绘了各部门经济活动彼此之间的关联与相互作用，可以用于揭示一国经济发展的理论内核。国家资产负债核算既能够了解一个国家的经济运行情况是否健康，又可以在面对风险时提供积极稳健的干预视角，当发生经济危机时，便于厘清经济行为的病灶，给政府等决策者提供解决相应问题的现实依据。

第一，资产负债核算丰富了宏观经济分析的发展层面，为宏观统计核算研究更新了道路。流量分析一直居于传统宏观研究的主体地位，尤其是GDP核算及其衍生分析。然而，经济结构与社会结构发展程度的对等反映，尤其是经济体制的完善性与市场调节的弱质性，在存量分析上才能更好地得以体现。资产负债表研究明确了宏观经济统计对风险的识别定义，根据以往流量分析工作的先导进一步构筑起宏观核算的研究体系。只有将存量分析与流量分析相结合，才能对国民经济进行科学合理的研究，得到切实全面的评价，完善宏观经济体系评价指标的分析方法。

第二，资产负债表研究对防范政府债务性风险产生积极作用。现如今国家对债务风险问题的把控，很大程度上仍然依靠存量债务，而忽视了与之相对应的存量资产。事实上，中国具有大量闲置的国有资产，如何盘活这部分资产，减少资产的浪费，是国家有关部门管理债务问题的立足点之一；存量资产远高于存量债务，也使得国家在面对债务性风险时能够立于不败之地。资产与负债一体两面，在研究债务性问题时，不应只研究存量债务一方。借助资产负债表分析方法，有助于综合辩证地分析经济问题。

第三，资产负债核算能够对经济主体内部的结构性矛盾给予识别，并且给出相应的处理办法，澄清物质资源再分配情况是否合理，明确经济体制的变革方向。对于结构性矛盾，存量核算能够辨析经济的结构形制，当考察部门内部、部门与部门之间资产负债的相互关联与变动情况，涉及存量排布的结构与发展差异等问题的时候，此类研究有助于总览全局，从较高层面对宏观经济社会发展方式予以说明。同时，在一定程度上，对于经济体未来的改革发展给出指导意见。

第四，资产负债表理论对于分析金融危机相关问题有帮助。随着全球经济一体化进程的推进，国与国之间的经济、社会等相关的联系正变得日益紧密。因此，当某一国经济出现泡沫乃至风险与危机时，与之进行经济往来的国家往往会受到较大冲击。这也是开放型经济所产生的弊端之一：高资本流动性与高金融风险性并存。因此要求经济体系具有安全高效的特质。国家资产负债表的编制可以较好地应对这个问题。当经济危机兴起时，其在开放经济体之间的传播、在经济体部门内部的流动，主要依托于债权与债务的相互作用。所以，国家资产负债表的稳健程度与一个开放经济体在处理金融危机时的手段直接正相关。研究资产负债相关关系，在解构经济危机、弄清危机产生的原因与作用机制方面，能够提供重要帮助；同时也使得国家能够对潜在的危机现象产生认知，对危机防范做好事前部署。

第五，国家资产负债表理论作为宏观资产负债分析，可以与微观资产负债表相联系，从而使得宏观与微观领域互为补充。个人在经济生活中充当微观层面的参与者，而政府代替国家进行宏观层面的操作，宏观政策的相关制定，需要参考微观生活给出的观测。实际上，从两百多年前古典主义的兴起开始，宏观经济在不断发展的进程中，其微观基础一直较为薄弱，这使得宏观分析存在一定隐患。新凯恩斯主义补充了传统凯恩斯学派未曾涉及的微观道路。同时，国家资产负债表对"宏观决策的微观分析"这一问题做出解答。将以往微观上的资产负债表理论与模式应用到宏观经济分析中，对于宏观问题的描述产生了新的理解，丰富了宏观领域的微观决策，拓宽了经济领域的新含义。

第六，研究国家资产负债表，并将之折射到现实层面，对国家进行宏观调控，保持中国经济态势平稳健康运行等方面，具有良好的切实指导作用。编制国家资产负债表，有助于客观了解中国各行业各部门在经济发展新常态下的表现，便于分析真实的经济数据情况，科学评估中国现阶段经济政策的合理性与可行性，有助于政策落实，稳步提升国家经济治理能力。在风险评估方面，资产负债理论对国家政府的债务管理提出了新的方案，特别是在地方政府的债务问题上开辟了新局面。同时，资产负债理论不局限于短期经济决策，其考察经济期内的资产负债核算，能够显化短期政策的长期成本和外部隐性成本，从而有利于合理制定短期政策，进而在一个较长的时间内明确成本收益。国家资产负债表还能够使国有资产焕发活力，调配国有资产在市场经济中的占比，研究国家资产负债表能够监督国有资产透明化，对于增加企业公信力、明确企业治理方向，具有现实性意义。

四　中国国家资产负债表核算规则

根据前文介绍，中国国家资产负债表核算对象已经明确，即资产、负债与资产净值。本部分参考发达经济体的国家资产负债统计工作，对于不同核算对象，确定不同核算规则，进而完成中国国家资产负债表的数据支撑。

（一）非金融资产核算——基于固定资产、存货与其他非金融资产

非金融资产包括固定资产、存货和其他非金融资产。固定资产和存货是生产者持有的、以生产为目的的资产。非金融资产的核算主体是非金融企业部门、金融机构部门、政府部门、住户部门和经济总体。同时，非金融资产只在资产项下核算而不在负债项下核算。

1. 固定资产

（1）固定资产的定义

固定资产是通过生产活动生产出来的单位价值高于规定标准的资产。固定资产的显著特征是可以在超过一年的时期里反复或连续用于生产，其包括住宅、其他建筑和构建物、机器和设备、培育性生物资源和知识产权产品等，不包括耐用消费品。在资产负债表中，固定资产是净值，不包括累计折旧。

（2）固定资产核算的资料来源

固定资产核算的资料来源主要有以下三个方面：

第一，统计系统常规统计资料；

第二，经济普查资料；

第三，部门资料。

其中，第一、第三部分资料相比更加专业且有条理性，第二部分数据虽较为杂乱，但是数据全面且丰富。

（3）固定资产的核算方法

考虑核算方法时，主要区分的是固定资产不同核算主体的逻辑表式。具体分为下述部分。

①非金融企业部门

非金融企业部门固定资产，核算值等于其对应 17 个行业门类的企业法人固定资产加总。企业法人固定资产主要根据企业会计资产负债表中的固定资产净值、在建工程和无形资产等指标来计算。其中，工业、建筑业、批发和零售业、住宿和餐饮业、房地产业主要利用国家统计局联网直报企业财务状况和经济普查年度规模大企业与小微企业资产比重进行推算；农林牧渔业、交通运输与仓储邮政业、信息传输与软件和信息技术服务业、租赁和商务服务业、科学研究和技术服务业、水利环境与公共设施管理业、居民服务与修理和其他服务业、教育、卫生与社会工作、文娱体育主要利用国资委国有及国有控股企业会计决算资料和经济普查年度国有及国有控股企业资产比重进行推算。

农林牧渔业中，农林牧渔业固定资产 = 该行业国有及国有控股企业固定资产 × 该行业资产总计 ÷ 该行业国有及国有控股企业资产总计。而农林牧渔业国有及国有控股企业固定资产 = 固定资产原价 − 累计折旧 + 在建工程。其中国有及国有控股企业固定资产取自国资委"全国国有企业分行业资产情况（合计口径）"。

采矿业在经济普查年度，其固定资产 = 该年度规模以上采矿业固定资产 + 该年度规模以下采矿业固定资产。而该年度规模以上采矿业固定资产 = 该年度规模以上成本费用调查采矿业企业固定资产 + 该年度规模以上非成本费用调查采矿业企业固定资产，其又与固定资产原价 − 累计折旧 + 在建工程 + 无形资产在数值上相等；该年度规模以下采矿业固定资产 = 该年度规模以上采矿业固定资产净值 × 该年度规模以下采矿业资产总计 ÷ 该年度规模以上采矿业资产总计。在经济普查年，规模以上采矿业固定资产、采矿业总资产取自规模以上工业法人单位成本费用表与规模以上工业法人单位财务状况表；而规模以下采矿业资产总计取自工业法人单位普查表。对于非普查年度，与普查年度类似，采矿业固定资产＝该年度规模以上采矿业固定资产＋该年度规模以下采矿业固定资产－该年度个体工商户采矿业固定资产。而该年度规模以上采矿业固定资产＝该年度规模以上成本费用调查采矿业企业固定资产＋该年度规模以上非成本费用调查采矿业企业固定资产，其又与固定资产原价－累计折旧＋在建工程＋无形资产在数值上相等；该年规模以下采矿业固定资产＝固定资产净值；该年度个体工商户采矿业固定资产＝个体工商户采矿业资产总计×该年度规模以下采矿业固定资产÷该年度规模以下采矿业资产总计。规模以上采矿业固定资产取自规模以上工业法人单位成本费用表和规模以上工业法人单位财务状况；规模以下采矿业固定资产与资产总计取自规模以下工业企业财务状况表；而个体工商户采矿业资产总计取自个体工业调查表。

应当注意到的是，在其他非金融企业部门之中，制造业、电热燃气及水生产供应业与采矿业的资产核算方法完全相同，因此在此处不再赘述。

建筑业实际上与上述三个行业类似。建筑业在经济普查年度，其固定资产测度不再与规模相关，而将测算指标换成行业资质。该年度资质以上建筑业固定资产＝固定资产原价－累计折旧＋在建工程＋无形资产；该年度资质以下建筑业固定资产＝该年度资质以上建筑业固定资产×该年度资质以下建筑业资产总计÷该年度资质以上建筑业资产总计。在经济普查年，资质以上建筑业固定资产、建筑业总资产取自总承包和专业承包资质的建筑业法人单位财务状况；而资质以下建筑业总资产总计取自建筑业法人单位普查表。对于非普查年度，与普查年度类似，建筑业固定资产＝该年度资质以上建筑业固定资产＋该年度资质以下建筑业固定资产。该年度资质以上建筑业固定资产核算方式与普查年核算方式相同；而该年度资质以下建筑业固定资产核算方式与普查年核算方式稍有变化，核算方式为该年度资质以上建筑业固定资产×普查年度资质以下建筑业资产总计÷普查年度资质以上建筑业资产总计。资质以上建筑业固定资产取自总承包和专业承包资质的建筑业法人单位财务状况；而普查年资质以下建筑业总资产总计取自建筑业法人单位普查表。

批发和零售业、住宿和餐饮业的核算方法与建筑业类似，只不过将资质转化成限额进行核算。

交通运输与仓储邮政业不再有行业内部的分界线限制，并且核算方法上普查年与非普查年相同，固定资产为国有控股固定资产×资产总计÷国有控股资产总计，而国有控股固定资产仍然是固定资产原价－累计折旧＋在建工程＋无形资产。

信息传输与软件和信息技术服务业、租赁和商务服务业、科学研究和技术服务业、水利环境与公共设施管理业、居民服务与修理和其他服务业、教育、卫生与社会工作、文娱体育与上述核算方式类似，只不过信息产业忽略累计折旧这一项。

房地产业在核算方式上更为容易，也是普查年与非普查年具有相同形式，都是固定资产＝国有控股固定资产×资产总计÷国有控股资产总计。

②金融机构部门

金融机构部门固定资产等于货币金融服务固定资产、资本市场服务固定资产、保险业固定资产、其他金融业固定资产四者之和。

金融机构部门固定资产各服务的核算形式比较单一，一般都是采取"固定资产原价－累计折旧＋在建工程＋无形资产"的形式，只不过可以将"固定资产原价"四项进行整合：货币金融服务下，固定资产等于银行业固定资产，又等于四项之和，数据来源于银监会"银行业资产负债表"；资本市场服务下，固定资产分为证券公司固定资产与期货公司固定资产两部分，每部分都是四项之和，数据来源于《中国证券期货统计年鉴》；保险业固定资产不再整合，数据来自保监会"全国保险企业资产负债表"。其他金融业较为复杂，其固定资产可拆分为信托业固定资产＋金融资产管理公司固定资产＋金融集团控股公司固定资产。三者固定资产都与资产净值在数值上相等。其中信托业数据来自银监会"信托业资产负债表"，后两者数据来自财政部"全国金融企业财务决算数据"。

③政府部门

政府部门固定资产等于行政单位固定资产、事业单位固定资产、民间非营利组织固定资产三者之和。

行政单位固定资产数据取自财政部年度行政事业单位决算"行政单位资产负债简表"，其计算公式为固定资产＋基本建设资金占用合计×90％＋市政公用基础设施＋无形资产。而市政公用基础设施核算值等于市政公用基础设施投资完成额×0.7×（1－公用基础设施使用年数×折旧率），数据来自《中国城市建设统计年鉴》。

事业单位固定投资计算方式为固定资产净值＋基本建设资金占用合计×90％＋无形资产，数值来源于财政部年度行政事业单位决算"事业单位资产负债简表"。

民间非营利组织固定资产仍为"固定资产原价＋在建工程＋无形资产"形式，数据来自财政部"民间非营利组织资产负债简表"。

④住户部门

住户部门固定资产在数值上等于城镇居民住房价值、农村居民住房价值、农村居民生产性固定资产、个体工商户固定资产四者之和。

城镇居民固定资产为居民人均住房面积×人口数×年末城镇住宅平均价格。而平均价格又等于年末新建住宅平均价格×折扣系数，折扣系数为权重，其算法采用Σ［（1－城镇住宅使用年数×折旧率）×（城镇新建住宅面积÷Σ城镇新建住宅面积）］。

农村居民住房价值＝年末农村人均住房面积×年末农村居民家庭住房单位面积价值×年末乡村人口。而农村居民生产性固定资产＝生产性固定资产原值×农村人口÷平均每户常住人口×折旧系数。

个体工商户固定资产为各行业固定资产与个体工商户在该行业中的增值税比重的乘积之和，具体为：工业固定资产×个体工商户工业增值税比重＋批发零售业固定资产×个体工商户批发零售业增值税比重＋其他工商户营业固定资产×相应营业税比重。各增值税比重的计算方式，即该个体工商户缴纳增值税占总增值税的比值。

⑤经济总体

经济总体固定资产在数值上等于上述四部门之和。

2. 存货

（1）存货的定义

存货指常住单位购进和拨入的原材料、燃料和储备物资以及常住单位生成的产成品、在制品和半成品等。存货按编制资产负债表时点的市场价格进行估价。

（2）存货核算的资料来源

存货的资料来源与内容结构与固定资产完全一致，分为统计系统常规统计资料、经济普查资料和部门资料三部分。

（3）存货的核算方法

①非金融企业部门

非金融企业部门存货核算方式与其固定资产核算方式相同，只不过需要将搜集固定资产数据转为搜集存货值。

②金融机构部门

由于金融机构交易品本身的流动性，金融机构部门并没有存货。

③政府部门

政府部门存货核算方式与其固定资产核算方式相同，也要将数据搜集转为搜集存货值。

④住户部门

住户部门存货的核算方式与其固定资产核算方式有一些不同，核算分为个体工商户存货与农户农业存货。个体工商业存货与个体工商业固定资产计算方式相同，仅需将固定资产核算统计换成存货值，在此不再赘述。农户农业存货指的是农户饲养家畜家禽形成的存货以及粮食储备形成的存货，分为两部分：家庭畜牧业形成的存货与粮食储备存货。家庭畜牧业存货包括猪、羊以及家禽存货，计算方式都为年末存栏数×年末单价。年末存栏数来自畜牧业年报数据，年末单价则取农产品生产价格指数。粮食储备存货为农户年末粮食库存×年末粮食混合平均单价，年末粮食库存又可以通过年末农户人均存粮×年末农村人口数计算。农村社会经济调查司根据居民家庭基本情况表确定年末农户人均存粮，根据农产品生产价格指数表中各作物价格加权平均值确定粮食混合平均单价。人口和就业统计司根据普查资料确定农村人口数量。

⑤经济总体

经济总体固定资产在数值上等于上述四部门之和。

3. 其他非金融资产核算

其他非金融资产主要包括自然资源资产和商誉。其中自然资源资产是指纳入核算范围的具有稀缺性、有用性及产权明确的自然资源资产，包括土地、矿产、能源、林木和水资源资产等。鉴于自然资源资产估价复杂，相关基础资料欠缺，核算仍处于探索之中。目前自然资源资产核算仅包括具有经济价值所有权的土地资源核算，其资料来源主要是自然资源部和国资委"全国国有及国有控股企业资产负债表"。

（二）金融资产与负债核算

由于在一个稳定核算期内，金融基础产品与衍生产品会进行大量的交易，因此，金融资产与负债一直是国家资产负债核算研究的重要对象。金融资产与负债主要包括通货、存款、贷款、股权和投资基金份额、债务性证券、保险准备金和社保基金权益、金融衍生品和雇员股票期权、储备资产等。对于不同的金融产品，核算方式基本不同，但是某些金融产品的核算方式又存在共性：数值应按照金融资产和负债在核算期期末时点的市场价值进行计算，若出现不以人民币计价的金融资产和负债，应当根据核算期期末的汇率先将其价格转化成人民币再进行计价。相较于非金融资产不核算负债的情况，在金融资产核算中，则需要考虑负债，并将其引入资产负债表；同时，需要考虑国外部分产生的经济活动，因此核算的平衡关系也要有所体现。

1. 通货

（1）通货的定义

通货指的是由中央银行或政府所发行的、具有固定名义面值的票据和铸币，其主要包括流通中充当流通手段或者支付手段的纸币、硬币、支票、银行本票等（不包括纪念币与未发行或已停止使用的货币）。通货可以分为本币和外币，区别仅在于发行者不同，是相对于对象而言的。对通货来说，名义价值或者面值即其估价价值，外币通货以资产负债表编制日的卖出价与买入价的中间值兑换成本币。

（2）通货核算的资料来源

通货核算资料来源于两大方面：本币通货的资料来自央行发行的"货币供应量表"与"资金存量表"两部分；外币通货的资料来自中国外汇管理局"中国国际投资头寸表"，头寸表具体要分项目、部门、期限查看，同时应当考虑年度数据。

（3）通货的核算方法

通货核算来自两部分汇总，即本币通货与外币通货之和。受限于资料的获得，数据在机构部门之间应当进行分劈。相关总量中，资产项下外币通货与资产项下常住者在国外的存款需要分劈，两者占比分别为20%与80%；资产项下非金融企业部门外币通货与资产项下住户部门外币通货需要分劈，两者占比分别为95%与5%。

①非金融企业部门

非金融企业部门仅需核算资产项，负债项不需要引入。在资产项下，非金融企业部门通货数值上等于该部门本币通货加上该部门外币通货，而作为资产的本币通货与实际运用的本币通货数值上是相同的；外币通货与非金融公司、住户和为住户服务的非营利机构资产项下货币和存款的分劈值相同，即核算出的总量乘0.2再乘0.95。

②金融机构部门

金融机构部门的资产项与负债项都记录通货。在资产项下，金融机构部门通货与本币通货的核算与非金融企业部门相同，但是外币通货则不同，其核算方法为各组成部分（央行、除央行外的存款性公司和其他金融公司）资产项下的货币存款分别乘 0.2 再求和；负债项下，金融机构部门通货仍然是本外币通货之和，而金融机构部门的本币通货与 M_0 相同，即数值上等于流通中的货币量。

③政府部门

政府部门与非金融企业部门的核算方法基本相似，其负债项没有记录。资产项下，政府部门通货也等于政府本币通货与外币通货之和。政府部门本币通货核算与前相同，不再赘述，而其外币通货数值上与广义政府意义下的资产项货币存款值乘 0.2 相同。

④住户部门

住户部门与非金融企业部门核算方法几乎完全相同，仅需要注意分劈系数为 0.05 而不再是 0.95。

⑤经济总体

对经济总体来说，资产项与负债项都需要核算。资产项下总通货为本外币通货之和，本币通货与外币通货分别为四部门相应币种通货加和，比较容易计算；负债项下经济总体的通货不需要核算外币通货，并且由于负债项仅有金融机构部门需要核算，此时经济总体通货值就是负债项下金融机构部门的本币通货。

⑥国外

国外的资产项与负债项都记录通货值，其中国外的资产项记录本币通货，国外的负债项记录外币通货。资产项下，国外通货与国外的本币通货相同（不需记录外币），又等于国外实际运用的本币通货；负债项下，国外通货与国外的外币通货相同（不需记录本币），同时数值上等于资产项下货币存款乘 0.2。

（4）通货核算所体现的逻辑平衡关系

通货部分的平衡关系有以下三点：

第一，经济总体通货（资产）+ 国外通货（资产）= 经济总体通货（负债）+ 国外通货（负债）。

第二，经济总体本币通货（资产）＋国外本币通货（资产）＝经济总体本币通货（负债）＋国外本币通货（负债）。

第三，经济总体外币通货（资产）＋国外外币通货（资产）＝经济总体外币通货（负债）＋国外外币通货（负债）。

2. 存款

（1）存款的定义

存款指的是机构或个人在保留资金或货币所有权的条件下，将不可流通的存款凭证作为依据，暂时让渡或接受资金使用权所形成的债权与债务。存款可以分为三类：表内存款、委托存款和常住者在国外的存款。表内存款指金融机构本外币信贷收支表中的贷款。委托存款指银行业金融机构在受到其他机构或个人委托的前提下，按照指定对象和用途代替委托人运用和管理支付的存款。任何部门都持有作为资产的存款，但是作为负债的存款则不同。表内存款与委托存款表示金融机构部门的负债，而常住者在国外的存款表示国外的负债。对存款来说，在资产负债表中记录的价值应当是存款结清时债务人根据契约规定偿还给债权人的数额，外币存款以资产负债表编制日现汇买入价与卖出价的中间值兑换成本币。

（2）存款核算的资料来源

存款核算的资料来源于三大方面：表内存款的资料来自央行的"金融机构本外币信贷收支表"（其按部门分类）与中国国家外汇管理局的"中国国际投资头寸表"两部分；委托存款的资料来自央行的"资金存量表"，而常住者在国外的存款则来源于"中国国际投资头寸表"。

（3）存款的核算方法

存款值的计算为表内存款、委托存款、常住者在国外的存款三部分之和。类似地，受限于资料的获得，数据在机构部门之间应当进行分劈。相关总量中，作为资产的外币通货与资产项下常住者在国外的存款需要分劈，两者占比分别为20%与80%；资产项下非金融企业部门常住者在国外的存款与资产项下住户部门常住者在国外的存款需要分劈，两者占比为 95% 与 5%。

①非金融企业部门

非金融企业部门存款是指银行业金融机构吸收的存款，包括企业定活期存款、保证金存款、应解与临时存款，以及企业委托银行开展业务而沉淀在银行的货币基金，其仅在资产项下有记录，不记录于负债项中。在资产项下，非金融企业部门资产存款即三部分资产存款之和。表内存款即非金融企业的来源存款，委托存款与非金融企业实际运用的委托存款相同，常住者在国外的存款与非金融公司、住户和为住户服务的非营利机构资产项下货币和存款的分劈值相同，即核算出的总量乘 0.8 再乘 0.95，最后得到外币资产值。

②金融机构部门

金融机构部门资产项与负债项都记录存款，不同的是，负债项不需考虑企业常住者在国外的存款，因此仅需要核算表内存款与委托存款即可。在资产项下，作为资产部分的存款即三类核算对象的总和，其中表内存款等于经济总体中作为负债的表内存款减去其他几个机构部门（国外、住户部门、政府部门、非金融企业部门）作为资产的表内存款，委托存款与金融机构实际运用的合计委托存款相同，常住者在国外的存款，其核算方法为各组成部分（央行、除央行外的存款性公司和其他金融公司）资产项下的货币与存款数乘 0.8。在负债项下，存款计算较为简单：作为负债部分的存款为表内存款与委托存款的总和，但是表内存款与来源项的存款之和相同，委托存款与经济总体中作为资产的委托存款相同，即各机构实际运用的委托存款。

③政府部门

政府部门不记录负债，在资产项下，作为资产部分的存款即三类核算对象的总和，其中，表内存款等于来源项的机关团体存款与来源项的财政性存款之和，委托存款与政府合计运用的委托存款相同，常住者在国外的存款与广义政府意义下资产项货币与存款值乘 0.8 相当。

④住户部门

住户存款指的是银行业金融机构通过信用方式、保证金存款与个人委托的银行业务所吸收的居民储蓄存款，其在负债项下没有记录，因此在资产项下，住户部门存款即表内存款、委托存款与常住者在国外的存款之和。住户部门表内存款在数值上与住户来源存款相同；住户部门委托存款与住户实际应用的委托存款相同；而常住者在国外的存款即非金融公司、住户和为住户服务的非营利机构资产项下货币和存款的分劈值，也就是核算出的数值乘 0.8 再乘 0.95。

⑤经济总体

作为资产的经济总体存款核算比较方便，仅为三项存款之和，对于每一项存款，又是其各项机构部门对应存款的加和。作为负债的存款核算也是同样核算方式，仅需将负债项下不进行核算的存款剔除即可。

⑥国外

存款被记录在国外的资产项与负债项下，实际上，负债项下的国外存款记录的是国内常住者在国外作为负债的存款，计算方法就是资产项下货币和存款数值乘 0.8。在平衡关系上，作为负债的国外存款与国外通货，加总得到全部资产项下的货币和存款。所以在资产项下，国外存款数值上等于表内存款与委托存款之和，表内存款的核算方法为负债项下总体货币存款减去通货本币值（实际运用的通货本币），委托存款即国外实际应用的委托存款数。

（4）存款核算所体现的逻辑平衡关系

第一，经济总体存款（资产）＋国外存款（资产）＝经济总体存款（负债）＋国外存款（负债）；

第二，经济总体表内存款（资产）＋国外表内存款（资产）＝经济总体表内存款（负债）＋国外表内存款（负债）；

第三，经济总体委托存款（资产）＋国外委托存款（资产）＝经济总体委托存款（负债）＋国外委托存款（负债）；

第四，经济总体常住者在国外的存款（资产）＋国外常住者在国外的存款（资产）＝经济总体常住者在国外的存款（负债）＋国外常住者在国外的存款（负债）。

3. 贷款

（1）贷款的定义

贷款指的是机构或个人在保留资金或者货币所有权的条件下，以不可流通的贷款凭证或类似凭证作为依据，暂时接受或让渡资金使用权所形成的债券或者债务。贷款的价值指的是未偿付本金的数额，包括已产生但是未支付的利息。贷款分为表内贷款、委托贷款、其他贷款与国外对常住者贷款四项。表内贷款是指资料来源各表中的贷款数据；委托贷款是指由政府部门、企事业单位或个人委托人提供资金，并由贷款人根据委托人确定贷款要素进而代为发放并监督使用回收的贷款；其他贷款主要分为信托计划贷款、代客理财贷款和其他贷款，信托计划贷款指的是信托机构在国家规定范围内运用其吸收的信托存款对自己审定的信托计划发放的贷款；代客理财存款指的是金融公司接受客户委托并代理客户发放的贷款。在资产负债表中，贷款的记录值为贷款结清时债务人根据契约规定应偿还给债权人的数额。

（2）贷款核算的资料来源

表内贷款核算来自央行的"金融机构本外币信贷收支表"、审计署"全国政府性债务审计结果的地方性债务资金来源情况表"与财政部《年度行政事业单位决算（地方版数据资料）》下的"全国预算单位资产负债简表"；委托贷款核算来自央行"资金存量表"；其他贷款核算来自"资金存量表"、国家外汇管理局的"中国国际投资头寸表（年度表）"与"金融机构本外币信贷收支表"；而国外对常住者的贷款核算来源于"中国国际投资头寸表（年度表）"。

（3）贷款的核算方法

贷款值的计算，为四项贷款取值加总。需要注意的是，金融机构部门仅有作为资产的贷款，而其他机构部门仅有作为负债的贷款。在资产负债表中，债务人和债权人都要记录贷款价值（未偿付本金的数额），其中包括已产生但是未能支付的利息。

①非金融企业部门

非金融企业部门的贷款是银行业等金融机构向非金融企业发放的贷款，仅记录在负债项下。在负债项下，表内贷款等于非金融企业其他部门实际运用的贷款减去政府部门作为负债的表内贷款；委托贷款等于非金融企业委托贷款的全部来源数值；而其他贷款等于作为负债的信托计划贷款、代客理财贷款和其他贷款中的其他贷款取和；其值都为对应的非金融企业贷款的来源值。同时，国外对常住者的贷款就是负债项下的贷款。

②金融机构部门

金融机构部门的贷款仅记录在资产项下，为四项贷款取值加总。其中，表内贷款取值为各项实际运用的贷款，委托贷款与其他部门贷款取值分别为金融机构合计实际运用的委托贷款与其他各项贷款值，并且，国外对常住者的贷款值为0。

③政府部门

政府部门贷款仅记录在负债项下，其作为表内贷款的部分由政府负偿还责任的债务和有关单位的银行贷款组成，有关单位指的是事业单位和民间非营利组织，后者一般持有长期贷款；作为委托贷款的部分与政府合计的委托贷款来源在数值上相同；同样，信托计划贷款、代客理财贷款与其他贷款中的其他贷款的值都与贷款来源数值相同。地方政府性债务资金的资料来源于审计署，该审计并非年度审计，对于未能审计的年份，需采用等比例插值推算。

④住户部门

住户部门与政府部门类似，贷款仅记录在负债项下，同样也分为三部分——表内贷款、委托贷款与其他贷款中的其他贷款。在负债项下，表内贷款核算住户实际运用的贷款；委托贷款为住户本身委托贷款值的来源数值；其他贷款的核算值与政府部门其他贷款的核算完全相同，在此不再赘述。

⑤经济总体

在贷款项下，经济总体的核算关系为四项贷款值的加和（表内贷款、委托贷款、其他贷款与经济总体对国外非常住者的贷款），各项细则贷款即各部门细则贷款的简单加和。资产项与负债项仅需考虑不同部门是否核算，非核算部门记为 0 即可。

⑥国外

贷款被记录在国外的资产项与负债项下，资产项下国外贷款记录了国外对国内常住者的贷款，而负债项下国外贷款为四部门国外贷款之和，表内贷款为境外实际运用的贷款，委托贷款值取 0，其他贷款为资产项下的贷款减去表内贷款，常住者对国外贷款值为 0。

（4）贷款核算所体现的逻辑平衡关系

第一，经济总体贷款（资产）＋国外贷款（资产）＝经济总体贷款（负债）＋国外贷款（负债）；

第二，经济总体表内（委托/其他）贷款（资产）＋国外表内（委托/其他）贷款（资产）＝经济总体表内（委托/其他）贷款（负债）＋国外表内（委托/其他）贷款（负债）；

第三，经济总体信托计划（代客理财/其他贷款中的其他贷款）贷款（资产）＋国外信托计划（代客理财/其他贷款中的其他贷款）贷款（资产）＝经济总体信托计划（代客理财/其他贷款中的其他贷款）贷款（负债）＋国外信托计划（代客理财/其他贷款中的其他贷款）贷款（负债）；

第四，经济总体国外对常住者的贷款（资产）＋国外对常住者的贷款（资产）＝经济总体国外对常住者的贷款（负债）＋国外对常住者的贷款（负债）。

4. 股权

（1）股权的定义

股权是一些权利的集合值，由出资方取得，以股票、参与证书或类似文件为凭证，在公司中拥有对公司的残值要求权等各项权利。上市公司与非上市公司都拥有股权，上市公司的股权指会在证券交易所或有组织的金融市场中有规则地交易的公司股票，非上市公司股权的发行条件要更加宽松，集中在直接投资企业、私人权益资本、合资企业等。股权的估价方式为现价估价，但有时无法获得实际市场价值，需要进行价值估算。上市公司的股权价值应以实际市场价值进行预估，非上市公司的股权价值应利用公司中资产负债表的所有者权益进行估算。通过实际市场价值估算得到的股权被称为股权市值，而通过所有者权益估算得到的股权被称为股权面值。

（2）股权核算的资料来源

股权核算的资料来源主要分为两大类——统计系统统计资料与相应内部部门资料。

在统计系统的统计资料中，资料来源于中国工业和信息化部原材料工业司"规模以上工业财务状况表"与规模以下工业统计数据，国家发改委固定资产投资司"建筑业资质的企业财务状况表""房地产开发经营企业财务状况表"，经济贸易司"限额以上批发和零售业企业财务状况表""限额以上住宿和餐饮业企业财务状况表"，以及全国经济普查资料。

在部门资料中，股权核算的资料来源范围较广，共包括以下几个部分：中证登数据库、外汇管理局"中国国际投资头寸表"、央行"资金存量表"、国资委"国有企业分行业资产情况"与"国有企业资产类指标情况表"、《中国证券期货统计年鉴》"证券公司资产负债表"、银监会"资产负债项目统计表"、保监会"保险公司资产负债表"和财政部金融司下的《年度全国金融企业财务决算数据资料》的相关负债表（包括商业银行、证券公司、保险公司等）。

（3）股权的核算方法

作为资产与作为负债的股权，其核算方式都是相同的：均为相应部分的上市公司股权市值、非上市公司股权面值与常住者对国外的股权的加总。实际计算中，非上市公司股权面值为常住单位的股权面值减去上市公司股权面值。

在股权核算中，资产项下常住者对国外的股权需要按照比例进

行分劈，非金融企业部门、金融机构部门与住户部门分劈值分别为
20%、75%和5%。

①非金融企业部门

在资产项下，上市公司股权市值等于A、B股年末持有市值。
常住者对国外的股权在数值上等于资产项下中国对外投资与股本证
券之和乘0.2。

非上市公司股权面值的计算方法较为复杂，复杂性体现在股权
面值对象传递上：资产项下，虽然股权面值核算方式仍为常住单位
的股权面值减去上市公司的股权面值，但是实际过程中不再采用这
两者进行计算，而是计算负债项下常住单位的股权面值，将其分别
减去资产项下住户部门、政府部门、国外非金融企业的股权面值；
接着，加上资产项下非金融企业部门与金融机构部门共同对金融机
构股权面值之和，最后再减去资产项下金融机构部门常住单位的股
权面值。负债项下常住单位股权面值为非金融企业部门所有者权益
合计。资产项下住户部门非金融企业股权面值分为三部分，前两部
分为联网直报或非联网直报下各行业所有者权益合计与个人资本合
计占实收资本合计比例的乘积，第三部分为负债项下金融机构部门
常住单位的股权面值与中央金融企业中个人资本占实收资本比例的
乘积；政府部门非金融企业股权面值为国有企业总计的所有者权益
总额与国有企业金融业所有者权益总额的差值；国外非金融企业股
权面值为国外常住单位股权面值的资产核算减去金融机构部门常住
单位股权面值的负债核算与中央金融企业中外商资本占实收资本比
例的乘积；非金融企业部门与金融机构部门共同对金融机构股权面
值之和等于负债项下金融机构部门的上市公司和非上市公司股权面
值之和乘以中央金融企业中集体资本和法人资本合计占实收资本的
比例；金融机构部门对常住单位的股权面值等于金融机构部门上市
公司与非上市公司股权面值之和。

在资产项下非上市公司股权核算的研究过程中，考虑了非金融
企业部门所有者权益。接下来具体探究所有者权益的核算方式。实

际上，此项核算与非金融资产核算的模式相同，也就是 17 个行业门类的法人单位所有者权益的加总，而其中又分为"7 + 10"的行业划分：工业（采矿业、制造业、电热燃气及水生产供应业）、建筑业、批发和零售业、住宿和餐饮业、房地产业主要利用国家统计局的联网直报法人单位财务情况与经济普查年度"四上企业"和"四下企业"实收资本的比重进行推算；农林牧渔业、交通运输和仓储邮政业、信息传输与软件和信息技术服务业、租赁和商务服务业、科学研究和技术服务业、水利环境与公共设施管理业、居民服务与修理和其他服务业、教育、卫生与社会工作、文娱体育主要利用国资委国有控股企业会计决算资料和经济普查年度资产总计推算。

对于具体行业所有者权益的核算，有一些通性规则：首先，核算某些行业要区分年度是否是经济普查年度，不同年度的核算规则不同；其次，一些行业需要将核算对象根据行业内部的要求划分成要素以上和要素以下的部分，再分别进行计算，而另一些行业仅需计算所有者权益占资产总额的比重即可。农林牧渔业不需区分是否为普查年度，核算值为该行业的资产总计与所有者权益总额占资产总额比例的乘积。具有同种核算方式的还有非普查年度下的交通运输和仓储邮政业、信息传输与软件和信息技术服务业、租赁和商务服务业、科学研究和技术服务业、水利环境与公共设施管理业、居民服务等其他服务业、教育、卫生与社会工作和文娱体育行业。在普查年度，这些行业的核算方式并不会变化，仅需要计算普查年度的数据即可。房地产业直接核算所有者权益。

考虑在核算领域中按照要素以上与要素以下部分划分的行业，采矿业、制造业、电热燃气及水生产供应按照规模上下进行划分，建筑业按照资质上下划分，批发和零售业、住宿和餐饮业按照限额上下划分。对于按照规模划分的规模以上的所有者权益，核算方式为成本费用与非成本费用结算之和；而在所有核算领域中，要素（规模、资质、限额）以下所有者权益的核算方式都是用该行业要素划分以上的所有者权益乘以要素划分以下的行业实收资本再除以要素划分以上行业实收资本。

至此，负债项下股权的核算方式已经可以给出，仍为负债项下的上市公司、非上市公司与常住者对国外股权之和。上市公司股权市值为总计的 A、B 股年末持有市值减去金融机构部门上市公司股权市值；非上市公司股权面值为非金融企业部门对常住单位的股权面值（其数值上等于所有者权益的合计）减去上市公司股权面值。上市公司的股权面值为 A、B 股中上市公司的所有者权益合计减去金融机构部门上市公司股权面值，而此项股权面值又等于 A、B 股中金融上市公司的所有者权益总计。

②金融机构部门

资产项下，金融机构部门上市公司股权市值为该主体下的 A、B 股年末持有市值。非上市公司股权面值为常住单位的股权面值减去上市公司的股权面值，数值上表现为一些行业的长短期资产投资之和，即保险公司、证券公司、银行的长期股权投资和持有至到期投资。受限于资料来源，常住单位的股权面值需要以相关投资指标进行估算。由于缺乏银行投资中的持有至到期投资的细则数据，此处以银行投资的长期股权投资数据代替银行投资中的持有至到期投资。上市公司的股权面值等于金融机构部门持有的 A、B 股上市公司所有者权益总计。常住者对国外的股权为资产项下中国对外直接投资额乘以 0.75 加上资产项下的股本证券乘以 0.75。

负债项下，金融机构部门上市公司股权市值为金融机构合计的股票来源方数值。非上市公司股权面值为常住单位的股权面值减去上市公司的股权面值。此处常住单位的股权面值与资产项核算时有一定的区别，主要包括各行业的所有者权益总计之和（银行类、证券类、保险类、担保类、金融资产管理—集团控股公司与其他金融机构），再加上金融机构部门非金融资产乘以 0.05，此数用来估算央行与金融监管机构的非金融资产；上市公司股权面值为 A、B 股金融上市公司所有者权益，并不要求为金融机构部门所持有。负债项下常住者对国外股权为 0。

③政府部门

政府部门仅记录股权核算的资产项。上市公司股权市值为政府部门 A、B 股年末持有市值。非上市公司股权面值为该部门常住单位股权面值减去该部门上市公司股权面值，其中，常住单位股权面值为国有企业总计的所有者权益总额减去国有企业金融业所有者权益总额，再加上金融机构部门常住单位的股权面值乘以中央金融企业中国家资本占实收资本比例——中央金融企业主要包括商业银行、证券公司、保险公司、金融资产管理公司与金融集团控股公司。政府部门对上市公司的股权面值等于该部门持有的 A、B 股上市公司所有者权益总计。

④住户部门

住户部门同样仅记录股权核算的资产项。同样地，上市公司股权市值为住户部门 A、B 股年末持有市值。非上市公司股权面值为该部门常住单位股权面值减去上市公司股权面值；住户部门常住单位核算三部分的股权面值，分别是联网直报行业、非联网直报企业、中央金融企业的所有者权益合计乘以个人资本占实收资本合计的比例，其中中央金融企业的所有者权益合计可以用金融机构部门常住单位股权面值进行代替；住户部门上市公司股权面值为该部门持有 A、B 股上市公司的所有者权益总计。常住者对国外股权等于资产项下的中国对外直接投资加上资产项股本总额的和乘权数 0.05。

⑤经济总体

不管是作为资产项还是负债项的经济总体的股权核算，核算内容都是由三部分组成：上市公司股权市值、非上市公司股权面值与常住者对国外的股权。每一部分又可分为四类主体（非金融企业、金融机构、政府和住户部门）分别核算。区别仅在于某些项目不进行核算，因此不计入加总。

⑥国外

资产项下，国外上市公司的股权市值可以用国外的 A、B 股年末持有市值进行衡量；非上市公司股权面值为国外常住单位的总体面值减去上市公司的股权面值。由于作为资产的常住单位股权面值不易核算，因此，可以用负债项下的外国直接来华投资量加上负债项下的股本证券数值进行替代。上市公司的股权面值等于国外持有A、B股上市公司所有者权益之和。负债项下，国外常住者对国外的股权在数值上等于中国资产性对外投资量加上资产项下的股本证券数值。

（4）股权核算所体现的逻辑平衡关系

第一，经济总体股权（资产）＋国外股权（资产）＝经济总体股权（负债）＋国外股权（负债）；

第二，经济总体上市公司股权市值（资产）＋国外上市公司股权市值（资产）＝经济总体上市公司股权市值（负债）＋国外上市公司股权市值（负债）；

第三，经济总体非上市公司股权面值（资产）＋国外非上市公司股权面值（资产）＝经济总体非上市公司股权面值（负债）＋国外非上市公司股权面值（负债）；

第四，经济总体对常住单位的股权（资产）＋国外对常住单位的股权（资产）＝经济总体对常住单位的股权（负债）＋国外对常住单位的股权（负债）；

第五，经济总体常住者对国外的股权（资产）＋国外常住者对国外的股权（资产）＝经济总体常住者对国外的股权（负债）＋国外常住者对国外的股权（负债）。

5. 证券投资基金份额

（1）证券投资基金份额的定义

证券投资基金份额，是指由证券投资基金发行，证明投资人持有的基金单位（指将基金总额分成若干个等额整数份后的最小单位）数量的受益凭证。

（2）证券投资基金份额的资料来源

证券投资基金份额的资料来源为央行"资金存量表"，估价方式可利用股权中的类似方式进行估价，即以现期价格估价。当无法获得实际市场的价值时，需要进行估算。

（3）证券投资基金份额的核算方法

在证券投资基金份额的核算方法中，作为资产的部分即实际运用的证券投资基金份额，作为负债的部分即证券投资基金份额的全部来源方数值。需要注意在某些部门的资产项或者负债项下不进行核算：非金融企业部门、金融机构部门、政府部门与国外核算资产项与负债项下的证券投资基金份额，但政府部门在负债项下的该份额值为0，住户部门不记录负债项的证券投资基金份额。经济总体核算为四部分加总。

（4）证券投资基金份额核算的逻辑平衡关系

经济总体证券投资基金份额（资产）＋国外证券投资基金份额（资产）＝经济总体证券投资基金份额（负债）＋国外证券投资基金份额（负债）。

6. 债券

债券和银行承兑汇票并称为债务性证券。

（1）债券的定义

债券是指机构单位为筹措资金发行，并且承诺按照约定条件偿还的有价证券。债券包括国债、央行票据、金融债券、公司信用类债券、其他国内债券、常住者持有的国外债券等。国债统计地方政府债。金融债券指金融企业发行的债券，包括国开行金融债、政策性金融债、商业银行普通债及次级债及资本混合债、资产支持证券、证券公司债券及短期融资券、资产管理公司金融债等。公司信用类债券包括非金融企业债务融资工具、企业债券、公司债、可转债、可分离债与中小企业私募债。债券按照市场价格进行估价。

（2）债券核算的资料来源

国债、央行票据、金融债券与公司信用类债券、其他国内债券的资料来源为"中国国内各类债券发行兑付的汇总表"。常住者持有的国外债券资料来源于"中国国际投资头寸表（年度表）"。政府负有偿还责任的债务取自审计署全国政府性债务审计结果的地方政府性债务资金来源情况表。

（3）债券的核算方法

各部门债券核算结果来源于债券内部各项数值加总，包括国债、央行票据、金融债券、公司信用类债券、其他国内债券、常住者持有国外的债券。资产项下金融机构部门国债与住户部门国债一般按照国债总量的 0.96 与 0.04 进行分劈。

①非金融企业部门

对非金融企业部门来说，虽然有核算要求，但是资产项下各组成债券核算值都为 0，负债项下除公司信用类债券与其他国内债券以外其余各债券核算值为 0。负债项下非金融企业部门公司信用类债券核算值为公司信用类债券的余额减去政府部门公司信用类债券值。而负债项下非金融企业部门其他国内债券为总债券余额减去其余各债券的余额。

②金融机构部门

金融机构部门资产项下的各债券核算值一般为对应债券的余额值，但是国债、其他国内债券与常住者持有国外的债券有所例外。国债需要核算国债余额、资产项下的国外国债与负债项下的国外部门国债，利用国债余额减去资产项下的国外国债，再加上负债项下的国外部门国债，并将该值记为余额剩余项，最后再计算余额剩余项的分劈值（该值乘以 0.96）。资产项下金融机构部门其他国内债券核算值等于负债项下非金融企业部门其他国内债券核算值。同时常住者持有的国外债券等于资产项下的债务证券总体。负债项下只核算央行票据与金融债券，分别是相应的票面余额，其他项目数值为 0。

③政府部门

资产项下政府部门债券核算值为 0。负债项下政府部门债券仅需要核算国债与公司信用类债券，数值上分别取国债余额与政府负有偿还责任的债务值。后者来自地方性政府债务资金来源情况表，是由审计署发布的非年度审计，非核算年需要按照等比例插值法进行推算。

④住户部门

负债项下住户部门债券核算值为 0。同时，资产项下住户部门核算的债券仅有国债一项，其他数值为 0。资产项下住户部门的国债需与资产项下金融机构部门的国债值按照 0.04 与 0.96 比值进行分劈，即金融机构部门计算得出的余额剩余项再乘以 0.04。

⑤经济总体

经济总体的债券核算，即作为资产项或负债项下的六类债券之和；进一步地，六类债券的核算方式为四部门相应债券数额之和。

⑥国外

资产项下的国外债券仅需要核算国外国债，数值上为负债项下的债务证券值；负债项下的国外债券仅需要核算国外常住者持有的国外债券，数值上为资产项下的债务证券值。两者实际上是相互的。

（4）债券核算所体现的逻辑平衡关系

第一，经济总体债券（资产）+国外债券（资产）＝经济总体债券（负债）+国外债券（负债）；

第二，经济总体国债（资产）+国外国债（资产）＝经济总体国债（负债）+国外国债（负债）；

第三，经济总体央行票据（资产）+国外央行票据（资产）＝经济总体央行票据（负债）+国外央行票据（负债）；

第四，经济总体金融债券（资产）+国外金融债券（资产）＝经济总体金融债券（负债）+国外金融债券（负债）；

第五，经济总体公司信用类债券（资产）+国外公司信用类债券（资产）＝经济总体公司信用类债券（负债）+国外公司信用类债券（负债）；

第六，经济总体其他国内债券（资产）+国外其他国内债券（资产）＝经济总体其他国内债券（负债）+国外其他国内债券（负债）；

第七，经济总体常住者持有国外的债券（资产）+国外常住者持有国外的债券（资产）＝经济总体常住者持有国外的债券（负债）+国外常住者持有国外的债券（负债）。

7. 银行承兑汇票

债券和银行承兑汇票并称为债务性证券。

（1）银行承兑汇票的定义

银行承兑汇票实际上是指未在银行贴现的那部分承兑汇票值（企业签发的全部银行承兑汇票扣减已在银行表内贴现部分），目的是避免重复统计。

（2）银行承兑汇票核算的资料来源

未贴现的承兑汇票资料来自资金存量表。

（3）银行承兑汇票的核算方法

该名类的核算方式比较简单，且各部门核算方式相同。资产项下未贴现银行承兑汇票核算值等于实际应用的该类汇票值；负债项下未贴现银行承兑汇票等于该汇票的统计来源值。

（4）银行承兑汇票核算所体现的逻辑平衡关系

经济总体未贴现的银行承兑汇票（资产）＋国外未贴现的银行承兑汇票（资产）＝经济总体未贴现的银行承兑汇票（负债）＋国外未贴现的银行承兑汇票（负债）。

8. 保险准备金

（1）保险准备金的定义

保险准备金指商业保险基金的净权益、保险费预付款和未决赔款准备金等，主要包括未到期责任准备金、未决赔款准备金、寿险责任准备金、长期健康险责任准备金四类。非金融企业部门和住户部门持有保险准备金资产，而金融机构部门持有保险准备金负债。保险准备金估值采用精算估计值和市场价值，同时资产项下未决赔款准备金在非金融企业部门与住户部门之间按照90%与10%的比例进行分劈。

（2）保险准备金核算的资料来源

保险准备金的资料来源主要是保监会"保险公司资产负债表"。

（3）保险准备金的核算方法

虽然非金融企业部门和住户部门核算资产项下的保险准备金，

但是两者的核算方式不同：非金融企业部门核算值取未到期责任准备金与未决赔款准备金在该机构部门的分劈值之和，此处分劈值在数值上等于未决赔款准备金乘以0.9，住户部门核算值取寿险责任准备金、长期健康险责任准备金与未决赔款准备金在该机构部门的分劈值三者之和，此处分劈值在数值上等于未决赔款准备金乘以0.1。金融机构部门仅核算负债项下保险准备金，数值上等于四类准备金之和。政府部门与国外不记录资产和负债的准备金。

（4）保险准备金核算所体现的逻辑平衡关系

经济总体保险准备金（资产）+国外保险准备金（资产）=经济总体保险准备金（资产）+国外保险准备金（负债）。

9. 社保基金净权益

（1）社保基金净权益的定义

社保基金净权益指社会保险基金的净权益，包括城镇职工基本养老保险、失业保险、城镇基本医疗保险、工伤保险与生育保险等保险的结余累计，其估值使用精算估值与市场价值等。

（2）社保基金净权益核算的资料来源

社保基金净权益的资料来源主要是《中国统计年鉴》"社会保险基金收支及累计结余资料"。

（3）社保基金净权益的核算方法

社保基金净权益仅在住户部门与政府部门下核算，住户部门核算资产项，政府部门核算负债项，在数值上都等于社保基金累计结余的合计。

（4）社保基金净权益核算所体现的逻辑平衡关系

经济总体社保基金净权益（资产）+国外社保基金净权益（资产）=经济总体社保基金净权益（资产）+国外社保基金净权益（负债）。

10. 金融衍生品

（1）金融衍生品的定义

金融衍生品本质上是一种金融工具，其能够与另外一种特定金融工具、指标或商品相联系，进而独立在金融市场上针对特定的金融风险进行交易。其估价方式依托市场价值，若缺失市场价值数据，则利用期权模型估算或者以现值代替。

（2）金融衍生品核算的资料来源

金融衍生品包括常住者间金融衍生品和国际投资头寸表金融衍生品两部分，前者通过银监会"资产负债主要项目统计表全金融机构"、《中国证券期货统计年鉴》"证券公司资产负债表"、保监会"保险公司资产负债表"三部分核算；后者通过国家外汇管理局"中国国际投资头寸表（分项目、部门、期限）"核算。

（3）金融衍生品的核算方法

金融衍生品核算为常住者间金融衍生品与国际投资头寸表金融衍生品两部分取和。对于国际投资头寸表金融衍生品来说，不管在资产项还是负债项下，非金融企业部门与住户部门都要进行有关总量的分劈，分劈值比例为95%与5%。

①非金融企业部门

资产项下常住者间金融衍生品的数值为0，国际投资头寸表金融衍生品取非金融企业、住户和为住户服务的非营利机构资产中除储备外的金融衍生工具和雇员认股证的分劈值，即核算出的相关总量乘以0.95；负债项下常住者间金融衍生品在数值上等于金融机构部门中作为资产项的常住者间金融衍生品减去作为负债项的常住者间金融衍生品，而国际投资头寸表金融衍生品的核算方式与资产项下相同。

②金融机构部门

金融机构部门资产项下与负债项下核算方式都相同。常住者间金融衍生品核算值为银行、证券公司、保险公司三部分衍生金融资产之和；国际投资头寸表金融衍生品核算值则为存款性公司（包括中央银行）与其他金融公司的金融衍生工具与雇员认股证之和。

③政府部门

政府部门资产项下与负债项下核算方式都相同。常住者间金融衍生品核算值为0，国际投资头寸表金融衍生品核算值为广义政府资产或负债项除储备以外的金融衍生工具与雇员认股证之和。

④住户部门

住户部门的核算与非金融企业部门完全相同，只不过此时分劈值选取 5% 而不是 95%。

⑤经济总体

经济总体金融衍生品即两类金融衍生品之和，每一类金融衍生品又可分为四部门金融衍生品之和。

⑥国外

国外的金融衍生品核算，与国内资产或负债项下金融衍生品核算方式相反。国外的资产项核算与国内的负债项核算相同，国外的负债项核算与国内的资产项核算相同。

（4）金融衍生品核算所体现的逻辑平衡关系

第一，经济总体金融衍生品（资产）＋国外金融衍生品（资产）＝经济总体金融衍生品（负债）＋国外金融衍生品（负债）；

第二，经济总体常住者间金融衍生品（资产）＋国外常住者间金融衍生品（资产）＝经济总体常住者间金融衍生品（负债）＋国外常住者间金融衍生品（负债）；

第三，经济总体国际投资头寸表金融衍生品（资产）＋国外国际投资头寸表金融衍生品（资产）＝经济总体国际投资头寸表金融衍生品（负债）＋国外国际投资头寸表金融衍生品（负债）；

第四，经济总体国际投资头寸表金融衍生品（资产）＝国外国际投资头寸表金融衍生品（负债）；

第五，经济总体国际投资头寸表金融衍生品（负债）＝国外国际投资头寸表金融衍生品（资产）。

11. 雇员股票期权

（1）雇员股票期权的定义

雇员股票期权是雇主授予雇员的权益工具，在该种定义下，雇员具备一定权利，其可在合约规定的到期日或到期日前按照协议价买入或者卖出一定数量相关股票。雇员股票期权分为上市公司雇员股票期权与非上市公司雇员股票期权两类，上市公司采用股票期权激励模式，而非上市公司采用虚拟股票期权操作模式（此种核算受限于主体的不易确定因此现阶段不进行核算）。目前上市公司的股票期权激励模式一般涉及几项独立股票期权并取其组合值。在估价方式上，雇员股票期权按照所授予的权益工具的公允价值进行估价，通过授予日已交易的期权同等市场价值，或者利用期权定价模型进行测算。在使用期权定价模型时，应考虑期权的有效性，即雇员拥有股票期权直至行权日或期权失效日之间的平均年限。

（2）雇员股票期权核算的资料来源

雇员股票期权的基础资料来源于中证登数据库。

（3）雇员股票期权的核算方法

雇员股票期权采用授权日的公允价值计量，且在等待期内进行摊销。

非金融企业部门和金融机构部门都不记录雇员股票期权的资产项；负债项下，两部门核算值分别为上市公司股票期权的公允价值。政府部门对资产项和负债项两者都不记录。住户部门记录住户拥有的雇员股票期权，也就是住户的资产，在数值上等于住户购买的上市公司股票期权的公允价值。因此，总体的资产项雇员股票期权为住户部门的雇员股票期权，负债项雇员股票期权为非金融企业部门与金融机构部门的雇员股票资产。国外不记录雇员股票期权。

（4）雇员股票期权核算所体现的逻辑平衡关系

经济总体雇员股票期权（资产）＋国外雇员股票期权（资产）＝经济总体雇员股票期权（负债）＋国外雇员股票期权（负债）。

12. 货币黄金和特别提款权

货币黄金和特别提款权以及外汇储备联合作为储备资产。

（1）货币黄金和特别提款权的定义

货币黄金指中央银行或中央政府有效控制的其他单位作为官方储备而持有的黄金，是一种没有相应金融负债的金融资产。特别提款权是指国际货币基金组织创造的分配给成员国用来补充现有官方储备的国际储备资产，持有特别提款权的成员国拥有无条件地从国际货币基金组织或其他成员国获得外汇或其他储备资产的权利。货币黄金通过在有组织的市场上形成的价格或通过国家中央银行之间双边协议确立的价格进行估价，而特别提款权的价值由国际货币基金组织根据货币一篮子每日决定。

（2）货币黄金和特别提款权核算的资料来源

本部分核算的资料来自国家外汇管理局"中国国际投资头寸表"，并且直接利用表内数据进行核算。

（3）货币黄金和特别提款权的核算方法

非金融企业部门、政府部门、住户部门三部门不核算货币黄金和特别提款权。金融机构仅核算资产项下的该部分值，在数值上等于资产项下的货币基金、特别提款权与国际货币基金组织中的储备头寸三者之和。因此，为使得资产负债核算平衡，国外记录负债项下的货币黄金和特别提款权，数值上等同于上述三者之和。

（4）货币黄金和特别提款权核算所体现的逻辑平衡关系

经济总体货币黄金和特别提款权（资产）＋国外货币黄金和特别提款权（资产）＝经济总体货币黄金和特别提款权（负债）＋国外货币黄金和特别提款权（负债）。

13. 外汇储备

货币黄金和特别提款权以及外汇储备联合作为储备资产。

（1）外汇储备的定义

外汇储备是指用于调节国际收支，保证对外支付以及干预外汇市场、稳定本币汇率，为中央银行集中掌控的外汇资产。其包括外币存款、债券、债券回购、同业拆放、外汇掉期、期权等各项外汇资产。外汇储备的价值需利用外汇市场汇率对市场价值进行估计。

（2）外汇储备核算的资料来源

本部分核算的资料来自国家外汇管理局"中国国际投资头寸表"，并且直接利用表内数据进行核算。

（3）外汇储备的核算方法

本部分与货币黄金和特别提款权的核算方法完全类似，只是将金融机构部门核算值从资产项下的货币基金变为资产项下的外汇，同时国外核算也产生相应改变，其余不产生变化。

（4）外汇储备核算所体现的逻辑平衡关系

经济总体外汇储备（资产）＋国外外汇储备（资产）＝经济总体外汇储备（负债）＋国外外汇储备（负债）。

14. 企业应收及应付款

（1）企业应收及应付款的定义

企业应收及应付款，是指企业在经营活动中所产生的应收暂付的款项及应付暂收的款项。

（2）企业应收及应付款核算的资料来源

企业应收及应付款的核算资料来源较多，主要来自统计系统统计资料与部门统计资料两部分。统计系统统计资料主要是"联网直报企业"资料，包括规模以上工业财务状况表、具有建筑业资质的企业财务状况表、限额以上批发和零售业企业财务状况表与住宿和餐饮业企业财务状况表、房地产开发经营企业财务状况表。部门资料则涉及银保监会、国资委、财政部与《中国证券期货统计年鉴》等：银保监会提供"保险公司资产负债表"，银保监会提供"资产负债主要项目统计表（法人）全金融机构"与"G01资产负债统计表（全金融机构）"，国资委提供"全国国有企业资产负债表"，财政部提供"全国预算单位资产负债简表"，《中国证券期货统计年鉴》提供"证券公司资产负债表"。

（3）企业应收及应付款的核算方法

企业应收及应付款主要涉及五项，分别是应收付工资、应收付税费、应收付利息、应收付股利与应收付其他项。因此，企业应收及应付款需计算这五部分的各自值并进行加和；同时，应收款与应付款需分开进行核算，资产项核算应收部分，而负债项核算应付部分。统计系统统计资料核算其他应收及应付款，部门统计资料核算另外四项。国外部门不进行企业应收及应付款的核算。

①非金融企业部门

资产项下应收工资与应收税费为 0；应收利息核算值为非金融企业部门的非金融资产与国有企业应收利息相乘，再除以国有企业的资产组合（具体指国有企业存货、投资性房地产、固定资产净值、在建工程、工程物资、生产性生物资产、油气资产、无形资产、开发支出、商誉之和再减去固定资产清理）；应收股利与应收利息的计算方式类似，将国有企业应收利息替换为应收股利即可，其余不变；其他应收款取联网直报企业的规模以上（工业）、资质以上（建筑业）、限额以上（批发业、零售业、住宿业、餐饮业）的应收账款加和再乘以 0.8。

负债项下的应付款在核算上与应收款类似，但是应付工资与税费不再是 0。部门资料核算的四项（应付工资、应交税费、应付利息、应付股利）都类似资产项下应收利息与应收股利的核算，即非金融企业部门非金融资产乘以国有企业应付的各项对应值，再除以国有企业资产组合。其他应付款也需要将资产项下应收账款变为负债项下应付账款。负债项非金融企业部门的资料核算值，核算范围从国企扩至全部非金融企业。

②金融机构部门

资产项下的金融机构部门，应收工资、应收税费与应收股利为0。应收利息核算银行、保险公司、证券公司三者的应收利息。其他应收款核算值较多，但是主要分为三块——银行、保险公司与证券公司，银行核算其他应收款，保险公司核算应收保费、应收管理费（资产管理与养老管理）、应收代位追偿款、应收分保账款与各项应收分保准备金（包括未到期责任准备金、未决赔款准备金、寿险责任准备金、长期健康险责任准备金），证券公司核算存出保证金、应收融资融券客户款、应收款项。

负债项下的金融机构部门，应付工资核算银行、保险公司、证券公司三者的应付职工薪酬，应交税费也是三者应交税费之和。但是应付利息与应付股利不再考虑保险公司，因此核算银行与证券公司应付利息或应付股利之和。其他应付款同样也是分为三块：银行核算其他应付款，保险公司核算保险保障基金与应付赔付款、应付保单红利、应付分保账款与其他应付款，证券公司核算应付债券与应付款项。

③政府部门

在政府部门资产项下企业应收款核算中，应收工资、应收利息与应收股利不需进行核算。应收税费核算值等于非金融企业部门、金融机构部门和住户部门应缴纳的税费之和，即负债项下三机构部门应交税费之和。其他应收款核算涉及事业单位与民间非营利组织，数值上为两者核算之和。事业单位核算应收票据、应收账款、预付账款与其他值，民间非营利组织核算应收款项与预付账款。

在政府部门负债项下企业应付款核算中，应付利息与应付股利不需进行核算。应付工资核算行政单位、事业单位与民间非营利组织的应付工资（前两者还需核算离退休费）以及行政单位与事业单位的应付其他个人收入。应交税费核算值为事业单位与民间非营利组织的应交税金。其他应付款核算行政单位与事业单位的应付地方补贴津贴，事业单位的应付票据、应付账款、预收账款、其他应付款以及民间非营利组织的应付款项。

④住户部门

住户部门的应收款及应付款核算实际上与前几个部门的应收款及应付款核算产生了收支平衡。

对于资产项下的住户部门应收款核算，应收税费核算值为0，应收工资为非金融企业部门、金融机构部门、政府部门三者的应付工资，即负债项下三者的应付工资核算值之和，应收利息为非金融企业部门、金融机构部门两者的应付利息，即负债项下两者的应付利息核算值之和（政府部门不进行核算），应收股利为非金融企业部门与金融机构部门两者负债项下应付股利之和减去非金融企业部门、金融机构部门、政府部门三者资产项下应收股利之和，其他应收款核算负债项下其余三部门其他应付款之和。

对于负债项下的住户部门应付款核算，应付工资、应交税费与应付股利核算值都为 0，应付利息为非金融企业部门与金融机构部门两者资产项下应收利息之和（政府部门不进行核算），其他应付款为除住户部门以外其余三部门其他应付款之和。

⑤经济总体

资产项与负债项都是核算经济总体的应收付工资、应收付税费、应收交利息与应收付股利，再加上其他应收及应付款的轧差。而每一项内部都是四部门核算值之和。

（4）企业应收及应付款核算所体现的逻辑平衡关系

第一，经济总体企业应收及应付款（资产）+ 国外企业应收及应付款（资产）= 经济总体企业应收及应付款（负债）+ 国外企业应收及应付款（负债）；

第二，经济总体其他应收及应付款轧差（资产）+ 国外其他应收及应付款轧差（资产）= 经济总体其他应收及应付款轧差（负债）+ 国外其他应收及应付款轧差（负债）；

第三，经济总体应收工资（资产）+ 国外应收工资（资产）= 经济总体应付工资（负债）+ 国外应付工资（负债）；

第四，经济总体应收税费（资产）+ 国外应收税费（资产）= 经济总体应付税费（负债）+ 国外应付税费（负债）；

第五，经济总体应收利息（资产）+ 国外应收利息（资产）= 经济总体应付利息（负债）+ 国外应付利息（负债）；

第六，经济总体应收股利（资产）+ 国外应收股利（资产）= 经济总体应付股利（负债）+ 国外应付股利（负债）。

15. 银行人民币理财产品

（1）银行人民币理财产品的定义

银行人民币理财产品是指银行以高信用等级人民币债券（包括国债、金融债、央行票据、其他债券等）的投资收益为保障，面向个人客户发行，到期向客户支付本金和收益的低风险理财产品。

（2）银行人民币理财产品核算的资料来源

银行人民币理财产品核算的资料来自央行的资金存量表。

（3）银行人民币理财产品的核算方法

各部门作为资产的银行人民币理财产品为该行业实际运用的代客理财资金，作为负债的银行人民币理财产品为该行业代客理财资金的全部来源值。

（4）银行人民币理财产品核算所体现的逻辑平衡关系

经济总体银行人民币理财产品（资产）－国外银行人民币理财产品（资产）＝经济总体银行人民币理财产品（负债）＋国外银行人民币理财产品（负债）

16. 保户储金及投资款

（1）保户储金及投资款的定义

保户储金及投资款是指保险企业收到投保人以储金利息作为保费收入的储金以及投资性保险业务的投资本金。

（2）保户储金及投资款核算的资料来源

保户储金及投资款核算的资料来自保监会"保险公司资产负债表"。

（3）保户储金及投资款的核算方法

非金融企业部门与政府部门不核算保户储金及投资款。金融机构部门仅核算负债项下保户储金及投资款，而住户部门仅核算资产项下保户储金及投资款，两者核算值都为保险公司保户储金及投资款。

（4）保户储金及投资款核算所体现的逻辑平衡关系

经济总体保户储金及投资款（资产）＋国外保户储金及投资款（资产）＝经济总体保户储金及投资款（负债）＋国外保户储金及投资款（负债）。

17. 信托计划权益

（1）信托计划权益的定义

信托计划权益是指信托计划受益人在信托计划中享有的经济

利益。

（2）信托计划权益核算的资料来源

信托计划权益核算的资料来自中国信托业协会"四季度末信托公司主要业务数据"。

（3）信托计划权益的核算方法

相关数据在资产项下的非金融企业部门、政府部门、住户部门进行总量分劈，分劈占比分别为20%、10%和70%。同时信托计划权益不记录在国外部分。

①非金融企业部门

信托计划权益仅记录在非金融企业部门的资产项下，负债项下不进行记录。核算值为作为负债的金融机构部门的信托计划权益与作为资产的金融机构部门的信托计划权益的差值再乘以0.2。

②金融机构部门

资产项下，金融机构部门信托计划权益的核算值为作为负债的金融机构部门信托计划权益乘以一个组合百分数。该百分数是一些信托公司特色业务所占百分比的取和，包括银信合作占比、信证合作占比、私募基金合作占比、PE占比、基金化房地产信托占比、QDII占比。负债项下，金融机构部门信托计划权益的核算值为信托公司基金信托的部分余额值取和，包括基础产业余额、房地产余额、证券市场（股票、基金、债券）余额、金融机构余额、工商企业余额与其他余额。

③政府部门

政府部门信托计划权益的核算与非金融企业部门的核算相似，仅记录在资产项下，不记录在负债项下，同时还应进行相关总量的分劈，只是此时分劈值需乘以0.1。

④住户部门

住户部门信托计划权益的核算也与非金融企业部门的核算相似，仅记录在资产项下，不记录在负债项下，同时还应进行相关总量的分劈，只是此时分劈值需乘以0.7。

⑤经济总体

经济总体的信托计划权益就是四部门相应的信托计划权益之和。

（4）信托计划权益核算所体现的逻辑平衡关系

经济总体信托计划权益（资产）＋国外信托计划权益（资产）＝经济总体信托计划权益（负债）＋国外信托计划权益（负债）

18. 国际头寸表其他投资

（1）国际头寸表其他投资的定义

国际头寸表其他投资是指贸易信贷等国际头寸表的其他资产与负债。

（2）国际头寸表其他投资核算的资料来源

国际头寸表其他投资核算的资料来自国家外汇管理局"中国国际投资头寸表（年度）"。

（3）国际头寸表其他投资的核算方法

国际头寸表其他投资分为贸易信贷与国际头寸表其他资产或负债两部分。

政府部门与住户部门都不核算该值。在非金融企业部门，国际头寸表其他投资仅记录在负债项下，其中贸易信贷值等于负债项下的贸易信贷，国际头寸表其他资产或负债值等于负债项下的其他负债。金融机构部门核算对象相同，但是核算范围相反，只记录在资产项下，贸易信贷值等于资产项下的贸易信贷，国际头寸表其他资产或负债值等于资产项下的其他资产。国外虽然也核算国际头寸表其他投资，但是其核算的负债项实际上是国内资产项下的相应值，比如资产项下的国外贸易信贷核算值实际上为负债项下的贸易信贷，反之也相同。

（4）国际头寸表其他投资核算所体现的逻辑平衡关系

第一，经济总体国际头寸表其他投资（资产）＋国外国际头寸表其他投资（资产）＝经济总体国际头寸表其他投资（负债）＋国外国际头寸表其他投资（负债）；

第二，经济总体贸易信贷（资产）＋国外贸易信贷（资产）＝经济

总体贸易信贷(负债) + 国外贸易信贷(负债);

第三,经济总体其他资产或负债(资产) + 国外其他资产或负债(资产) = 经济总体其他资产或负债(负债) + 国外其他资产或负债(负债)。

19. 其他杂项

(1) 其他杂项核算的意义

其他杂项核算主要反映金融机构的"表表外"业务。"表表外"业务,即金融单位借助自身的渠道,销售不受自身控制的资产管理人管理的产品。

(2) 其他杂项核算的资料来源

其他杂项核算的资料来自国资委"全国国有企业资产负债表"。

(3) 其他杂项的核算方法

其他杂项核算中,非金融企业部门仅记录负债项,其值为非金融企业部门的非金融资产与金融资产取和,再乘以国有企业其他流动与非流动资产之和占资产总计的比例。金融机构部门与住户部门仅记录资产项。记录值的相关总量需要进行分劈,分劈比例分别为40%和60%,这两者核算值即非金融企业部门核算的负债项下非金融企业部门其他杂项乘以相应分劈占比。政府部门与国外不核算其他杂项。

(4) 其他杂项核算所体现的逻辑平衡关系

经济总体其他杂项(资产) + 国外其他杂项(资产) = 经济总体其他杂项(负债) + 国外其他杂项(负债)

(三) 资产净值核算

资产净值核算实际上是对非金融资产负债核算与金融资产负债核算的一个平衡总结,其为特定时刻上所有金融和非金融资产与负债的差额,体现了资产负债表的平衡关系。

1. 资产净值的定义

资产净值是指一个机构单位或者部门所拥有的所有资产价值减去其所有未曾偿还的负债价值。对于经济总体来说,资产净值是对非金融资产之和以及对国外的净债权的一种反映,也称为国民财富。由于资产净值体现了一种平衡关系,因此,机构部门和经济总体都要计算该数值。

2. 资产净值核算的资料来源

该项为资产负债表中的平衡项，因此计算时不需要直接利用统计资料。

3. 资产净值的核算方法

对于资产净值，其为全部资产合计减去全部负债合计，也就是非金融资产合计加上金融资产合计，再减去金融负债合计。非金融资产合计、金融资产合计、金融负债合计来自前面介绍的资产负债表中非金融资产核算和金融资产与负债核算的结果，即非金融资产合计等于固定资产、存货、其他非金融资产之和，金融资产与负债合计亦然。非金融企业部门与金融机构部门的资产净值是在股东权益价值之外的一个价值，该值的符号不确定；政府部门与住户部门的资产净值是其所有者单位的价值；经济总体资产净值反映非金融资产之和以及国内对国外的净债权；国外资产净值则反映国外对国内的净债权。

4. 资产净值核算所体现的逻辑平衡关系

经济总体资产净值＝非金融企业部门资产净值＋金融机构部门资产净值＋政府部门资产净值＋住户部门资产净值。

五　中国国家资产负债核算面临的问题与启示

前文通过总结国家资产负债表体系的理论基础、具体核算对象、数据收集与编制等问题，得到国家资产负债核算的具体分析。虽然目前中国国家资产负债核算的学术研究与实际操作都取得了巨大进步（特别是在党的十八届三中全会之后），但是与发达经济体相比较，中国的国家资产负债核算研究与工作仍然存在许多不足之处。

（一）资产负债核算的总体连贯性

国家资产负债表研究与资产负债卫星账户研究脱节，两者没有被归并为一个整体进行分析，且资产负债研究的主要内容多集中于全国资产负债，而对地方资产负债的研究较少。在研究国家资产负债核算问题时，需要考虑国民经济核算体系的衔接，以便在编写中保证总体的统筹性与连贯性。但是目前，中国资产负债核算与国民经济核算还存在割裂较为严重的情况。

（二）国家资产负债核算的逐步推进式研究

资产负债核算没有形成比较统一、标准、成熟的核算体系，资产负债核算研究系统性较差，对于机构部门核算的范围不尽相同。中国国家资产负债表编写应该按照从易到难的顺序逐级逐段进行。若是对国家资产负债表中的资产类别进行分析，则应首先考虑编制金融资产相关的资产负债表。这是因为金融资产负债资料来源、评估方式相比其他领域都更加成熟，并且金融部门资产负债在国家资产负债表中地位最为重要。非金融资产种类与数量较多，且资产与资产之间相差较大，对于不同领域应当分别进行规范，当某一领域资产负债核算成熟以后，则可以定期编制公布，以"拼拼图"方式逐步完善非金融资产研究。

（三）资产负债的估价方法、产权所有与部门划分问题

中国国家资产负债表计价目前主要采用历史成本计价法，这是因为各经济部门数据多为历史成本数据。但是，考虑到现期数据的影响，数据应该尽可能采用市场价值法进行收集。虽然中国实施以公有制为主的社会主义经济制度，具有独特优势，但是制度也带来了产权归属方面的问题。例如，土地所有权与处置权相分离，那么在编制资产负债表时，是否需要将土地编入政府资产负债表；进一步，土地上居民所有物又应当归于哪类资产负债表。资产与负债归属难以明确，使得资产负债表的编制缺少先决条件。国家资产负债表一般由四部门组成，但是，由于计价方式与产权制度不完整，相关资产负债的归属部门就更需明确，部门交叉会导致无法确定某核

算主体资产负债的研究状态。

（四）政府资产负债表的编制情况

虽然目前中国在推进政府资产负债表的编制，但是编写过程中存在一些问题。中国过去的《预算法》曾规定地方政府不准举债，这对地方政府资产负债表编写造成一定困难，需要分别统计地方各个企业的数据信息，进行资产评估清算要投入巨额物力成本。在进行政府资产负债数据收集时，因中国社会制度与财政管理技术条件问题所限，政府统计目前采取收付实现制，这与会计制度实行的权责发生制在数据要求与管理模式上存在明显区别。同时，中国政府管理体制的不断深化改革，对中国各地政府与负债统计不断产生新要求。中国政府大量资产分散在各部门与经济单位，资产不具有完整性，债务统计口径不一，统计信息缺乏，这都影响了政府资产负债表的编制规范。

（五）自然资源资产核算困难重重

自然资源属于特殊资源，是一国资产构成的主要来源之一，若是进行资产负债核算却不考虑自然资源，则会导致资产负债核算内容不完整。因此，应当进一步扩展资产负债核算范围。但是，现阶段对自然资源资产负债表中应该涵盖的内容尚未达成统一认识。究竟应该怎样核算自然资源更加合适，采取何种量化方式？如果按照现期市场价值进行评估，自然资源价值就不再准确；如果核算时计算未使用的贮存量，那么市场价格就会暴跌。并且，随着技术进步，一些现在不能使用或是不方便使用的资源，在未来若是可以利用，那么核算时是否需要考虑；或者，某些现在有用的资源，未来由于技术转变不再使用，接下来是否还要进行核算等，都是应当思考的问题。

现阶段，国家对资产负债核算研究力度不足，存在理论研究较多、具体实践较少的问题。因此，中国的资产负债核算研究和实践仍面临较大的挑战与发展空间。

六　几点建议

本专题对中国现阶段国家资产负债核算面临的一些问题进行了分析，下面提出一些具体的建议，以便为下一步国家资产负债表编制提供参考。

（一）完善数据统计制度，构造大数据平台意义下的资产负债数据库

国家资产负债表编制的目的在于提升国家治理效力，分析清楚国家经济活动的行为模式与其带来的后果。从数据收集这一环节来说，快而准地收集数据、提升统计效率可以促进更加有效地编制国家资产负债表。因此，建立健全统计制度，保持统计数据准确时效的必要性是不言而喻的。统计机构应该逐步建立各层面的资产负债数据库：中央政府统计机构需建立国家层面的资产负债数据库，并且逐步落实到地方，建立起省、市等级别的资产负债数据库。

一般来说，统计数据分为微观、宏观与元数据三种，微观数据反映统计总体各单位特征，宏观数据反映经济总体数量特征，元数据说明数据质量。关于数据库的建设，国家需要收集这些数据进行入库。在前文中提到，资产负债在机构部门核算中存在一定难点，建立数据库时同样存在这些问题，特别是在非营利机构部门与住户部门数据的采集方面。这两部门的数据收集建议实施下列方法：非营利机构部门可以借鉴美国、法国等国家的操作，住户部门则不妨通过电子网络进行处理。

之后，基于试编以及地方试点工作，公布资产负债核算报表制度，加强总体系统性研究。

（二）国家资产负债表编制应做到责任到部门，国家与地方做好对接

国家资产负债表的成功编写，离不开每个部门的努力。国家编国家表，部门编部门表，分别承担自身工作。国家资产负债表总表对统计数据要求较高，国家统计局在数据获得与公信力上具有自身优势，因此应由国家统计局进行编制；而部门资产负债表则应由各部门自己分别编写，这是因为相关部门对自身职能了解更加充分，数据使用也更加方便。但是在编写上，各部门应采取一致的编写原则，保证统计一致性。报表分析则应转向专门的机构进行研究，以便于形成监督机制。

（三）完善国家资产负债表账户体系，细化资产分类，扩展应用领域

中国国家资产负债表的编制依赖于国民经济账户，因此，确定各层级国家资产负债表账户体系意义重大。建立账户可以更方便地对收集到的数据进行分类。在账户建立过程中，基本原则涉及应收应付记录、平衡项的确立等方面。据此，可以确立流量与存量账户，进而确定复合系列账户，形成国家资产负债表账户支撑体系。

实现账户体系的确立后，应当在数据资料中加入相关指标的调查，研究数据基础资料来源，细化资产分类，逐步与2008SNA一致。国家资产负债表编制完成后，利用其对国民财富、机构部门财产等要素的分析功能，优化宏观资源配置，具体表现在国民财富上。国民财富反映一国所拥有或支配的资产净额，是一国的经济实力的体现。依托国家资产负债表，可以研究国家财富变化，进而提升对居民福利等测算的准确性（比如研究养老模式等）。

（四）推进产权制度改革，拓宽核算范围，深化核算研究

产权制度问题包含所有权、知识产权等方面的研究。国家资产负债核算涉及产权问题的不明确性，因此应在中国现有法律基础上加强产权法律制度建设，明确国内各项资产的产权主体，使得资产能够被更方便地使用，同时也便于对国家资产进行监管。所有权方面主要关联土地、耕地、宅基地、矿产等固定资产的问题，目前研究成果较为丰富。知识产权方面，根据2008SNA对于知识产权产品的修订，不变价测算研究工作需要进一步加强。由于知识产权产品具有特殊性，很难选择可观测市场价格指数进行缩减。因此，应在资产负债核算中纳入知识产权产品，加强对其价值核算的研究。同时，考虑到知识产权产品具有异质性，为此应关注固定资产产品损耗，以区分知识产权产品的年限长短。

（五）加强国际合作，借鉴发达经济体先进成果，进行国际对比

中国国家资产负债表的数据收集、机构分类、使用分析等相关问题，实际上还需要更进一步地分析与研究。"他山之石，可以攻玉"，资产负债核算的研究离不开国际合作。目前，在参考2008SNA以及英国、美国、澳大利亚、加拿大等国的国家资产负债研究的基础上，中国在国家资产负债核算方面已取得一定的成绩。之后，应继续通过国际合作，参照国外先进理论与经验，吸取精华部分为中国国家资产负债表编制服务，使中国资产负债核算研究与国际接轨。

参考文献

陈亮：《中国资产负债核算回顾与展望》，《东北财经大学学报》2018年第2期。

陈艳利、弓锐、赵红云：《自然资源资产负债表编制：理论基础、关键概念、框架设计》，《会计研究》2015年第9期。

杜金富：《政府资产负债表编制框架》，《中国金融》2018年第9期。

封志明、杨艳昭、陈玥：《国家资产负债表研究进展及其对自然资源资产负债表编制的启示》，《资源科学》2015年第9期。

耿建新、丁含、吕晓敏：《国家资产负债表编制的国际比较——基于〈中国国民经济核算体系（2016）〉的思考》，《财会月刊》2018年第11期。

耿建新、胡天雨、刘祝君：《我国国家资产负债表与自然资源资产负债表的编制与运用初探——以SNA 2008和SEEA 2012为线索的分析》，《会计研究》2015年第1期。

耿建新、李思辰、孙鸣：《编制国家资产负债表的国际经验借鉴——以澳大利亚为例》，《商学研究》2020 年第 3 期。

耿建新、吕晓敏、苏聿桢：《中国国家资产负债表的理论与实践探索》，《会计研究》2020 年第 4 期。

辜朝明：《宏观经济的另一半》，《中国经济报告》2019 年第 6 期。

郭国峰、范燕：《中国国家资产负债表与国家治理》，《安阳工学院学报》2017 年第 5 期。

金红：《我国国民经济核算体系基本框架》，《中国统计》2021 年第 1 期。

李金华：《中国国家资产负债表谱系及编制的方法论》，《管理世界》2015 年第 9 期。

李金华：《中国国民经济核算体系的扩展与延伸——来自联合国三大核算体系比较研究的启示》，《经济研究》2008 年第 3 期。

李相龙：《国民经济资产负债核算》，《中国统计》2021 年第 5 期。

李晓静、张曾莲、马浚洋：《中国国家资产负债表与国家治理能力提升》，《地方财政研究》2016 年第 10 期。

林四春、刘萍萍：《国家资产负债表：宏微观核算的协调》，《财会通讯》2021 年第 3 期。

史丹：《北京自然资源资产负债表编制及其管理研究》，中国社会科学出版社 2019 年版。

谭亚茹、庞德良：《从资产负债表的角度分析日本经济大衰退的成因》，《东北亚经济研究》2018 年第 3 期。

王富兰：《发达国家国家资产负债表的编制差异分析》，《商业会计》2016 年第 6 期。

王世杰、杨世忠：《新中国资产负债表 70 年演进》，《会计研究》2020 年第 1 期。

吴优：《国民资产负债核算》，《中国信息报》2003 年 7 月

8 日。

谢一赛：《浅谈政府资产负债表编制难点及对策》，《中国总会计师》2016 年第 7 期。

徐雄飞：《英国国家资产负债表编制情况及对我国的启示》，《调研世界》2017 年第 2 期。

徐雄飞：《英国国家资产负债表编制情况及对中国的启示》，《调研世界》2017 年第 2 期。

许宪春：《准确理解中国现行国内生产总值核算》，《统计研究》2019 年第 5 期。

杨家亮：《加拿大国家资产负债表编制简介——"资产负债表编制的国际比较研究"系列报告之六》，《中国统计》2016 年第 6 期。

杨雪峰：《资产负债表工具：基于中国央行资产负债表的研究》，《世界经济研究》2017 年第 11 期。

杨志宏：《国家资产负债表与提高国家治理能力研究》，《财政研究》2015 年第 11 期。

杨志宏：《政府资产负债表应用的国际经验与指标体系研究》，《金融会计》2016 年第 5 期。

杨志宏、赵鑫：《英国统计局与财政部编制的政府资产负债表比较研究及对中国的启示》，《新疆财经》2017 年第 4 期。

张启迪：《央行货币投放资金流向研究》，《金融理论与教学》2019 年第 3 期。

张晓晶、刘磊：《国家资产负债表视角下的金融稳定》，《国际货币评论》合辑，2017 年。

张志平：《政府资产负债表的国际比较与借鉴》，《财会通讯》2018 年第 25 期。

郑学工、刘晓雪、郑艳丽、谷亚丽：《澳大利亚国家资产负债表编制经验及对中国的启示》，《调研世界》2019 年第 5 期。

中国财政科学研究院课题组：《论国家资产负债表、中央银行

资产负债表和企业资产负债表的联系和区别》，《中国总会计师》
2018 年第 2 期。

周领：《中国国家资产负债表研究》，社会科学文献出版社 2014
年版。

《资产负债表编制的国际比较研究》研究组：《国际上资产负债
表编制的意义及模式——"资产负债表编制的国际比较研究"系列
报告之一》，《中国统计》2016 年第 1 期。

《资产负债表编制的国际比较研究》研究组：《世界主要经济体
资产负债表和积累账户编制与发布——"资产负债表编制的国际比
较研究"系列报告之二》，《中国统计》2016 年第 2 期。

专题四 国际三大评级机构信用评级方法的比较

摘要 信用评级是债券市场软环境建设的重要环节，其通过专业性的信息收集和分析，能够解决投融资双方的信息不对称问题，对促进市场公开透明、保护投资人利益有重要作用。改革开放以来，我国信用评级市场在行业规模和评级技术等方面都取得了显著的发展与进步，但与国际成熟市场以及我国信用体系建设的要求相比，还存在一定差距。本专题通过对国际三大评级机构对于金融机构的评级方法进行研究和对比，整理得到目前信用评级的主要方法，并结合行业现状对我国未来信用评级进行展望。

关键词 信用评级；金融机构；评级方法

一 信用评级及三大机构概述

（一）信用评级概述

信用评级也称资信评级，是指由独立的信用评级机构，根据独立、客观、公正的原则，通过收集影响发债主体或债务工具信用的信息，采用系统的分析框架和分析方法，对发债主体或债务工具在特定时期内偿还债务的意愿和能力进行综合统计评价，并用简单符号将这些意见表达出来，其评级结果基于评级主体的信用、品质、偿债能力以及资本等要素。需要注意的是，信用评级仅是来自独立第三方机构的意见，它虽然能够为资本市场的参与者提供风险管理的技术支持，但是并不能成为资本市场买入与卖出行为的推荐，也不能成为评级对象发生"违约"行为的保证。信用评级直接影响到资产定价的合理性、风险管理和金融监管，乃至整个金融系统的稳定性。

伴随着资本扩张速度的加快，越来越多的公司选择通过资本市场来筹集所需的资金，经过几次经济危机的检验后，穆迪投资者服务公司（下文简称"穆迪"）、标准普尔公司（下文简称"标普"）和惠誉国际信用评级公司（下文简称"惠誉"）三家评级机构凭借自身独立地位和在信息收集、加工和分析等方面的优势，逐步建立了良好的声誉与较为稳固的地位。现代信用评级行业经历百年发展，已经基本形成了国际资本市场以三大国际评级机构为主导、各国资本市场以本土信用评级机构与三大评级机构联合主导的信用评级行业格局。尽管2008年国际金融危机以来三大评级机构的市场信誉受到了很大的冲击，但在信用评级机构需"熬年头"的内在发展规律下，中短期内依旧很难出现可撼动三大评级机构全球领先地位的市场力量。因此，在未来一段时间内，目前这种行业竞争格局将继续保持。

（二）三大评级机构的产生和发展

世界上最早的信用评级机构产生于美国。在1837年金融危机的推动下，路易斯·塔班（Louis Tappan）于1841年在纽约建立了第一个商业评级机构，为商业合作伙伴提供交易对手的资信情况；随后，罗伯特·邓（Robert Dim）兼并了该机构，并于1859年开始公布首份评级指南。1849年，约翰·白氏（John Bradstreet）成立了一个类似的商业评级机构，并于1857年开始出版评级手册。

19世纪中叶，独立第三方评级机构进入快速发展阶段。其重要原因之一是美国的铁路运输等产业得到了空前扩张，此时银行和直接投资已经不能满足其繁荣所需要的大量资本，因此铁路和其他一些公司开始通过私募债券市场筹集资本。此前，美国的债券市场发行主体主要为联邦和地方政府。对于联邦政府所发行的债券，投资者认为政府有意愿也有能力履行债务，因此对于了解政府所筹集资金用途及相关商业计划和财政事务的需求不高；不同的是，对于公司债券，由于投资者质疑铁路债券发行中金融机构利用信息优势获利，因而市场对独立第三方提供的有关债券发行公司的信息产生了强大的需求。在这种情况下，亨瑞·普尔在 1868 年首先出版了《美国铁路手册》，集中了主要铁路公司的经营和财务统计数据，为借款公司提供了独立的信息来源。1909 年约翰·穆迪在其出版的《美国铁路投资分析手册》中，将这项工作进一步推进，首次发布了铁路债券的评级情况，即首次从财务实力、违约率、损失程度和转让风险等方面对 250 家公司的铁路债券的信用质量进行了升级，并采用 C—Aaa 的简单符号来表示评级结果。

此后评级业务范围逐步扩大至公用事业债券、工业企业债券和市政建设债券，到了 1924 年，美国债券市场上几乎所有债券都有了评级。除了穆迪，标普和惠誉也先后于 1916—1924 年陆续开始从事评级业务。自 1975 年美国证券交易委员会（SEC）将穆迪、标普、惠誉认定为全国认可的评级组织后，三家公司开始垄断国际评级行业。

其中穆迪公司于 1909 年创立，过去其评级和研究对象以公司和政府债务、机构融资证券和商业票据为主，近年来穆迪也开始对证券发行主体、保险公司债务、银行贷款等进行评级。标普由亨利·瓦纳姆·普尔于 1980 年建立，目前它是麦格劳—希尔集团的子公司，专门为全球资本市场提供独立信用评级、指数服务、风险评估、投资研究和数据服务，为投资者提供独立的参考指针，成为客户投资和财务决策的重要依据。惠誉规模较小，是唯一一家欧洲控股的评级机构，其前身是成立于 1913 年的惠誉出版公司，是一家金融统计数据出版商。

随着评级意见的发布普及以及信息传播深度和广度的提升，信息不对称问题得到了有效缓解，越来越多的企业包括原来难以通过债券市场融资的中小企业开始进入债券市场，融资项目也获得了更加广泛的生存空间。债券市场依赖评级行业的评估与督导，评级行业的发展反过来促进了债券市场的发展，评级对于市场各方主体起到了较为重要的作用。本部分以三大评级机构为研究对象，比较三大评级机构的信用评级方法，简述中国信用评级现状并对其发展进行展望。

二 穆迪金融机构评级方法

（一）评级方法概述

穆迪的评级使得发行人能够及时地制定市场化债务策略，从而能够更广泛地捕捉投资者的关注点和更深入的流动性选择，其信用评级主要是从规模、经营状况、盈利能力、财务杠杆与债务覆盖率、财务政策等评级要素出发的。其中规模方面主要考虑企业的收入规模、净资产、总资产等指标；经营状况方面主要考虑产品的多样性、竞争地位、营销环境等定性因素；盈利能力方面主要考虑资产回报率、营业利润率等指标；财务杠杆与债务覆盖率主要考虑债务、资本、现金流等要素之间的关系；财务政策主要考虑资产结构、流动性管理、历史风险等定性因素。其总体评级思路是通过设置打分卡评分，并对应给予信用等级。

一般而言，穆迪投资服务整体的信用评级一共包括以下九个步骤，如图4-1所示。

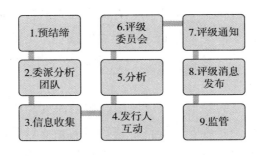

图4-1 穆迪信用评级步骤

　　穆迪在对发行人和相关机构进行评估和解释过程中，主要由分析师团队利用多途径获取到的信息对实体的信誉开展评估，其评级意见常基于经验丰富的专业人士。通常，分析师从已发布的报告，以及与发行人管理层的访谈和讨论中获取信息，通过对这些信息的应用与分析判断来评估实体的财务状况、经营业绩、政策和风险管理策略。

　　在得到初步评级结果后，分析师将会针对评级主体信用优势和行业弱点与趋势等方面，与发行人或其代理人开展较为坦诚的讨论，并在对评级进行完善之后将他们提出的建议供评级委员会进行审议，由评级委员会成员通过投票的形式综合确定评级。除了明确标识为时间点评级的信用评级之外，一旦信用评级发布，穆迪将持续监控该信用评级，并在必要时修改信用评级，作为其对评级主体看法改变的回应。所有受监控的信用评级至少每十二个月审核一次，主权评级至少每六个月审查一次。

　　（二）评级的定义、指标及方法

　　穆迪的信用评级主要集中于对与发行人长期和短期风险状况相关的基本因素，以及对与评级主体重要业务相关的推动元素进行分析。其信用评级主要包括长期评级与短期评级两个部分，长期评级主要针对一年期以上的债务，而短期评级一般针对一年期以下的债务。对于长期评级，评级符号从最高的"Aaa"级到最低的"C"级一共有 21 个级别，以"Baa"级作为分界也可粗略分为投资级与投机级两大部分；对于短期评级，穆迪根据发行人或相关机构的短期债务偿付能力分为 4 个等级。为了应对全球资本市场日益扩大的广度和力度，穆迪会定期更新其评级系统、评级符号和定义。穆迪的长期和短期评级及说明依次如表 4 - 1、表 4 - 2 所示。

表 4 - 1　　　　　　　　　穆迪长期评级指标及说明

等级	说明
Aaa	评级为优等。代表评级对象信用质量最高，信用风险最低，发行地位稳固
Aa	评级为高级，包含 Aa1、Aa2、Aa3 三个等级。代表评级对象信用质量较高，信用风险较低，利润保证较为充足

续表

等级	说明
A	评级为中上级，包含 A1、A2、A3 三个等级。代表评级对象投资品质优良，但未来还本付息能力可能会下降
Baa	评级为中级，包含 Baa1、Baa2、Baa3 三个等级。代表评级对象现阶段能够保本息安全，但是长期具有不可靠性
Ba	评级为具有一定投机性质，包含 Ba1、Ba2、Ba3 三个等级。代表评级对象还本付息的保证有限，无法保证较好的状况，具有不稳定性
B	评级为具有投机性，包含 B1、B2、B3 三个等级。评级对象还本付息或长期履行合同条款的保证极小，存在高信用风险
Caa	评级为劣质，包含 Caa1、Caa2、Caa3 三个等级。代表评级对象有可能违约且现阶段存在危及本息安全的因素，存在很高的信用风险
Ca	评级为具有高度投机性，代表评级对象可能在违约中，或者非常接近违约，具有较为明显的缺点
C	评级为最低等级，代表评级对象不具有投资价值

表 4 – 2　　　　　　　　　　穆迪短期评级指标及说明

等级	说明
P – 1	发行人或相关机构短期债务偿付能力最强
P – 2	发行人或相关机构短期债务偿付能力较强
P – 3	发行人或相关机构短期债务偿付能力尚可
NP	发行人或相关机构不在任何 P 评级类别之列

（三）案例应用

以 2020 年 8 月 28 日，穆迪将京东集团股份有限公司的评级从"Baa2"上调至"Baa1"，并将评级展望从"正面"调整至"稳定"为例。

首先，从公司发展状况来看，穆迪认为，京东尽管有相当大的投资需求，但其公司的业务和财务状况一直在改善，且公司自身能够通过稳健的财务政策为低杠杆率和稳健的现金状况提供支撑，如通过较为谨慎的投资态度，扩大融资渠道，为未来的投资需求和潜在的波动提供了充足的缓冲。①

对于将京东的信用上调为"Baa1"评级，穆迪从多个方面给出了评级依据。首先从市场环境来看，中国乃至全球的电商市场正处于快速增长的阶段，逐步进入规模化经营；从评级主体商业模式来看，京东具有较为强大的供应链能力和规模经济；从评级主体效益来看，京东的活跃用户保持不断增长，且内部和外部在线流量渠道较为稳定。更具体地，穆迪认为，在新冠疫情暴发后数字化和网络购物加速发展的趋势下，在零售业务稳定的利润率和京东物流盈利能力提高的支撑下，京东的现金流也将获得同步的增长，强劲的现金流在帮助公司保持良好流通性，为公司抵御风险提供缓冲的同时，也帮助京东的杠杆率能够较为稳定地保持在 2 倍左右，减少了公司对于债务的依赖，极大改善了公司的财务状况。

其次，穆迪从执行风险和资本相关要求两个角度提出了京东目前进一步发展所存在的制约。一方面，京东在全流程运行中需要处理大量的个人数据，这使其面临一定的数据泄露风险。针对这一类问题，京东严格遵守收集、处理、保留和保护个人数据的法律和法规要求，通过配置最新的数据安全系统支持，尽可能缓解风险。另一方面，穆迪认为京东对于新业务的发展需要更多的投资，在增加投资和扩大融资渠道方面存在一定风险。

最后，结合最新的评级结果，穆迪对京东下一阶段评级上调或下调的因素进行了整理。评级上调方面，从关注因素来看，包括京东收入和利润继续增长，京东投资保持谨慎，以及公司在京东数科的应收账款证券化中保持良好的贷款质量管理。从财务指标来看，包括京东调整后债务/税息折旧及摊销前利润（EBITDA）保持在 2 倍以下，经营现金流和净现金状况持续增长。评级下调方面，从关注因素来看，包括京东未能维持稳定的盈利业务，京东进行收购从

① 久期财经：《穆迪：升京东发行人评级至"Baa1"，展望调整为"稳定"》，https://ishare.ifeng.com/c/s/7zJ5WjgrXbA。

而导致资产负债表流动性紧张或整体营业或财务风险增加，京东数科激进地扩大其应收账款证券化，导致京东面临由不良贷款增加的额外的财务要求的风险。从财务指标来看，包括调整后债务/EBITDA 始终保持在 2.5 倍以上，以及经营现金流为负值或持续性的营业亏损。

三　标普金融机构评级方法

（一）评级方法概述

标普采用基于一定原则的方法在全球范围内开展评级，其评级框架总体分为基础评级和评级调整两个部分，通常在基础评级的基础上，综合考虑其他多个因素进行调整。其中基础评级主要包含企业的经营风险评价和财务风险评价，而经营风险又包括国家风险、行业风险、竞争地位三个方面，财务风险又包括现金流和财务杠杆两个方面。在得到基础评级之后，标普将资本结构、流动性、财务政策等视作调整项，对主体信用评级进行调整。

标普全球评级重视通过校准确定评级的标准，从而保持各部门和不同时期评级的可比性，即使得每个评级符号对于不同部门、不同时期的评级主体具有相同的一般信誉水平。标普信用评级的业务重点集中在债券评级和结构性债务融资工具评级，包括但不限于对发行主体的数据收集和利用、信用市场研究和研究成果应用、贷款市场和债务工具市场整合分析与研究、市场持续监控与预警等领域。其中，基于数据收集和利用，得出"信用分析与洞察能力"相关的结论，既是其作为国际评级机构的核心竞争力，也是最容易触动包括政府机构在内的各利益相关者神经的领域。

标普信用评级一般包括以下八个步骤，如图 4-2 所示。

图 4 – 2 标普信用评级步骤

标普信用评级具有前瞻性。也就是说，标普信用评级的指向是表达对未来的看法，实际上，标普所提出的"信用质量"问题正是其面向未来的核心问题。鉴于经济和信贷周期的变化，标普对于发行主体的评级会随着时间的推移而变化，为了解决信誉固有的可变性，标普对其评级进行较为规范的监督，并根据其监督状况对升级、降级等决策进行评估。标普通常会采取较为迅速的信用评级行动，除了评级本身，标普还会通过发布评级相关的明确理由，从分析理论、分析角度等方面对评级过程进行解释，提升其公信力。

（二）评级的定义、指标及方法

标普信用评级表达了标普关于发行人和相关机构信誉的前瞻性观点，更具体地说，标普信用评级所表示的相对排名是一个多方面的现象，其信用评级体系实现了将评估因素浓缩为简单一维尺度的评级符号，并进行分析。在实际操作中，各种因素的相对重要性受以下几个方面因素的影响。

1. 主要因素

标普认为，违约可能性是信誉的核心，这意味着违约可能性（包括能力和支付意愿）是标普评估发行人信誉或债务的最重要因素。

标普强调对违约可能性排序，但不是仅以这种相对的方式对评级类别进行划分，评级类别还与评级对象能够承受的经济环境压力相关联。标普认为，具有最高类别评级的发行人拥有能够承受极端或严重压力的能力，违约可能性较低；而有较低类别评级的发行人，在轻度或适度的压力下也具有脆弱性，应对其违约可能性进行重点评估。

2. 次要信用因素

除了违约可能性之外，标普还把其他一些可能的相关因素纳入评级。其中，第一个因素是违约后债务的支付优先级，当发行主体同时发行高级债务和次级债务时，标普通常会对次级债务给予较低的评级，然而对于大多数发行主体而言，违约可能性对于高级债务和次级债务都是完全相同的，因为两者都是在发行人破产时产生违约。第二个因素是在发行主体债务违约时投资者获得的预计可收回款项。标普通过对部分公司给予投机级评级，对其违约后预期的恢复状况进行反映。第三个因素是信用稳定性，某些类型的发行主体在违约之前往往处于逐渐衰退的阶段，这种不稳定性可能更容易加剧违约的产生。稳定性的不同构成了不同主体间信誉的差异。

在特定债务评级的背景下，支付优先级和预计回收更常适用于评级发布者。通常，随着违约可能性的增加（在较低的评级水平），支付优先级和预计回收具有越来越重要的意义；相反的，随着违约可能性的降低（在更高的评级水平），信用稳定性具有越来越重要的意义。此外，部分因素的相对重要性可能随着市场条件和经济环境的变化而有所改变。标普通过不同类型信用的评级标准详细地对支付优先级，预计回收和稳定性三项因素进行考虑，其长期和短期评级指标及说明如表4-3、表4-4所示。

表4-3　　　　　　　　　标普长期评级指标及说明

等级	说明
AAA	代表债务人履行债务财务承诺的能力极强，是标普评级给予的最高长期评级
AA	代表债务人履行债务财务承诺的能力非常强

等级	说明
A	代表债务人履行债务财务承诺的能力比较强，但是还债能力较易受外在环境及经济状况变动的不利因素影响
BBB	代表债务人有足够的能力履行债务财务承诺，但是不利的经济条件或不断变化的情况有可能削弱债务人履行其债务财务承诺的能力
BBB −	代表市场参与者认为的最低的投资级评级
BB +	代表市场参与者认为的最高的投机级评级
BB	代表相对于其他投机级的评级，其违约可能性最低，具有持续不确定性和可能导致债务人履行其债务财务承诺能力不足的不利业务、财务或经济状况。当面临持续的重大不稳定情况或者恶劣的商业、金融、经济条件时，可能不具有足够的能力偿还债务
B	代表更容易发生不付款行为，违约债务人目前有能力履行其对该债务的财务承诺，但是不利的业务、财务或经济条件可能会削弱债务人履行债务财务承诺的能力或意愿
CCC	代表目前存在违约的可能性，在业务、财务或经济条件不利的情况下，债务人不太可能有能力履行其对该债务的财务承诺，可能会违约
CC	代表目前违约的可能性较高
C	代表具有较低的预期回收率，存在提交破产申请或采取类似行动的可能性，但仍能偿还债务
D	代表不具备按期偿还债务的能力，是标普评级分配的最低评级

表 4 − 4　　　　　标普短期评级指标及说明

等级	说明
A − 1	代表偿还债务能力较强，是标普给予的最高短期评级，当发债人偿还债务的能力极强时，可以在评级后另加" ＋"号进行标注
A − 2	代表偿还债务的能力令人满意，但是其偿债能力较易受外在环境或经济状况变动的不利影响
A − 3	代表目前有足够能力偿还债务，但在经济条件恶化或外在因素改变的情况下，其偿债能力可能较脆弱
B	代表偿还债务能力脆弱且投机成分相当高，虽然发债人目前仍有能力偿还债务，但是持续的重大不稳定因素可能会令其没有足够能力偿还债务

续表

等级	说明
C	代表目前有可能违约，发债人需依靠良好的商业、金融或经济条件才有能力偿还债务
R	代表其财务状况目前正在受监察
D	代表债务到期而发债人未能按期偿还债务
SD	代表发债人有选择地对某些或某类债务违约

（三）案例应用

以 2021 年 4 月 23 日，标普将招商银行股份有限公司（下文简称"招商银行"）及核心子公司招银国际金融有限公司（下文简称"招银国际"）、招银金融租赁有限公司（下文简称"招银金融租赁"）和招银国际租赁管理有限公司（下文简称"招银国际租赁管理"）的长期评级确定为"BBB＋"，短期评级确定为"A－2"，并将评级展望从"稳定"调整为"正面"为例。

对于将招商银行的信用评级确定为"BBB＋"，标普从多个方面给出了评级依据。标普认为，招商银行及其核心子公司在未来两年内能够保持稳健业绩和超越同行的预期。从数据方面来看，2018—2020 年三年期间招商银行的盈利缓冲比率平均为 0.84%，其盈利对标准化损失的覆盖能力在同等评级同业当中处于上端；同期，招商银行的股本回报率（ROE）平均为 16.7%，在可比同业中处于较高的位置。从公司发展来看，作为中国零售银行市场最成功的银行之一，招商银行借助符合其发展的轻资本业务模式，逐步拥有了较强的核心资本生成能力，并在私人银行领域占据较大份额。据中国银行业协会数据，截至 2019 年 12 月 31 日，招商银行私人银行客户（日均管理资产达到 600 万元及以上的客户）资产管理规模占全银行系统总额的 19.3%，远高于其他任何中资银行。综合来看，标普认为，受益于其多元的业务结构以及成熟稳固的零售银行业务，招商银行能够保持其不良资产和信用损失风险的稳定可控，其业绩有较大可能会持续优于同业，且更容易获得政府的特别支持。

最后，结合最新的评级结果，标普对招商银行下一阶段评级上调或下调的因素进行了整理。如果在贷款结构调整（提高非房贷占比）和在疫情的持续影响下，招商银行的盈利缓冲比率和资本可持续比率依然持续高于同等评级的同业，那么标普可能会上调该行评级；如果招商银行获得政府特别支持的可能性上升，那么标普也有可能上调评级，但这种情形出现的可能性相对较小；如果由于疫情的影响和房贷监管的收紧，招商银行的业绩并未优于同等评级的同业，那么标普可能会将展望调整为"稳定"。

四　惠誉金融机构评级方法

（一）评级方法概述

惠誉通过提供具有前瞻性的信用观点，反映评级主体在各种情景下的信用行为预期。在评级过程中，惠誉采用定量与定性分析相结合的信用评级方法，主要考虑行业风险、国家风险、管理战略、公司治理、运营状况、财务状况等重要因素。在开展评级的过程中，惠誉注重深入实地调研，强调定性和定量相结合的分析方法，侧重对未来偿债能力和现金流量的分析评估。惠誉信用评级一般包括八个步骤，如图 4 - 3 所示。

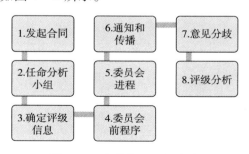

图 4 - 3　惠誉信用评级步骤

惠誉信用评级的监控与审核流程通常是连续的，由评级委员会对受监管的评级进行定期审查，通常是每年一次，受部分地区法律等因素的影响，审查频率可能会有所不同。惠誉对新评级进行分配时所需的时间各不相同，主要取决于评级主体在没有公开信息的情况下，对惠誉所需的事实和非公开信息等进行响应的时间。根据信贷分析的行业和类型，惠誉通常设定在 4—8 周提供较为完整的评级。

（二）评价的定义、指标及方法

惠誉评级发布各种规模的意见，其中最常见的是信用评级，同时该机构还发布与财务或运营实力相关的评级、分数和其他相关意见。惠誉所发布的信用评级是对实体履行财务承诺的相对能力的意见，包括利息、优先股股息、偿还本金、保险理赔或交易对手债务等方面。其长期评级用以衡量一个主体偿付外币或本币债务的能力，短期信用评级大多针对到期日在 13 个月以内的债务，更强调发债方定期偿付债务所需的流动性。

惠誉的长期和短期评级指标及说明依次如表 4 - 5、表 4 - 6 所示。

表 4 - 5　　　　　　　　　惠誉长期评级指标及说明

等级	说明
AAA	代表最低的信贷风险，具有最高的信贷质量。该等级仅在具有特别强大的支付财务承诺能力的情况下给予分配，极不可能受到可预见事件的不利影响
AA	代表很低的信贷风险，具有很高的信贷质量。该等级不容易受到可预见事件的影响
A	代表较低的信贷风险，具有较高的信贷质量。与更高的评级相比，该等级可能更容易受到不利的商业或经济条件的影响
BBB	代表目前的信贷风险较低，具有较好的信贷质量，是投资级的最低级别。该等级债务偿付能力可能会被不利的业务或经济条件削弱

等级	说明
BB	代表有出现信贷风险的可能，但是能通过合理的商业或财务措施对债务进行偿还，具有投机性
B	代表存在很大的信贷风险，但是依旧存在一定的安全性，偿还债务依赖于一个持续向好的商业和经济环境，具有较高的投机性
CCC	代表违约的可能性存在，其债务的偿还能力完全取决于持续向好的商业和经济发展，具有一定的风险性
CC	代表某种程度的违约是可能的
C	代表已经接近违约
RD	代表评级主体虽然不能在宽限期内按期偿付部分重要的金融债务，但是仍然有能力偿付其他级别的债务
D	代表评级主体未能按照合同规定定期偿付本金和利息，已经对所有的金融债务违约，因此发行主体已进入破产申请、管理、清算等正式清盘程序或已停止营业

表 4 - 6　　　　　　　　　　惠誉短期评级指标及说明

等级	说明
F1	代表能够定期偿付债务的最高能力，具有最高的信贷质量
F2	代表定期偿付债务的能力令人满意，但是在安全性上需关注，具有较好的信贷质量
F3	代表定期偿付债务的能力足够，但是近期负面的变化可能会使其评级降低，具有一般的信贷质量
B	代表定期偿付债务的能力有限，且容易受近期经济、金融条件的负面影响，具有投机性
C	代表存在违约的可能性，其偿付债务的能力完全依赖于一个持续有利的商业和经济环境，具有较高的违约风险
D	代表评级主体已经对所有的金融债务违约

　　对于长期评级中的"CCC"等级到"AA"等级，以及短期评级中的"F1"等级，惠誉通过在评级后面另加"＋"或"－"两类符号，表示对主要评级等级进行微调，是评级类别内的相对状态。

对于金融和非金融公司、主权国家、保险公司和某些公共部门等，惠誉进行发行人违约评级（IDR）。IDR对评级主体的金融债务违约（包括不良债务交换等）的相对脆弱性进行评估，反映其财务债务的违约风险问题，同时，IDR也可用于对破产、行政接管等情况的相对脆弱性评估。总体而言，IDR并未对违约可能性进行定量预测，而是根据机构对违约相对脆弱性的评估给出发行主体的排名。

（三）案例应用

以2019年11月22日，惠誉将中国石油化工股份有限公司（下文简称"中国石化"）的长期外币和本币发行人违约评级（IDR）确定为"A+"，其评级展望为"稳定"为例。中国石化隶属于中国石油化工集团有限公司（下文简称"中国石化集团"），该集团公司是中国国有资产监督管理委员会（国资委）的全资子公司。该公司是中国最大的石油和石化产品供应商，也是最大的石油和天然气生产商之一，在实施中国燃油零售价格机制方面发挥着关键的政策作用。

在评级过程中，惠誉基于母公司与政府关系、母公司与子公司联系、上游业务发展状况、中下游业务主导地位、一体化经营、炼油利润率、集团信用与杠杆率等要素，从评级调升与调减两个角度对其进行评估。

首先从对评级起到调升作用的因素来看，在集团母公司与政府的关系方面，惠誉认为作为中国三大国有石油公司之一的中国石化集团在地位、所有权和控制权方面都具有战略重要性，集团通过海外扩张、天然气发展战略和股权开放等方式执行政府的政策和指令，其发展获得了政府多方面的支持，大量注资和补贴有助于其财务状况保持健康；在母子公司联系方面，惠誉认为中国石化是中国石化集团最具价值的子公司，占据集团总资产的较大份额，也是集团主要的上市平台；在上游业务的发展状况方面，中国石化借助较高的上游资本支出为产量的扩张给予支持；在中下游业务的主导地位方面，中国石化是中国最大的成品油和石化产品生产商和经销商，在成品油和某些石化产品的销售中占据超过 50% 的市场份额，其零售网络覆盖全国，在燃油零售价格制定中发挥着关键作用；在一体化经营方面，中国石化的一体化经营一方面能够缓和油价和产品价差波动的影响，另一方面能够更好地抵御单细分市场的风险。

从对评级起到调减作用的因素来看，在炼油工业方面，2020 年国内炼油和化工行业产能过剩，由于新炼油产能带来了市场的盈余，但是消费量并没有跟上，中国石化的炼油利润率一直在下降；在信用与杠杆率方面，如果中国石化维持较高的股票派息，考虑到下游表现较弱和资本支出增加，中国石化的营运现金流（FFO）调整后净杠杆率将从 2018 年底的 0.5 倍恶化至 2019 年的 0.8 倍左右，且中国石化集团在中国石化之外存在大量的债务，这使得集团整体杠杆率处于较高水平。

五　三大机构评级方法的比较及中国评级现状

对于不同类型的主体，各个评级机构对其实施的评级虽有所差异，但每个机构的评级框架思路基本保持一致。本部分以包括证券公司和财务公司在内的非银行金融机构为例，对三大评级机构的评级方法进行研究与对比。

（一）穆迪评级流程与思想

穆迪对于非银行金融机构的评级过程大体可以分为三个阶段，第一阶段是独立评估，第二、第三阶段是在第一阶段的基础上考虑多方面因素，最终确定评级。穆迪将第一阶段的评估划分为财务状况、经营环境和评级主体概况三个层次，其中：财务状况主要评估主体的盈利能力、资本充足率和杠杆率、资产质量、现金流和负债率等；经营环境主要纳入宏观层面的指标因素和行业风险因素；评级主体概况以定性分析为主，包括评级主体业务多样化、集中度、定位、企业行为、风险管理等。在完成第一阶段的评估后，穆迪依据当地政府支持性政策、评级主体信用状况等因素，对在发生违约的情况下受公司负债结构影响所造成的损失进行评估，从而对企业进行级别上的调整，最终得到该主体的信用评级。本部分主要讨论第一阶段独立信用评估过程。

　　独立信用评估是穆迪对金融机构的信用风险及整体评估过程中的重要环节。该部分受到财务概况、经营环境以及业务概况和财务政策三方面指标影响。其中财务概况为定量指标，后两个指标为定性指标。穆迪在进行独立信用评估时所使用的记分卡也由上述三个指标组成，这三个指标下均有各种影响子因素，不同类型的金融机构记分卡之间指标基本一致，但权重可能略有不同。

　　首先，对于财务概况这一定量指标，穆迪主要从可获利性、资产流动杠杆率、设备质量以及现金流四个方面进行衡量。穆迪设计了每一个因子的一般评分方法及其权重，并通过权重记分卡，根据其得分制定从"Aaa"至"Ca"的子指标等级。穆迪通过对评级主体的财务报表及监管文件进行研究，或是根据分析师的其他观察，对子因素的信息进行估计后得出子指标评级，以可获利性指标下的子指标（见表4-7）为例加以说明。

表4-7　　　　　　　　　　穆迪可获利指标下子指标评级

可获利性									
子因素	子因素权重（%）	子部门	Aaa	Aa	A	Baa	Ba	B	Caa	Ca
净收入/平均管理资产（%）	10	贷款方、借款方、商业发展公司和服务采购商	≥8.5	5.5—8.5	2.5—5.5	1—2.5	0.5—1	0—0.5	-2.5—0	< -2.5

续表

子因素	子因素权重（%）	子部门	Aaa	Aa	A	Baa	Ba	B	Caa	Ca
					可获利性					
息税前利润/利息支出和优先股息（X）	5	借款方	≥8.5	7.5—8.5	6.5—7.5	4—6.5	3—4	1—3	0.5—1	<0.5
	20	服务采购商	≥8.5	5.5—8.5	2.5—5.5	1—2.5	0.5—1	0—0.5	-2.5—0	<-2.5

　　其次，对于经营环境这一定性指标，穆迪主要考虑宏观指标和行业风险两个子因素，其中宏观指标包括经济优势、制度优势和风险事件敏感度，且这三个指标所占的权重依次为 25%、50% 与 25%；而行业风险主要考虑进入市场的障碍、监管框架的有效性，以及可能对商业条件产生有利或不利影响的变化等。

　　最后，对于业务概况和财务政策，穆迪一般通过业务多元化集中和特许经营定位、不透明度和复杂性、企业行为风险管理和流动性四个定性因素来进行衡量。这些因素补充了财务概况和运营环境子组件中欠考虑的部分，是金融机构信用的重要贡献因素。

　　对于上述定性评估，穆迪常用的方法是采取风险因素情景来实现信用约束环境中的定级，以行业风险因素评估为例，其情景及级别划分如表 4 - 8 所示。

表 4 - 8　　　　　　　行业风险因素情景及级别划分

等级	情景描述
Aa	金融公司具有垄断性；具有寡头垄断性定价实力；特别稳定的行业，基本上不可能出现技术中断或受国内经济周期的不利影响；历史波动性特别低；不存在事件风险；产品过时的风险特别低，有出色的业绩记录；产品面向广大的人群

等级	情景描述
A	金融公司处于行业领先地位；具有垄断性的定价优势；来自银行和替代资本供应商的竞争非常低，高度稳定；几乎不可能受到技术破坏或不利监管变化的影响；基本上不受国内经济周期的影响，具有极低的历史波动性；具有非常低的事件风险；产品过时的风险极低，有出色的业绩记录；针对广泛人群的项目
Baa	行业集中度适中，金融公司占有很高的市场份额；来自银行和另类资本提供者的竞争威胁有限；行业稳定，很少受到技术破坏或不利监管变化的影响；历史波动性小，事件风险低；没有产品过时的风险，有超过十年的稳定业绩记录；产品针对特定群体
Ba	金融公司在某一业务领域拥有适度的国内市场份额；进入壁垒有限；定价力度有限；应对技术破坏或不利监管变化的风险水平有限；行业遵循国内经济周期，事件风险适度；有小众但稳定的产品供应，产品过时风险相对较低；至少有十年的跟踪记录
B	金融公司在这一业务领域的国内市场份额有限；具有竞争性的定价模式；应对技术破坏或不利监管变化的风险水平不高；行业的波动性比经济周期适度，波动程度高于同行；具有中等程度的事件风险；产品性能的记录有限
Caa	金融公司的总市场份额较低；行业分散，新老企业众多，或由银行主导，定价模式竞争激烈；行业与周期性经济力量高度相关，但历史波动性较大；面临技术破坏；行业依赖关键的个别监管；事件风险高；新产品没有跟踪记录，依赖未经证实的技术，或针对高风险人群
Ca	金融公司的总市场份额极低；行业高度分散，有许多新的参与者，或由银行占主导地位，价格竞争激烈；历史波动性极高，过去有金融危机的例子；目前面临技术破坏或不利的监管变化；事件风险极高；产品以前有高损失记录，或针对高风险人群

通过上述方法，可以分别得到金融机构在财务概况、经营环境以及业务概况和财务政策三个方面各子指标的评级等级，再通过子指标列联表构造指标热力分布图，从而实现指标降维，最终得到该机构信用评级。

（二）标普评级流程与思想

标普对于非银行金融机构的评级框架大致分为设置锚点、独立信用评估和外部环境影响调整三个部分。

其中第一阶段，设置锚点。这是标普对非银行金融机构进行评级的第一步，锚点反映了一个部门面临的经济风险和行业风险。标普首先参照每个国家银行已经确定的锚点，对该国家各个部门的锚点进行设置。一般而言，证券公司的初步锚点比银行锚点低两个级别，金融机构的初步锚点比银行锚点低三个级别。

第二阶段，在设置锚点后，标普根据一些具体情境，在调整锚点的过程中开始对特定实体的分析。具体而言，其主要考虑的因素包括经营地位、资本杠杆收益、风险头寸以及资金流动性这几个方面，方案如果适用，再将该实体纳入可比较的评级调整。它们每个都可以提升独立信用状况（SACP）或集体信用状况（GCP）最多两个等级，或者将 SACP 或 GCP 从锚点降低最多五个等级。

影响 SACP 的因素大体上可分为定性和定量两种指标。对于定性指标，一般由业务人员或分析师按照经验判断为由强到弱的若干个级别。对于定量指标，标普通过划分指标区间确定该指标对应的影响程度。不同评价对象在该指标下的值决定其所属区间，从而对应其对杠杆率的影响程度。

对于不同维度的若干个标准，标普总体通过列联表交互的形式完成降维。例如，在业务地位下设有业务稳定性和业务多元化等若干指标，在取得每个子指标独立评级后，标普通过如表 4-9 所示的列联表，将两个层面的评价统一成一个总体指标，从而实现数据的降维。

表 4-9　　　　　业务多元化和稳定性的综合评价

业务定位评估		业务稳定性					
		非常强大	强大	充足	中等	弱	非常弱
业务多元化	强大	非常强大或强大	强大	强大或充足	适度	中等或弱	弱或非常弱
	充足	强大或充足	强大或充足	充足	中等	弱	非常弱
	中等	强大或充足	适度	适度	中等	弱	非常弱
	弱	强大或充足	适度	中等或弱	中等或弱	弱	非常弱

在确定 SACP 或 GCP 后，标普会在第三阶段考虑包括政府的影响等在内的，对非银行金融机构可能的潜在外部影响，从而得到金融机构的最终评级。

（三）惠誉评级流程与思想

除非受到主权、地方或机构支持的推动，惠誉对非银行金融机构发行人的违约行为（IDR）将通过对其独立信用准则的评估来确定。在评估非银行金融机构的独立信用时，惠誉主要考虑五个关键因素：经营环境、公司概况、管理与战略、风险偏好和财务状况。

这些因素都与非银行金融机构的独立信用风险有关，但是它们的相对重要性因机构而异，取决于机构的运营环境和其他的具体情况，并可随时间而变化。因此，惠誉不会为每个因素分配固定权重，而是指定独立信用风险概况中每个关键评级因子的相对重要性。相对重要性指标、每个评级因素的趋势、展望指标评级因子和每个财务概况因子通常由惠誉在其评级导航中公布。

经营环境、公司概况、管理与战略、风险偏好和财务状况五个指标中，前四个关键评级因素主要是定性的，通常由惠誉内部人员以其以往经验进行制定。其中经营环境影响指标主要包括人均 GDP 和世界银行的易行性业务排名；公司概况主要包括特许经营权、商业模式和组织结构三个因素；管理与战略主要包括管理质量、公司治理、战略目标和执行力四个方面；风险偏好主要包括风险控制、公司成长、市场风险和操作风险四个方面。对于上述四类定性指标，惠普采用经验定义评级指标。以商业模式中的特许经营权为例，惠普将对应的指标属性进行列举，将其定义为"核心"与"互补"两类，并通过对指标的描述指出每种属性通常如何评估。惠普内部人员通过定义中子指标"核心"属性的数量来判断指标在"Aaa"到"C"中的信用级别。

而在评估财务状况这一指标及其可能相关的情况时，惠誉使用量化措施，采用定量数据区间划分法，将指标所属区间分段并从"Aaa"到"C"中指定等级，同样通过列联表交互的形式对子指标进行降维获得总体指标，最终得到该机构信用评级。

（四）三大机构评级方法异同

从评级思路上来看，三大机构均从经营环境、财务风险、定性概况三个层次，根据企业经营的宏观环境、行业前景、自身财务状况、公司治理以及政府支持力度等多维度信息进行综合评价，得到企业信用评级结果，其目的是将多个评级因素对评级对象信用质量的影响浓缩到评级符号中。其中，标普的评级因素主要包括相对违约可能性、回收程度、偿还顺序和信用稳定性四个方面，其中违约可能性是最重要的因素。穆迪的主要评级因素包括相对违约可能性、损失严重性、财务实力和过渡风险四个方面。惠誉的主要评级因素包括相对违约可能性、回收程度和偿还顺序三个方面。总体来看，国际三大机构均认为相对违约可能性和回收程度是影响信用评级的主要因素，因此信用评级主要反映了评级对象的相对违约可能性及（或）回收程度。从思想上看，标普的评级思想有别于其他两家机构，其评级过程为首先以同类型机构评级作为该机构评级的锚点，进而通过各项指标汇总后的指标确定如何在该锚点上下调整。而穆迪和惠誉评级思想大体一致，优先确定影响因素下的最小影响指标，进而通过列联表方式两两合并，进而将子指标最终汇总得到该机构的信用评级。

从评级形式上来看，国际三大机构均通过打分表的形式进行主体信用评级，打分表主要由多个评级要素及其相应细化的多个定性和定量指标所组成。信用评级一般流程为：首先，分析师对各评级要素的具体量化指标分别进行分析，以确定各评级要素所能达到的分数或对应的信用级别，同时对各评级要素设定相应的权重；其次，将各评级要素的得分或对应的信用级别进行加权，得到一个总分数或加权后的信用级别。若打分表采用得分的形式，最终总分数对应的级别即主体的信用级别；若打分表采用信用级别的形式，加权得出的最终信用级别即主体的信用级别。其中在指标降维的处理上，三大机构均采用列联表方式对子指标进行降维处理。但是国际三大机构对于各评级要素在打分表里的权重设置存在一定差异。穆迪对于不同行业主体的评级，均在打分表中明确设定了各类评级要素的权重；而标普和惠誉认为，各评级要素在打分表中所占的权重将随主体的差异、时间的变化而变动，因此没有在打分表中事先确定各评级要素的权重，而是由分析师根据具体情况设定。

从评级机构获取发行主体信息的渠道来看，三大机构都着重关注以下几个方面的数据信息来源：一是年报等公开资料数据；二是募资说明书、销售通告、销售备忘录、信托契约等某种特定的文件；三是股票价格走势、成交量、债券价差等市场数据；四是行业团体、协会或组织、政府机构部门等提供的数据；五是学术界的专家观点、书刊、财经杂志、媒体报道等；六是一些来源于发债机构或其他主体的内部资料。

从评级结果来看，三大机构都具有较成熟的定期审查机制，会在出具评级结果后对其进行持续监控，并在必要时对评级结果进行修改。在给出评级结果的同时，机构还会同步给出评级观察与评级展望。其中评级观察用于表明较短时间内评级可能出现的变动及变动方向，正面表示可能调升评级，负面表示可能调减评级，循环表示调升、调减、持平三种状态均有可能；而评级展望用于表明在一两年内评级可能出现变动的方向，包括正面、负面、稳定、循环四类，其中"循环"评级展望主要出现在无法识别评级主体基本面的变动趋势时。

（五）中国信用评级现状

我国的信用评级市场是在改革开放和市场经济的进程中，伴随着债券市场的发展而逐步壮大起来的。回顾30多年的发展历程，我国信用评级市场大致可分为以下三个发展阶段。

1. 初创起步阶段（1987—1991年）

我国现代信用评级业务始于企业债券评级。1986年，国内允许地方企业发行债券。适应债券市场发展要求，人民银行和国家经济体制改革委员会提出组建信用评级机构的设想和要求，于是各地信用评级公司纷纷成立，各地专业银行的咨询机构、调查机构、信息咨询机构也开始展开信用评估工作。其中，1987 年吉林省资信评估公司成立，是我国最早的信用评级公司。

2. 探索发展阶段（1992—2005 年）

进入 20 世纪 90 年代，我国证券市场稳步发展，企业通过公开市场募集资金的规模逐年增加，人们开始对市场经济有了一定认识，也产生了对金融产品进行风险评估的初步需求。上海新世纪资信评估投资服务有限公司（成立于 1992 年 7 月，下文简称"新世纪"）、中国诚信证券评估有限公司（成立于 1992 年 10 月，下文简称"中诚信"）、深圳市咨询评估公司（成立于 1993 年 3 月，后更名为"鹏元资信评估有限公司"）、大公国际资信评估有限公司（成立于 1994 年，下文简称"大公国际"）等社会评级机构相继成立。

这一阶段，我国信用评级机构数量大幅增加，业务的市场化程度不断提高，评级技术也得到了较大幅度的提升。但是，由于这一时期债券市场产品相对单一，债券市场发行规模较小，同时受到利率管制影响，信用评级结果在债券和贷款定价中的作用微乎其微，大大限制了债券发行主体和贷款企业对评级服务的需求，导致信用评级业务量严重不足，信用评级机构经营状况普遍欠佳。

3. 快速发展阶段（2005 年至今）

2005 年 5 月中国人民银行发布《短期融资券管理办法》，允许符合条件的企业在银行间债券市场发行短期融资券，放开了发行主体限制，并取消了额度审批。此后，发改委和证监会也逐步放松企业债和公司债的管制。以上举措极大地促进了我国债券市场的发展。这为信用评级行业发展提供了良好的外部环境，信用评级业务进入快速发展阶段。

这一时期，在金融市场尤其是债券市场的快速发展推动下，经济社会对信用评级需求不断扩大，政府对信用评级机构的监督管理不断规范，评级机构业务种类不断增加，信用评级行业在竞争和规范中整体向好，行业已经初具规模。尤其是 2018 年国内较具规模的评级机构之一的大公国际由于评级造假遭到处分之后，我国信用评级体系的进一步规范化发展受到监管层以及市场的广泛关注。根据中国人民银行征信管理局公告，全国备案法人信用评级机构规模已达60家。①

目前我国已经形成了以大公国际、联合资信、中诚信、新世纪等几家市场份额较高的信用评级机构为主的信用评级市场体系，其详细评级业务如表4-10所示。近年来，国内评级机构实现了快速发展，在市场规模、员工发展、业务类型以及评级技术方面都取得了显著的进步。但与国际成熟市场以及社会信用体系建设的要求相比，我国的信用评级行业还处在发展初期，未来仍具有较广阔的发展空间。

表4-10　　　　　　　　全国债券市场评级机构市场格局

评级机构	企业债评级业务	公司债评级业务	银行间债券市场评级业务	保险资金投资债券使用外部信用评级
大公国际资信评估有限公司	√	√	√	√
东方金诚国际信用评估有限公司	√	√	√	√
联合信用评级有限公司		√		√
联合资信评估有限公司	√		√	√
鹏元资信评估有限公司	√	√		
上海新世纪资信评估投资服务有限公司	√	√	√	√
上海远东资信评估有限公司		√		
中国诚信国际信用评级有限责任公司	√		√	√
中国诚信证券评估有限公司		√		√
中债资信评估有限责任公司			√	√
上海资信有限公司		√		
中证指数有限公司		√		

---

① 中国人民银行征信管理局，http://www.pbc.gov.cn/zhengxinguanliju/1283332/128352/4036074/index.html。

4. 展望

随着债券等市场的持续发展，我国信用评级行业在经历长期的考验之后已经形成了较为稳定的行业格局，但是在获得快速发展的同时，评级行业也面临着机构不正当竞争、对高风险企业预警不足、多头监管带来套利行为等问题，这对国内评级机构的公信力和声誉度产生了不良影响。因此，在下一阶段，我国评级行业需要将以下四个方面作为重点，进一步完善与发展。

一是提升评级分辨度。长期以来，我国信用评级行业普遍存在评级虚高的问题，欠缺足够细致的信用风险辨别度。这一方面对于债务资本市场参与者来说参考意义不大，另一方面也会对评级机构的公信力造成不良影响。

二是逐步提升评级机构的评级透明度。作为独立的第三方机构，评级机构需要在维持自身评级准确性和公信力的基础上，加强评级透明度建设，主要包括事先披露评级方法理论和依据、发布评级后进行持续跟踪监察、定期对评级表现进行评估并对外公布等工作。

三是加强对发行主体的约束。一方面，评级主体的决策和行为对于评级结果通常具有较大影响，因此较为完善的评级体系能够督促评级主体更加主动地披露更多信息，从而提升发行主体的财务透明度等；另一方面，评级机构所公布的评级方法能够成为发行主体快速发展与自我完善的标准之一，能够约束发行主体在公司治理、杠杆比率等重要环节的决策。

四是促进股票资本市场、贷款市场和债务工具市场的进一步整合。较为成熟的评级体系应该是以发行主体为中心，综合考虑影响发行主体偿还能力、偿还意愿等因素，借助系统性、结构性的评级方法，从整体规范与内部协调方面对系统性风险和交叉违约风险进行防范和管控。

参考文献

陈顺殷：《标普评级进入中国》，《中国金融》2019 年第 2 期。

贺书婕：《穆迪公司及信用评级制度》（上），《城市金融论坛》2000 年第 8 期。

金兵兵：《新时代市场开放条件下我国信用评级机构发展问题研究》，《征信》2019 年第 37 期。

李丹、伦杭、聂逆、宿夏荻：《国际三大评级机构信用评级定义及方法研究》，《征信》2013 年第 31 期。

李鸿禧：《企业信用评级的国际经验与方法研究》，《新金融》2020 年第 1 期。

徐广军、倪晓华：《标普、穆迪、邓白氏企业信用评价指标体系比较研究》，《浙江金融》2007 年第 3 期。

张浩：《中国信用评级市场的发展回顾与展望》，《金融发展研究》2018 年第 10 期。

郑文力：《亚洲债券市场发展研究》，博士学位论文，吉林大学，2008 年。

专题五　中国能源统计发展分析

摘要　新兴经济体的日益繁荣和生活水平不断提升，驱动了世界能源需求的增长，对能源供应能力、供应结构提出了不同的要求。能源统计分析通过能源统计数据，揭示经济社会发展以及能源经济运行情况，系统、鲜明、生动地反映客观实际，已经成为宏观经济决策的重要依据。本专题从以下五部分探讨中国能源统计的发展：首先，对能源统计的内涵进行介绍；其次，对中国能源发展和利用进行回顾；再次，对中国能源政策和能源统计指标进行梳理；复次，从中国能源统计发展历程、中国能源统计工作现状和国际能源统计工作现状三个方面分析中国能源统计以及国际能源统计实践，并进行比较；最后，从理论和实践角度对能源统计的前沿进展进行总结。

关键词　能源统计；统计指标；制度体系；中外比较；前沿进展

一　能源统计的基本内涵

能源统计是国民经济统计的重要组成部分，能够准确、及时地反映能源的勘探、开发、生产、加工、转换、输送、流转以及使用等各个环节运动过程、内部规律性和能源系统流程的平衡状况。能源统计是认识能源经济现象的重要工具之一，是保证国民经济健康发展和实现能源科学管理的必不可少的一项工作。

（一）能源统计的定义

能源统计包括两层含义，一是能源统计科学，二是能源统计工作，即能源统计理论与能源统计实践两个方面。能源统计是通过运用综合能源系统经济指标体系和特有的计量形式，采用科学统计分析方法，研究能源的勘探、开发、生产、加工、转换、输送、流转、使用等各个环节运动过程、内部规律性和能源系统流程的平衡状况等数量关系的专业统计。对于统计部门而言，能源统计是以能源统计科学发展研究为基础，以能源统计工作为核心内容的一门综合性专业统计。能源统计包含能源统计对象、任务、报表和报表制度等。

（二）能源统计的对象

能源统计包含能源统计工作和能源统计科学两个方面，因此能源统计的对象也可以分为能源统计工作涉及的调查对象和能源统计科学涉及的经济活动分析对象。调查对象包含各种能源的探明储量、生产量、销售量、消费量、进出口量等。能源统计的分析对象包含能源在经济系统中的运行规律、能源供需间矛盾、能源利用效率、节能潜力等方面。

（三）能源统计指标体系

能源统计指标体系主要包含四个方面：能源统计基础指标，能源经济效益指标，能源环境影响指标和新能源、可再生能源统计指标（见图 5 - 1）。

能源统计基础指标，涵盖了反映能源供应、加工转换、输配和消费各个过程的基础性统计指标。主要有一次能源供应统计指标、能源加工转换统计指标、能源流转统计指标和能源消费统计指标。

能源经济效益指标，反映了能源投入与成果产出的比较。能源经济效益体现在能源系统的整个过程，存在于任何经济形态之中，可以从多方面、多层次反映能源系统流程各个领域中的投入与产出情

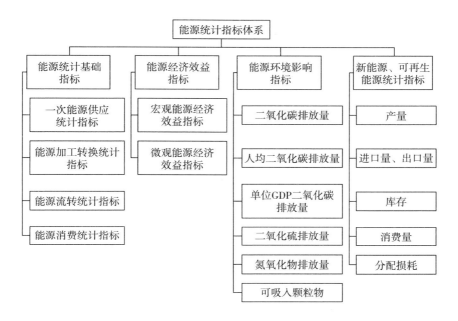

图 5 - 1 能源统计指标体系

况，以及能源合理有效利用的程度，主要有宏观能源经济效益指标
和微观能源经济效益指标。

　　能源环境影响指标，主要包含二氧化碳排放量、人均二氧化碳
排放量、单位 GDP 二氧化碳排放量、二氧化硫排放量、氮氧化物排
放量以及可吸入颗粒物等。

　　新能源、可再生能源统计指标，从供应和消费两个环节反映新
能源、可再生能源发展状况。主要统计指标包括产量、进口量、出
口量、库存、消费量和分配损耗等。

（四）能源平衡表

　　能源平衡表是在对调查对象的社会经济活动性质和能源统计任
务所涉及的社会经济活动内容进行调查后，将所得到统计指标进行
分组、归类，以矩阵或数组的形式，反映特定研究对象的能源流入
与流出、生产与加工转换、消费与库存等数量关系的统计表格。根
据研究对象和数据特征，能源平衡表包括能源单项平衡表、综合能

源平衡表和企业能源平衡表。

1. 能源单项平衡表

能源单项平衡表反映了某个能源品种可供消费的资源总量及其构成，包括消费总量及其行业构成、消费方式及其构成。编制单项能源平衡表也是准确核算单项能源品种消费量的有效方式方法。

2. 综合能源平衡表

把各种能源的单项平衡表，依据能源品种之间加工转换投入与产出的对应关系，有机地组合在一张表内，构成一副棋盘式的数字矩阵，即综合能源平衡表。一般情况下，综合能源平衡表还包括如下延长表：按行业分组的能源消费量、终端能源消费量；按行业分组的能源消费强度或效率与效益；能源生产总量、消费总流量、消费品种（类别）构成。综合能源平衡表分为两类：实物量综合能源平衡表和标准量能源平衡表。

实物量综合能源平衡表指根据各种能源的不同形态，分别采用不同的实物量计量单位编制的综合能源平衡表。实物量综合能源平衡表是编制标准量能源平衡表的基础。标准量综合能源平衡表指以实物量综合能源平衡表为基础，将各种能源按照各自的折标准量系数，折算成标准能源单位而编制的综合能源平衡表。标准量综合平衡表可以将复杂能源关系一目了然地描述出来，克服各能源品种的实物量不能相加的弊病。目前我国采用的标准能源单位是标准煤。

3. 企业能源平衡表

根据企业能源管理工作的需要，结合企业能源购进、生产、销售、库存，从能量平衡角度，详细描述企业能源的来源与去向、转换与消费、结构与效率的平衡表，也称为企业能源平衡表。

能源平衡表可以全面系统地反映能源系统中能源流动关系、能源供求关系、能源效率信息，并在政府制定中长期发展规划、能源政策等方面具有重要的作用，主要有以下四个方面。

一是全面、系统地反映能源运行流程。能源在国民经济运行中必然会经历生产、加工转换和消费三个环节。能源平衡表通过对能源开采、进口、出口、加工转换、投入、产出、消费、消费去向以及回收利用等方面信息的描述，全面、系统地反映整个能源在国民经济中的运行过程。

二是反映能源的总供给和总需求及其结构。通过对能源供应总量及其结构、消费总量及其结构的详细核算，反映全社会能源的总供应能力、总消费规模，以及两者的平衡关系，反映能源加工转换、中间消费以及消费去向、方式的情况，反映能源消费的类别结构、行业结构、使用方向结构以及加工转换与消费的比例关系。

三是反映能源使用、加工转换的效率和效益。即通过能源平衡表及其延长表，管理者可以得到能源加工转换效率和能源各种消费分组与对应的经济量的比例关系。

四是为政府制定宏观调控政策、能源政策提供依据，为应对气候变化、实现经济的可持续发展提供参考。

（五）能源统计的作用

任何经济政策的提出都需要以一定的经济理论为基础，并通过大量的经济数据进行进一步的分析、佐证。因此，无论是企业还是国家，都无可避免地需要利用能源统计数据和分析工作进行宏微观的决策。

1. 能源统计最基本的作用是信息提供、咨询和监督的功能

通过统计调查，能源统计可以反映能源资源生产、流通、消费和加工转换、库存的基本状况，反映能源利用过程中的效率、效益以及能源节约情况。通过能源核算、编制能源平衡表，反映能源供应与需求的平衡情况和资源开采、加工、最终消费、产品（商品）流向（包括中间和最终流向）的整个情景过程。

2. 通过能源统计分析，可以为企业和国家的经济发展提供政策建议

在宏观上，对能源系统流程运动的内在联系及其发展变化规律、能源供需平衡状况、能源资源构成和能源消费构成、能源流转、能源加工深度、能源储存、能源使用效益、能源综合利用以及与国民经济发展的依存关系等方面进行分析、研究、判断，为国际和地区编制中长期能源发展规划，进行宏观调控，制定能源生产、流通、消费、储备、国际合作与贸易等各项政策提供相对全面、即时、准确的依据和方便的服务，提出能源发展与经济增长保持良性循环的措施建议。

在微观上，对能源企业进行能源统计调查和分析，可以全面地掌握能源使用情况，开展能源价格预测，为企业制订生产经营计划，为以降低生产成本、提高经济效益为核心的科学管理体系提供依据，最终通过市场经济"看不见的手"的自由调节实现资源配置最优化。

二　中国能源发展和利用

纵观中国经济发展史，能源对经济快速发展起到了重要作用。中国的能源需求是迄今为止全球最大的能源发展驱动力，能源消费增长占全球净增长的四分之三以上。[①] 回顾中国能源发展成就，主要表现为能源供给能力明显提高、能源消费总量增速放缓、能源结构不断优化、能源效率稳步提升以及能源低碳发展持续推进。

（一）能源与经济发展

能源是指能从自然界直接取得或者经过加工转换获得热、动力、光、磁等有用能量的自然资源。它可以给人们提供所需的电能、热能、机械能、光能等。煤炭、石油、天然气、水力、风力、原子能、太阳能和地热能均属于能源的范畴。世界能源委员会推荐将能源分为固态燃料、液体燃料、气体燃料、水能、太阳能、生物能、风能、核能、海洋能和地热能。除此之外，根据不同的标准，可以将能源进行不同的划分。根据获得方法的不同，能源可以分为一次

---

① 数据来源于《BP世界能源统计年鉴（2020）》。

能源和二次能源，其中一次能源根据是否可以再生，可以分为可再生能源和不可以再生能源；根据是否可以作为燃料，能源可以分为燃料型能源和非燃料型能源；根据对环境的影响，能源可以分为清洁能源和非清洁能源；根据科技水平对能源使用的影响，能源可以分为常规能源和新能源。

1. 能源发展支持经济发展

人类社会的发展离不开人类对能源利用的变革，因此人类的能源史，同样也是经济发展史。人类的能源史可以分为三个阶段：柴草时期、煤炭时期和石油时期。

柴草时期，人们利用摩擦生火和柴草燃烧产生的热能改进了劳动工具、扩大了活动范围，从而提高了劳动生产力和改进了生产力的布局，推动了经济发展的第一次飞跃。煤炭时期，人们利用蒸汽机使煤炭燃烧产生的能热转化为动能，推动了经济发展的第二次飞跃。这一时期的主要特征为，纺织业等人力密集型产业中机器生产代替手工作业，汽船、铁路和火车等交通运输方式出现。石油时期，以煤气和汽油为燃料的内燃机相继诞生，汽车、远洋轮船、飞机等交通运输方式得到迅速的发展，汽油等的发现促进化学工业的发展，使得原材料更加丰富。随后发电机问世，电气开始用于机器，成为补充和取代以蒸汽机为动力的新能源，人类进入"电气时代"。人类的生产力又一次得到大幅提升，经济发展得到又一次的飞跃。可以看出，经济社会发展的每一次飞跃都源于能源利用的突破。

经济发展对能源的需求体现在生产和生活两个方面。经济发展的背后是各行各业不断进行的扩大再生产，这就意味着需要不断地加大能源等生产要素的投入，能源需求总量增加。能源不仅作为生产要素参与经济生产，还作为其他生产要素的燃料、动力参与产品生产，整个经济运转的规模和程度均受到能源的制约。同时，经济发展促使劳动生产力提高、劳动力需求增加，从而导致居民收入增加，进而提高了居民在生活中的能源消费。

一般常用能源的弹性消费系数反映经济增长对能源需求总量的影响程度（纪成君等，2011）。通常情况下，发达国家能源需求的弹性系数较小，而发展中国家的能源需求弹性系数相对较大。2018年，我国的能源消费弹性系数为0.52，即国民经济增长1%时，能源消费增长0.52%。[①]

2. 经济发展推动能源发展

经济发展的不同阶段对能源的供应能力、供应结构提出了不同的要求。新兴经济体日益繁荣和生活水平不断提高驱动能源需求的增长。中国的能源需求是迄今为止最大的能源驱动力，占全球净增长的四分之三以上，初步核算数据显示，2020年中国能源消费总量达到49.8亿吨标准煤，比上年增长2.2%[②]，是1978年改革开放以来的8.5倍。随着经济的发展，能源需求结构也发生了变化。过去能源需求主要是化石能源，但随着世界经济水平的提高，越来越多的国家开始重视经济发展对环境造成的影响，为了减少对环境的影响，清洁的可再生能源的开发和使用迅速增加，能源需求结构发生变化。

经济发展为能源开发利用提供了坚实的技术基础和物质条件。经济的快速发展使得科学技术水平迅猛提高，人类对能源科学的认识和利用也不断深入，推动新能源形式、新能源开采手段和新能源利用技术发展。从最初的煤炭到核能、地热能、生物质能等新能源，从最初的油井到最新的页岩气开采等能源开采手段，从最初的蒸汽机到如今生物质直燃发电技术，这些都是技术水平提高所推动的能源发现和生产方式的进步。能源的开发和利用除技术手段以外还需要必要的物质基础。进入工业化时代以来，能源资源的开发工程都具有投资额大、建设回收期长、不确定因素复杂等特点，没有足够的财力、物力以及技术水平保证是无法完成的。经济发展的水

---

① 数据来源于《中国能源统计年鉴（2019）》。

② 《中华人民共和国2020年国民经济和社会发展统计公报》，http://www.gov.cn/xinwen/2021-02/28/content_5589283.htm。

平决定对能源工业的资金、技术的支持力度，也极大地制约着能源开发和利用的规模、程度和水平。技术进步及经济的发展为开发利用能源提供了物质手段。

（二）能源发展现状

1. 能源消费

2019 年，全球一次能源消费总量达到 583.9 艾焦耳[①]，其中全球能源需求的增长由新兴经济体驱动，并由日益繁荣的经济和不断改进的能源供应渠道支撑。中国是最大的能源消费国，2019 年中国一次能源消费总量为 141.7 艾焦耳，居于世界首位，其次为美国的94.65 艾焦耳，印度以 34.06 艾焦耳居于第三名，欧洲总计为 83.82艾焦耳。[②] 英国石油公司（BP）预测，在快速转型情景下，2050 年全球一次能源消费量将达到 625 艾焦耳。[③] 根据国际能源署《世界能源展望（2019）》（*World Energy Outlook* 2019）的预测，在当前的政策情境下，2040 年世界能源消费总量相比于 2018 年会增加 34%。

2019 年，中国一次能源消费占全球能源消费的 24.3%。中国能源需求仍然以化石能源为主，2019 年我国煤炭消费占比为 57.7%，石油消费占比为 18.9%，天然气消费占比为 8.1%，一次电力及其他能源消费占比为 15.3%。[④] 但随着中国转向更可持续的增长模式，其能源需求结构也在发生变化，主要表现为煤炭消费份额下降，天然气、一次电力及其他能源消费份额攀升的特征。具体而言，煤炭仍是中国能源消费中的主要燃料，但煤炭份额从 2015 年的 63.8%和 2010 年的 69.2%下降至 2019 年的 57.7%，创历史新低。天然气消费份额从 1978 年的 3.2%增加至 2019 年的 8.1%，其中，2019年中国天然气消费量占全球天然气消费总量的 7.8%。一次电力及

---

① 艾焦耳（EJ）是一种能源计量单位，2019 年 BP 给出以此单位计量的能源消费量。

② 数据来源于《BP 世界能源统计年鉴（2020）》。

③ 数据来源于《BP 世界能源展望（2020）》

④ 数据来源于《中国统计年鉴（2020）》。

其他能源消费份额由 1978 年的 3.4% 提高至 2019 年的 15.3%。

2. 能源供给

能源供应总量：截至 2019 年底，世界石油探明储量为 17339 亿桶，天然气的探明储量为 198.8 万亿立方米，煤炭全部探明储量为 1069636 百万吨。2019 年世界石油产量为 95192 千桶/日，天然气产量为 39893 亿立方米，煤炭产量为 167.58 百万吨。中国具有"富煤缺油少气"的能源禀赋特点，其中煤炭探明可开采存储量占世界总探明可开采量的 13.2%，而石油和天然气的探明可开采量仅占世界总探明可开采量的 1.5% 和 4.2%。①

能源供应结构：随着经济发展和科学技术进入不同的阶段，能源的供给结构也在发生变化。2019 年世界能源供应总量中原煤占比为 26.8%，原油占比为 30.9%，天然气占比为 23.2%，核电占比为 5.0%，其他能源占比为 14.1%。② 美国能源信息署（EIA）认为，到 2050 年世界范围内可再生能源、天然气消费量呈现明显增加态势。③ BP 在 2020 年《世界能源展望》中认为，随着世界能源体系转向低碳能源，一次能源的增长主要由可再生能源主导。中国石油经济技术研究院认为，世界能源加快向多元化、清洁化、低碳化转型，2050 年全球清洁能源占比合计达 56%。④ 同时，油气仍然在未来占据主导地位，几家报告都预测石油和天然气占比将达到 55%，世界能源结构在逐渐向"四分天下"的多元格局前进。

3. 能源利用效率

世界能源委员会 1995 年将"能源利用效率"定义为"减少提供同等能源服务的能源投入"。受不合理的能源消费结构和粗放发展方式的影响，以及能源科技整体水平与能源结构转型要求不适

---

① 数据来源于《BP 世界能源统计年鉴（2020）》。
② 数据来源于国际能源署《世界主要能源统计（2021）》。
③ 数据来源于美国能源信息署《国际能源展望（2020）》。
④ 数据来源于中国石油经济技术研究院《2050 年世界与中国能源展望》（2019版）。

应，关键核心技术自主创新能力不足、支撑引领作用不够强等问题依然存在，我国能源利用效率与发达国家相比仍然有较大差距，能源效率长期低于国际先进水平甚至世界平均水平。但是近年来随着我国绿色经济的快速兴起，我国在产业的能耗效率方面得到了较大的改善。"十二五"时期，我国单位 GDP 能耗由 2010 年的 0.88 吨标准煤/万元下降到 2015 年的 0.72 吨标准煤/万元。"十三五"时期，我国单位 GDP 能耗由 2016 年的 0.60 吨标准煤/万元下降到 2019 年 0.55 吨标准煤/万元。①

（三）中国能源发展成就回顾

1. 能源供给能力明显提高

近年来，中国能源工业迅速发展，为保障国民经济持续快速发展做出了重要贡献。其中一个重要表现是能源供给能力明显提高。"十二五"时期，我国的能源供给保障能力不断增强。如图 5 - 2 所示，"十二五"时期，我国一次能源生产量不断提高，2015 年我国一次能源生产量达到 36.1 亿吨标准煤，较 2010 年年均增长 3%，较"十二五"规划中预期的 4.3% 的目标低了 1.3 个百分点。2016 年，我国一次能源生产量为 34.6 亿吨标准煤，较 2015 年下降了 4.3%，是近年来下降幅度最大的一年。而从 2016 年起，我国一次能源生产量逐年增加，到 2019 年，我国一次能源生产量达到 39.7 亿吨标准煤。"十三五"规划中预期到 2020 年一次能源生产量以 2% 的速度增长，2016—2019 年该目标已经达成。为提高我国能源安全保障水平，我国应该在"十四五"时期关注一次能源生产的结构调整，推动绿色发展，建设美丽中国。此外，"十二五"时期我国电力建设步伐不断加快，2015 年我国电力装机容量达到 15.3 千瓦②，较 2010 年年均增长 9.5%，高于"十二五"规划中的预期目标（9.0%）；2020 年，我国电力装机容量达到 22.0 亿千瓦③，

---

① 数据来源于《中国能源统计年鉴（2020）》。
② 数据来源于中国电力企业联合会发布的《2015 年电力统计基本数据一览表》。
③ 数据来源于中国电力企业联合会发布的《2020 年电力统计基本数据一览表》。

较 2015 年年均增长 8.8%，高于"十三五"规划中预期的电力装机
总量年均增长率（5.5%）目标，说明我国电力供给能力得到了较
快发展，提高了我国能源安全保障水平。

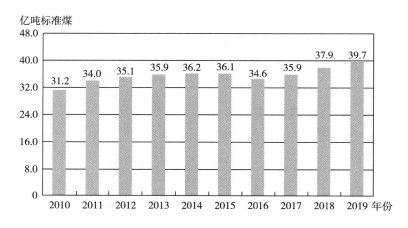

图 5 - 2 我国 2010—2019 年一次能源生产总量①

2. 能源消费总量增速放缓

我国实行全面推进节约的能源政策，该政策的目标之一是实施
能源消费总量控制。如，"十二五"规划中将能源消费作为"十二
五"时期的主要目标之一。如图 5 - 3 所示，2015 年我国能源消费
总量为 43.4 亿吨标准煤，较 2010 年的能源消费总量年均增长
3.6%，较"十二五"规划中的预期指标下降了 0.7 个百分点，说
明我国的节能政策得到了有效的执行。2019 年，我国能源消费总量
为 48.7 亿吨标准煤，较 2015 年年均增长 2.9%，达到"十三五"
规划中预期的年均增长率。我国能源消费中煤炭消费占较大比重，
煤炭消费量也是重要的能源消费指标。2015 年，我国煤炭消费总量
为 26.4 亿吨标准煤，较 2010 年年均增长 1.9%，低于能源消费总
量的增长率；2019 年，我国煤炭消费总量为 28.1 亿吨标准煤，较

---

① 数据来源于《中国统计年鉴（2020）》。

2015 年平均增长 1.6 个百分点，低于"十三五"规划中的煤炭消费总量的预期年均增长水平，说明我国全面推行节约的能源政策得到了有效的实施。此外，电力消费方面，2015 年我国全社会用电量为58019 亿千瓦时，较 2010 年年均增长 6.7%，较"十二五"规划中的预期下降了 1.3 个百分点，也可以看出我国节能减排政策有所成效。2018 年，我国全社会用电量为 71508 亿千瓦时，较 2015 年年均增长 7.7%，高于"十三五"规划中该指标的预期年均增长率，这说明在以后年度，我国应该对该指标进行着重监测。

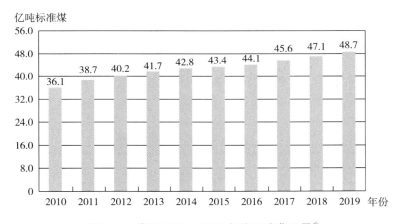

图 5－3　我国 2010—2019 年能源消费总量[①]

3. 能源结构不断优化

优化能源结构一直是我国主要的能源发展任务，本节将从能源供应结构和能源消费结构两个方面介绍我国能源结构的现状。

近年来，我国大力发展新能源和可再生能源，能源结构不断优化。电力供应能力方面，2019 年我国非化石能源装机比重为42.0%[②]，较 2015 年年均增长 1.8 个百分点，高于"十三五"规划中

[①]　数据来源于《中国统计年鉴（2020）》。
[②]　数据来源于《中国电力行业年度发展报告（2019）》，以下的发电量相关数据也来源于该报告。

的年均增长预期值。电力生产供应方面，2019 年我国非化石能源发电量比重为 32.7%，较 2015 年提高了 5.5 个百分点，也高于"十三五"规划中的年均增长预期。

　　能源消费结构方面，如表 5 - 1 所示，2015 年我国非化石能源消费比重为 12.0%，较 2010 年增长 2.6 个百分点，达到了"十二五"规划中的目标值（2015 年非化石能源消费比重的目标值为11.4%）；2019 年我国非化石能源消费比重为 15.3%，较 2015 年增长 2.5 个百分点，高于"十三五"规划中设立的年均增长目标。煤炭消费方面，2019 年我国煤炭消费占比为 57.7%，较 2015 年降低 6.1 个百分点，完成"十三五"规划中低于 58% 的目标。天然气消费方面，2019 年我国天然气消费占比为 8.1%，较 2015 年提高了2.3 个百分点，未完成"十三五"规划中 10% 的目标，目标完成度尚待提高，需要着重注意。

表 5 - 1　　　　我国 2010—2016 年能源消费结构指标值　　　单位：%

年份	非化石能源消费比重	天然气消费比重	煤炭消费比重
2010	9.4	4.0	69.2
2011	8.4	4.6	70.2
2012	9.7	4.8	68.5
2013	10.2	5.3	67.4
2014	11.3	5.6	65.8
2015	12.0	5.8	63.8
2016	13.0	6.1	62.2
2017	13.6	6.9	60.6
2018	14.5	7.6	59.0
2019	15.3	8.1	57.7

　　4. 能源效率稳步提升

　　能源效率是能源发展转型的核心，我国处于能源革命的关键时期，需要更加关注能源效率指标。如表 5 - 2 所示，2015 年，我国单位 GDP 能耗为 0.72 吨标准煤/万元（GDP 为 2010 年可比价），较 2010 年降低 18.4%，完成了"十二五"规划中的目标；2018 年，全国单位 GDP 能耗降低 8.9%，完成降低 3.4% 以上的年度目标。此外，2018 年，我国电线损率为 6.03%，低于"十三五"规划中小于 6.5% 的终期目标，但我国近年来线损率波动较大，还需进一步关注该指标的变动。

表 5-2　　　　　　　我国 2010—2018 年能源效率指标值

	年份	单位 GDP 能耗 （吨标准煤/万元）	线损率（%）
GDP 按 2010 年 可比价计算	2010	0.88	6.53
	2011	0.86	6.52
	2012	0.83	6.74
	2013	0.79	7.02
	2014	0.76	6.64
	2015	0.72	6.64
GDP 按 2015 年 可比价计算	2015	0.63	6.64
	2016	0.60	6.49
	2017	0.58	6.72
	2018	0.56	6.03

5. 能源低碳发展持续推进

2009 年，我国向世界承诺，作为一个负责任的大国，我国将妥善应对气候变化。到 2020 年，单位 GDP 的二氧化碳排放量降低 40%—45%。"十二五"时期，我国单位 GDP 二氧化碳排放量累计降低 20% 左右，完成其中设置的 17% 的目标。"十三五"时期，我国主动控制碳排放，到 2020 年实现单位 GDP 二氧化碳排放量累计降低 18%。"十四五"时期，我国将继续推进绿色发展，单位 GDP 的二氧化碳排放下降幅度可达到 19% 左右，非化石能源占比约达 20%。

三　能源政策视角下的中国能源统计指标

中国是能源发展和利用大国，长久以来能源对经济发展产生着重要影响。在中国经济发展的不同阶段，能源供应结构、能源消费结构以及利用效率都呈现阶段性特征，这为能源统计带来了更多挑战，加强能源统计是现阶段实现高质量发展、落实五大发展理念的要求。

（一）中国的能源政策

近年来，面对国际能源发展新趋势以及国内能源发展新格局，我国发出了推动"能源革命"的号召。能源革命主要关注能源消费、能源供给、能源技术和能源体制革命，总目标是确保一个更加安全、可持续、多样性和更高效的能源未来。"能源革命"的号召为我国之后出台的一系列能源政策提供了指引。2014 年 11 月，我国出台了《能源发展战略行动计划（2014—2020 年）》，这项政策是近年来我国能源发展的综合性和纲领性政策。在此之后，我国密集出台了一系列能源发展的长远政策和短期规划，着力于促进能源行业的转型。2016 年，作为"十三五"规划的补充，我国颁布了单独的《能源发展"十三五"规划》；2017 年，中国国家发展和改革委员会与国家能源局联合发布《能源生产和消费革命战略（2016—2030）》。这些能源政策不仅为我国的能源发展提供了方向，而且为我国能源发展设立了一系列目标，下面从五个方面介绍当前我国能源发展的主要任务和目标。

第一，全面推进能源节约，推进能源消费革命。中国人口众多，资源相对不足，要实现能源资源永续利用和经济社会可持续发展，必须走节约能源的道路。中国始终把节约能源放在优先位置。早在20 世纪 80 年代初，国家就提出了"开发与节约并举，把节约放在首位"的发展方针。2006 年，中国政府发布《关于加强节能工作的决定》；2007 年，发布《节能减排综合性工作方案》，全面部署了工业、建筑、交通等重点领域节能工作；"十一五""十二五"以及"十三五"规划中都把控制能源消费总量作为主要目标；2014 年，我国提出了"能源革命"，而能源革命中的首要任务就是能源消费革命；2016 年，中国发布《能源发展"十三五"规划》，提出："十三五"时期，节能减排、推动能源消费革命的主要目标是把能源消费总量和能源消费强度作为经济社会发展重要约束指标，推动形成经济转型升级的倒逼机制；同时，为了保障总量目标的实现，还需建立分解落实机制，综合考虑我国发展现状，实施差别化的总量管理制度。

第二，大力发展新能源和可再生能源，优化能源结构。大力发展新能源和可再生能源，是推进能源多元清洁发展、培育战略性新兴产业的重要战略举措，也是保护生态环境、应对气候变化、实现可持续发展的迫切需要。"能源革命"中重要的一环是能源供给革命，构建清洁低碳的新型能源供给体系是当前我国能源发展的重要目标，而实现这一目标的一个途径就是大力发展新能源和可再生能源，优化能源结构。2014 年出台的《能源发展战略行动计划（2014—2020 年）》将优化能源结构作为我国能源发展的主要任务之一，提出我国应该积极发展天然气、核电、可再生能源等清洁能源，降低煤炭消费比重，推动能源结构持续优化。2016 年出台的《能源生产和消费革命战略（2016—2030）》又将打造中高级能源消费结构作为我国能源发展的长期战略，提出"十三五"时期，中国将坚定不移地大力发展新能源和可再生能源，到"十三五"末，非化石能源消费占比达到 15%，非化石能源发电装机比重达到 39%。此外，我国还专门出台了《可再生能源发展"十三五"规划》《风电发展"十三五"规划》等多个专项能源政策。

第三，推动化石能源清洁发展，实现能源环保低碳。从世界范围看，今后相当长时期内，煤炭、石油等化石能源仍将是能源供应的主体，中国也不例外。中国统筹化石能源开发利用与环境保护，加快建设先进生产能力，淘汰落后产能，大力推动化石能源清洁发展，保护生态环境，应对气候变化，实现节能减排。近年来，多项政策都将"推进煤炭清洁高效开发利用"作为能源发展的主要任务之一。"十三五"规划中将推动煤炭等化石能源清洁高效开发利用作为能源转型发展的首要任务。

第四，推动能源技术革命，提高能源效率。科技决定能源的未来，科技创造未来的能源。能源技术创新在能源革命中起决定性作用，必须处于能源发展全局的核心位置。我国应按照创新机制、夯实基础、超前部署、重点跨越的原则，加强科技自主创新，鼓励引进消化吸收再创新，打造能源科技创新升级版，建设能源科技强国。2016年3月，国家发展和改革委员会与国家能源局还专门出台了《能源技术革命创新行动计划（2016—2030年）》，这项政策明确了未来我国能源技术创新的工作要点及主攻方向。《能源生产和消费革命战略（2016—2030）》指出，我国应该立足自主创新，准确把握世界能源技术演进趋势，以绿色低碳为主攻方向，选择重大科技领域，按照"应用推广一批、示范试验一批、集中攻关一批"路径要求，分类推进技术创新、商业模式创新和产业创新，将技术优势转化为经济优势，提高能源效率。

第五，提高能源服务水平、深化能源体制革命。保障和改善民生是中国能源发展的根本出发点和落脚点。中国统筹城乡能源协调发展，加强能源基础设施建设，改善广大农村和边疆少数民族地区用能条件，提高能源基本服务均等化水平，让能源发展成果更多地惠及全体人民。能源体制改革是能源发展的强大动力，是能源革命的根本保障，在经济新常态下，加快构建有效的能源市场体系，成为能源行业实现发展要求的基本保障。《能源生产和消费革命战略（2016—2030）》指出，我国应还原能源商品属性，加快形成统一开放、竞争有序的市场体系，充分发挥市场配置资源的决定性作用和更好发挥政府作用。以节约、多元、高效为目标，创新能源宏观调控机制，健全科学监管体系，完善能源法律法规，构建激励创新的体制机制，打通能源发展快车道。

（二）与能源政策相关的统计指标

能源政策的制定和实施是关系到我国国民经济整体发展的重大决策问题，为了提高决策的有效程度，目前的能源政策明确了具体的中期约束性或指导性目标以及监督计划实施进展的跟踪机制。使用哪些指标衡量目标的实现程度？这些指标的含义、统计范围、计量单位、计算方法是什么？这一系列问题都是不容忽视的。对应上文的政策目标，笔者将能源指标体系分为能源总量指标、能源结构指标、能源环保指标、能源效率指标以及其他能源指标五类，能源总量指标是其他指标的统计基础，是全面推进能源节约政策最直观的衡量指标；能源结构指标、能源环保类指标和能源效益指标则突出了能源发展的可持续发展意识、环保意识和经济效益意识；其他能源指标是除上述指标外影响能源发展的其他指标。

1. 能源总量指标

能源总量指标是能源统计的基础指标，涵盖了反映能源供应、加工转换、输配和消费各个过程的基础性统计指标，包括一次能源供应统计指标、能源加工转换统计指标、能源流转统计指标和能源消费统计指标。在"十三五"规划中，涉及的能源总量指标主要有一次能源生产量、电力装机总量、能源消费总量、煤炭消费总量、全社会用电量。其中，一次能源生产量、电力装机总量属于一次能源供应统计指标。能源消费总量、煤炭消费总量、全社会用电量属于能源消费指标。本节重点介绍"十三五"规划中涉及的指标。

一次能源生产量是指一定时期内全国一次能源生产量的总和。该指标是观察全国能源生产水平、规模、构成和发展速度的总量指标。一次能源生产量包括原煤产量、原油产量、天然气产量、水电、核能及其他动力能（如风能、地热能等）发电量，不包括低热值燃料生产量、生物质能、太阳能等的利用和由一次能源加工转换而成的二次能源产量。一次能源生产量的计量单位是标准燃料，这是一种模拟的综合计量单位。我国能源供应和能源消费都以煤为主，故采用标准煤为计算基准，即将各种能源按其发热量折算为标准煤。

电力装机总量也可称为"发电厂装机容量"，指发电厂中所装有的全部发电机组额定功率的总和，是表征一座发电厂建设规模和电力生产能力的主要指标之一。我国的电力装机总量包括火电装机容量、水电装机容量、核电装机容量、并网风电装机容量、并网太阳能发电装机总量以及少量其他发电装机容量。电力装机总量的计量单位是千瓦（KW）、兆瓦（MW）、吉瓦（GW）。

能源消费总量是指一定时期内全国各行业和居民生活消费的各种能源的总和。该指标是观察能源消费水平、构成和增长速度的总量指标。能源消费总量包括原煤和原油及其制品、天然气、电力，不包括低热值燃料、生物质能和太阳能等的利用。能源消费总量分为终端能源消费量、能源加工转换损失量和能源损失量三部分。其中，终端能源消费量是指一定时期内，全国生产和生活消费的各种能源在扣除了用于加工转换二次能源消费量和损失量的数量；能源加工转换损失量是指一定时期内全国投入加工转换的各种能源数量之和与产出各种能源产品之和的差额，该指标是观察能源在加工转换过程中损失量变化的指标；能源损失量是指一定时期内，能源在输送、分配、储存过程中发生的损失和由客观原因造成的各种损失量，不包括各种气体能源放空、放散量。在节能评价中，能源消费量是其中重要的指标之一。能源消费量有两种计量单位，一种是实物计量单位，是按照每种能源的物质形态属性规定的计量单位，如煤炭使用吨计量、天然气使用立方米计量；另一种是标准计量单位，该计量单位与一次能源生产量的单位一样，为吨标准煤。按照能源种类划分，能源消费总量包括煤炭消费量、石油消费量、天然气消费量和一次电力及其他能源消费量。

煤炭消费总量是指一定时期内全国行业和居民生活消费的各种煤炭资源的总和。煤炭是原煤及其洗选产品的通称，包括原煤和洗煤，不包括低热值燃料（如石煤、泥炭、油页岩等）。值得关注的是，煤炭消费总量的统计口径与能源消费总量的一致，既包括终端消费量，也包括用于加工转换其他能源的消费量，如火力发电用煤等。在我国，煤炭消费量占能源消费总量的 60% 以上，有着重要的地位，因此，"十三五"规划将煤炭消费总量也设置为监测指标之一。

全社会用电量是国民经济各行业用电量与城乡居民生活用电量的总和，包括了电厂的厂用电、输配电线损和抽水蓄能用电量。用电量是反映一个国家经济发展情况的指标之一。从电力平衡角度考虑，全社会用电量等于总发电量加上进口电量，再扣除出口电量。我国用电量还有终端用电量口径，终端用电量是全社会用电量扣除输配电线损后的用电量。该指标的计量单位是千瓦时。在《中国统计年鉴》中给出了电力平衡表，表中公布了我国分行业电力消费总量、终端用电量和输配电损失量。

2. 能源结构指标

能源革命中一项重要任务就是优化能源结构，大力发展新能源和可再生能源一直以来也是我国重要的能源政策之一。如何监测这一政策的执行情况？能源结构指标是其中一种监测方式。能源结构可以从生产供应和消费两个角度来分析。生产供应方面，"非化石能源装机比重""非化石能源发电量比重"是我国近年来政策中经常提到的指标；消费方面，"非化石能源消费比重""天然气消费比重""煤炭消费比重""电煤占煤炭消费比重"是"十三五"规划中涉及的能源消费结构方面的指标。这些指标中有三个指标都涉及非化石能源的占比问题，其他指标重点关注天然气和煤炭的构成情况，这些都是我国转变能源结构的关键节点。下文首先介绍非化石能源占比三个指标和其他的三个指标。

大力发展新能源和可再生资源是我国目前的主要能源政策之一，非化石能源的开发和利用能够有效改善能源安全和环境保护的问题。非化石能源是指煤炭、石油、天然气等经长时间地质变化形成，只供一次性使用的能源类型外的能源，包括可再生能源和核能，之所以将非化石能源发展列为重要的规划指标，是因为非化石能源的环境友好性，因此，在"十三五"规划中有三个反映非化石能源占比的监测指标。其中，最直接的指标是非化石能源消费比重，提高非化石能源的使用是我国能源政策的最终目标。而由于非化石能源绝大部分不能被人类直接使用，大部分的非化石能源只能被加工成电力、热力、蒸汽等二次能源加以利用，其中用于发电的一般能达到80%。因此，发电燃料中非化石能源的比例越高，越有利于提高非化石能源占一次能源消费比重。"十三五"规划中非化石能源发电量比重可以作为实现非化石能源消费比重的中介指标。此外，由于我国的非化石能源发电量比例较低，要提高该比率需要提高非化石能源发电设备的建设，也就是提高非化石能源装机比重，装机容量是表征电力发展能力的重要指标。可见，上述的三个非化石能源相关指标是层层递进的关系，发电量的实质性提升是非化石能源发展历程的质变，该指标比装机容量更能从供应角度反映非化石能源的利用程度，消费量指标是能源结构提升的结果性指标。在我国的统计体系中，非化石能源发电主要包括水电、核电、风电、太阳能发电、生物质发电；我国主要统计的非化石能源消费品种是水电、核电、风电和地热电。

当今的能源消费依旧是以化石能源的消费为主，"推动化石能源清洁发展，实现能源环保低碳"是能源革命的重要路径之一，这项政策的落实情况可以主要从下面的三个指标考察。首先，天然气消费比重就是天然气消费占一次能源消费总量的比重。在当今以化石能源为主的背景下，天然气是最清洁低碳的化石能源，是化石能源向新能源过渡的桥梁。中国一次能源消费总量已位居世界第一，消费结构以煤为主，能源效率低、环境污染严重，加快天然气产业发展既是中国实现能源消费结构优化调整的现实选择，也是强化节能减排的迫切需要。其次，煤炭消费比重是煤炭消费量占一次能源消费总量的比重，能源总量指标中已经给出了计算煤炭消费量的方式，得到该比重较为容易。煤炭消费量指标在规划中是约束性指标，控制我国煤炭消费比重是我国能源转型的必要一环。最后，电煤占煤炭消费比重也是"十三五"规划涉及的指标之一。电煤是指用于发电的煤炭，该比重是衡量煤炭清洁高效利用的一个标准，发电厂可以通过技术手段减少污染，避免煤炭散烧造成的超标排放。"十三五"时期，亟须进一步提升电煤比例，减少煤炭低效、分散、高污染的直接燃烧利用，继续推进煤电节能减排工作，及时总结煤电节能减排示范项目经验，加大淘汰落后火电机组力度，促进火电进一步优化发展，同步推进燃煤锅炉治理，因地制宜实施燃煤锅炉和落后的热电机组替代关停，重点推进居民采暖、工农业生产、交通运输、电力供应与消费四个领域的电能替代，使用电能替代散烧煤和燃油。总之，在"十三五"时期我国应该提高天然气能源消费比重和电煤占煤炭消费比重，降低煤炭消费比重，实现化石能源的清洁发展，优化能源结构。

　　3. 能源环境影响指标

　　绿色发展是目前我国的五大发展理念之一，我国的能源发展也应该是绿色的，能源低碳环保是我国能源发展的目标之一，因此，能源发展指标体系中还包括能源环境影响指标。能源环境影响指标主要包括二氧化碳排放量、人均二氧化碳排放量、单位 GDP 二氧化碳排放量、二氧化硫排放量、氮氧化物排放量以及可吸入颗粒物等。其中，单位 GDP 二氧化碳排放量被列入能源发展的"十三五"规划中，是其中重要的一个约束性指标。

　　单位 GDP 二氧化碳排放量降低是指报告期的单位 GDP 二氧化碳排放量与基期单位 GDP 二氧化碳排放量相比的降低幅度，是反映控制温室气体排放成效、缓解气候变化努力程度的指标，其中单位 GDP 二氧化碳是生产一单位 GDP 所排放的二氧化碳数量，是碳强度指标，降低单位 GDP 二氧化碳排放量不一定会产生二氧化碳减少的结果。我国将这一指标作为重要的能源环保发展监测指标，反映了我国在面对气候变化时"发展优先"的原则。

4. 能源效率指标

能源效率指标是投入能源与产出效果的比较。能源效率体现在能源系统的整个过程，存在于任何经济形态之中。能源技术革命是能源革命的重要组成部分，而技术革命的主要目的是提高效率，因此，在"十三五"规划中，能源效率指标是作为能源发展指标的重要组成部分出现的。能源效率指标有宏观能源效率指标和微观能源效率指标。能源效率的测度方法很多，本节只介绍其中的三个指标：单位GDP能耗、煤电机组供电煤耗和线损率。

单位GDP能耗是一个国家或地区生产一个计量单位（通常用万元）的GDP所使用的能源。能源消费的核算范围既包括全部三次产业的生产、经营及其他活动用能，也包括居民生活用能。计算方法是：单位GDP能耗＝能源消费总量/GDP。值得注意的是，能源消费总量是实物量指标，单位是标准煤，而GDP是价值量指标，为了使两者可比，计算公式中的GDP应该使用可比价GDP。单位GDP能耗是反映能源消费水平和节能降耗状况的主要指标，说明一个国家经济活动中能源的利用程度，反映能源效率的变化，是从宏观角度测度的能源效率指标。

煤电在我国能源结构中占有相当大的比重，占全国电力来源的70%左右，提高煤电生产效率是提高能源效率的主要途径，这方面的指标之一就是煤电机组供电煤耗。煤电机组供电煤耗指的是煤电机组每提供千瓦时电所使用的能源，单位是克标准煤/千瓦时。该指标是实现节能减排的重要指标，在《电节能减排升级与改造行动计划（2014—2020年）》中，降低煤电机组供电煤耗是该行动的首要目标，该指标是重要的能源效率指标。

线损率也是提高能源使用效率的一个指标。电力在生产、运输、消费的过程中，由于管理及其他客观原因，造成一定的损失。线损率是指电力在输送中的损失量在全社会用电量中的占比。计算方法是：线损率＝输电线损/全社会用电量×100%。降低线损率是提高能源效率的指标之一。

四　中国能源统计与国际
能源统计实践的比较

中国能源统计工作的成长大致可以分为奠基发展阶段、瓶颈发展阶段和改革发展阶段三个阶段，不同发展阶段的能源统计工作呈现差异化特征。目前，我国已经初步建立起一套相对完善的能源统计制度体系，伴随中国高质量发展持续推进，中国能源统计工作可进一步借鉴国际能源统计的良好经验。

（一）中国能源统计发展历程

自 1949 年以来，尤其是 1978 年改革开放以来，我国经济总量和能源消费总量迅速增长，能源发展更好地促进了经济发展。随着能源事业的快速发展，中国能源统计工作也不断完善，目前，已经基本建成了一套完整的能源统计体系。中国能源统计工作的成长大体可以分为三个基本阶段。

第一阶段是 20 世纪 80 年代到 90 年代初，中国能源统计的奠基发展阶段。这一阶段，我国设置了能源统计机构，设立了能源统计指标体系，形成了基本的能源统计体系。从能源统计机构方面看，1982 年国家统计局将原来的能源统计从物资统计和工业统计中分离出来，成立了独立的专业统计处室——能源统计处，隶属于工业交通司。能源统计制度方面，早在 1982 年 3 月，为了解重点企业的能源消耗情况，促进和加强"节能"工作，国家经贸委和国家统计局联合下发了《关于重点公交企业建立能源季报的通知》，建立起了改革开放后最早的能源购进、销售、库存季报统计制度。在随后的两年中，能源统计的范围和指标不断扩大。1984 年又增加了重点工业企业能源消耗表。1985 年 10 月，国家统计局正式建立了地区综合能源平衡统计报表制度；同年 12 月，为了适应能源供求平衡和节能的要求，又建立起一套包括工业企业能源进销存统计、重点工业企业消耗统计、工业交通业及邮电业分行业能源消费统计、工业企业能源加工转换统计、地区工业部门节能量统计和地区能源平衡统计在内的，较为完善的能源统计制度。

第二阶段是 20 世纪 90 年代中期到 2002 年，中国能源统计的瓶颈发展阶段。90 年代末，随着我国能源供给能力大幅度提高，经济发展受亚洲金融危机影响，能源需求增长放缓，能源供应紧张的局面有所缓解，加之政府机构改革，能源统计工作受到极大影响，省、市能源统计机构撤销，各级能源统计人员大大削减，使刚刚建立的能源统计体系受到一定冲击，各项统计调查业务明显收缩。这段时期的能源统计作为工业统计的一部分，归属于工业统计管理。

第三阶段是 2003 年至今，中国能源统计的改革发展阶段。进入 21 世纪，我国进入新一轮经济增长期，其典型特点是重化工业增长迅猛，带动能源需求快速增长，一度使我国能源消费强度达到新中国成立以来最高水平。能源消费的过快增长与国民经济可持续发展、生态环境保护、能源供给安全保证等的一系列矛盾明显加剧。为此，党中央、国务院提出了建设资源节约型、环境友好型社会的发展目标，把节约能源、节约资源作为一项基本国策提高到保证国民经济可持续发展的战略高度，"十一五"规划首次把单位 GDP 能耗水平作为约束性指标，提出 2010 年单位 GDP 能耗比 2005 年降低 20%，"十二五"规划提出 2015 年单位 GDP 能耗比 2010 年降低 16%，并提出"合理控制能源消费总量"，"十三五"规划进一步明确单位 GDP 能耗累计下降 15%，"十四五"规划提出单位 GDP 能耗和单位 GDP 二氧化碳排放分别降低 13.5% 和 18%。同时，2030 年前实现碳排放达峰、2060 年前实现碳中和目标，这些都使能源统计工作又面临更高层次的发展要求，不仅要反映能源经济运行情况，还要服务于节能减排的需要，服务于科学发展的需要。为了积极应对新形势和新要求，能源统计不断改革、创新，实现了空前大发展。这一阶段的能源统计主要有以下的几个特点。

一是能源统计制度不断完善。针对我国长期以来能源统计工作十分薄弱，无法满足节能减排工作需要的状况，国务院于 2007 年 11 月印发了《国务院批转节能减排统计监测及考核实施方案和办法的通知》（国发〔2007〕36 号）。按照通知要求，能源统计开始了全面推进指标体系和监测体系建设进程。首先，健全能源统计范围，新建了 10 项调查制度，使现有能源统计制度基本覆盖了能源的生产、流通与消费的主要方面。2008 年结合全国第二次经济普查，开展了全社会各行业能源消费和主要耗能设备普查。其次，完善能源统计内容。增加了能源产品分类，增加了对部分可再生能源、新能源的统计，完善了能源回收利用和能源利用效率统计。再次，提高能源统计调查频率。将规模以上工业企业能源消费与库存统计由年报改为季报，将重点耗能工业企业（年耗能 1 万吨标准煤以上的企业）能源消费统计由半年报改为月报。最后，加强能源统计监测。制定了针对各地能耗数据质量的监控方法，建立了能源经济运行和节能进展情况监测制度。

二是能源统计能力得到提高。首先，能源统计队伍不断壮大。2008 年，国家统计局成立了能源统计司，31 个省（区、市）、一半以上的地市和部分县级统计局成立了专门的能源统计机构，人员力量也得到加强。全国各级政府统计部门从事能源工作的人员由 2006 年的不足 20 人（专职）增加到 1500 多人（专职或主职）。其次，为提高大量新从事能源统计人员的业务素质，国家统计局专门编辑出版了《能源统计工作手册》和许多专业培训教材，对省、区、市统计部门能源统计人员进行了多次业务培训。各地区也有针对性地开展了不同层次的培训活动。最后，加强企业能源统计基础建设。在企业用能计量、数据采集、记录、台账登记和管理、报表填报等多个环节，建立了严格的工作规范，保障统计源头数据质量。

三是能源统计方式不断改进。为了保持能源数据真实、统一、可信，科学核算是关键，这一阶段我国的能源统计方式也不断改进。首先，改进了能源平衡表模型，在测算温室气体时分别考虑化石能源、可再生能源、新能源等不同口径的能源消费总量的核算问题，为此，我国重新研究制定了国家和地方能源供应和消费总量的核算方法。其次，节能减排测度方法不断改进，如：提出了以指数计算单位 GDP 能耗降低率、单位工业增加值能耗降低率的方法，简化并方便相关的核算工作；提出了节能目标进程指数的计算方法；提出了技术节能量、结构节能量的核算方法。最后，更新能源统计调查频率。制定季度地区能源消费总量的核算方案，用以解决能耗考核工作的及时性问题。

四是能源数据质量得到提升。在严把基层数据质量关的同时，加强对地方能耗数据的审核。建立了月度工业企业能耗数据审核办法、季度能耗数据评估办法等一系列数据审核、控制手段。每季度对各地区能耗数据联审，并不断改进和完善审核办法。

（二）中国能源统计工作现状

目前，中国的能源统计已经初成体系，形成了一套统计制度体系和产品体系，承担着为政府、企业、居民以及国际社会提供能源统计产品的职能，下面从统计主体、统计制度体系、统计数据产品体系和质量控制四个方面介绍中国能源统计工作现状。

1. 统计主体

能源是人类社会发展的物质基础，能源工业要把自己的产品分配给国民经济的各部门，同时又要把产品分配给每一个社会消费成员，其联系面非常广泛。因此，能源统计对象是一个种类多、涉及面广、相互制约的错综复杂系统。

目前，我国能源统计工作由国家统计局能源统计司负责，但是，由于能源统计是一项综合的统计工作，涉及面较广，需要来自各个方面的基础数据。例如，从能源消费调查统计角度看，综合统计部门也就是国家统计局调查规模以上工业及非工业领域的重点耗能企业的能源消费情况，交通运输部、中国铁路总公司、中国民用航空总局调查交通运输行业的能源消费情况；电力消费数据由中国电力企业联合会调查；国家统计局调查总队负责调查居民生活的能源消费情况。能源进出口由海关总署调查。此外，国家能源局发展规划司组织调查电力、煤炭、油气和燃料乙醇等能源供应行业的相关统计数据，以全面及时了解全国能源生产、供销情况；国家能源局新能源和可再生能源司负责调查并报送可再生能源的发电量、产量、加工量、库存、销售等统计数据；国家能源局信息中心牵头组织各电网、发电公司、电力交易中心、能源局各派出机构及有关单位共同建立电力监管统计体系；住房和城乡建设部对民用建筑能源资源消耗信息进行调查；国家能源局煤炭司组织调查全国范围内不同瓦斯等级的井工煤矿数量、煤矿瓦斯抽采和利用量、煤层气开发井数和产能、煤层气产量和利用量等基础数据。

综上所述，中国能源统计工作是以国家统计局能源统计司为核心，联合相关的部委、行业协会以及科研机构和学术团队共同完成的。

2. 统计制度体系

我国能源统计是国民经济统计的一个重要的组成部分，目前，我国已经初步建立起一套相对完善的能源统计制度体系。我国当前现行的能源统计制度主要包括两种形式：一种是统计报表制度，是按照国家统一规定的调查要求与文件（指标、表格形式、计算方法等）自下而上地提供统计资料的一种报表制度；另一种是专门调查统计制度，是为了特定目的而专门组织调查的统计制度，如：为全面及时了解全国可再生能源生产、消费、供销基本情况，我国制定了《可再生能源发电利用统计调查制度》，该制度是根据国家统计局的授权，由国家能源局新能源和可再生能源司以重点调查的组织形式对可再生资源消耗情况调查的制度文件。

在能源统计领域，统计报表制度主要包括《能源统计报表制度》《煤炭工业统计报表制度》和《电力行业报表制度》。

《能源统计报表制度》是能源统计中的主体统计制度，它从调查目的、调查内容、调查方法、调查范围和调查对象、调查组织方式以及数据使用和发布六个方面刻画了中国能源统计概览。能源统计报表主要由基层年报表、基层定期报表、综合年报表、综合定期报表构成，这些报表反映能源的生产、销售、库存、购进、消费、加工转换、能耗强度、能源平衡核算情况和规模以上工业企业用能等情况。能源统计调查对象包括工业企业、限额以上批发和零售业以及其他行业中的部分重点耗能单位。根据不同的调查对象，能源统计工作也由不同的机构负责完成，涉及规模以上工业企业和批发零售业的调查内容纳入国家统计局《一套表统计调查制度》，由各省、自治区、直辖市统计局负责组织实施，按规定的范围对统计对象进行调查。铁路、航空、公路、水上运输的能源消费以及电力消费等统计内容由各相关部门（协会）负责组织实施，调查结果报送国家统计局。能源平衡表是能源核算的结果，分省（区、市）的能源平衡表由各省（区、市）编制，报国家统计局审核。

煤炭一直是我国主要的能源资源，2013 年《国务院办公厅关于促进煤炭行业平稳运行的意见》发布，而及时了解煤炭行业经济运行及企业生产经营活动状况可以为政府监控行业运行情况提供依据，为此我国专门制定了《煤炭工业统计报表制度》。煤炭工业统计工作是在国家统计局统一领导下由中国煤炭工业协会负责组织和实施的，其统计范围包括煤炭协会会员单位，原则上为所有煤炭工业企业及重点煤炭基本建设项目施工单位。煤炭工业统计主要从煤炭法人单位基本情况（名录）、各地区主要煤炭产品产量产值、煤炭生产能力和投资建设、市场销量、各重点企业原煤生产效率、各重点企业财务效益和人员薪酬状况、重点煤炭基本建设项目施工情况、煤炭深加工及综合利用、煤矿节能减排和环保、煤矿机械装备生产等煤炭行业发展的各个主要方面开展。煤炭行业的统计在调查方法上并非千篇一律，而是根据调查对象的性质使用不同的调查方法。在煤炭工业企业产值、煤炭工业主要产品产量、原煤生产能力、洗煤生产能力和煤炭销售库存情况的统计中，我国采取的是全面调查的组织形式，即对全国的煤炭生产企业都进行调查。在煤炭企业的生产经营和财务状况的统计中，科技投入产出状况、原煤生产实物劳动效率以及煤炭加工过程中具体的技术指标（如回采工作面单产、掘进工作面单进指标，洗炼焦煤洗煤厂、冶炼用炼焦精煤指标以及按机、炮采分的回采工作面指标）的统计中，我国采取的是重点调查的组织形式，即只对大型煤炭企业（集团）进行调查。

在能源统计领域，专门统计调查制度主要包括《电力监管统计调查制度》《电力行业统计调查制度》《能源行业监测统计调查制度》《可再生能源发电利用统计调查制度》《煤层气统计调查制度》以及《民用建筑能耗统计调查制度》。

在我国的《能源发展"十三五"规划》中，能源发展主要指标共有16个，其中电力发展相关指标就有5个，可见专项的电力相关的统计很有必要，因此，在专项调查中的《电力监管统计调查制度》和《电力行业统计调查制度》有着重要的意义。电力监管统计主要从电力相关企业基础情况、系统运行、经营、电力市场交易和节能减排五个方面开展。电力统计主要根据国家统计局和国家能源局的授权，由国家能源局信息中心牵头组织各电网、发电公司、电力交易中心、能源局各派出机构及有关单位共同建立的电力监管统计体系，是一项部门统计。考虑到电力行业是垄断行业，在组织调查中，我国电力统计的调查方法为重点调查，其调查范围为省级及以上电网企业、全国重点发电企业（集团公司）、统调发电企业以及北京电力交易中心、广州电力交易中心和各省交易中心。《电力行业统计调查制度》较《电力监管统计调查制度》涉及内容多，覆盖面广，指标丰富，主要包括电力发展统计（含发电、供用电和电力投资部分）、电力环保统计、电力可靠性统计、县级供电企业统计、电力人才培训统计、电力建设统计、电力科技统计和电力信息化统计，涵盖了全国电力工业生产和运行的基本情况。根据国家统计局和国家能源局授权，该项统计调查制度是由中国电力企业联合会（下文简称"中电联"）负责组织开展的，是一项部门统计。

"能源革命"中的任务之一是发展绿色能源，可再生能源是非化石能源的重要组成部分，《能源发展"十三五"规划》中非化石能源装机量占比和非化石能源发电量占比的测度离不开可再生能源发电情况的统计。为全面及时了解全国可再生能源生产、消费、供销基本情况，加强对可再生能源运行的监测与监管，我国制定了《可再生能源发电利用统计调查制度》。可再生能源发电统计是根据国家统计局的授权，由国家能源局新能源和可再生能源司负责组织调查的。与电力监管统计类似，可再生能源统计采取的也是重点调查的方法。可再生能源统计的调查对象主要是可再生能源开发投资企业，调查内容主要是全国可再生能源生产、消费和供销基本情况。

能源领域的专项调查还包括能源行业监测统计。该项统计是根据国家统计局的授权，由国家能源局发展规划司组织各电力、煤炭、油气和燃料乙醇行业有关单位共同建立的能源行业监测统计体系，该项统计采取的也是重点调查的方式，主要的统计内容为全国范围内的电力、石油、天然气生产和消费等基础数据。

此外，专项统计调查制度还包括住房和城乡建设部组织的，为反映城镇民用建筑和乡村居住建筑在使用过程中的电力、煤炭、天然气、液化石油气、热力等化石能源和可再生能源消耗，以及用水消耗量而制定了《民用建筑能耗统计调查制度》。该制度采取的是全面调查和抽样调查相结合的方式，其中，对城镇民用建筑能源资源消耗信息统计采取的是全面统计和抽样统计相结合的组织调查方式，对乡村居住建筑能源资源消耗统计采取抽样统计方法。为全面及时了解全国煤层气（煤矿瓦斯）抽采利用情况，国家能源局煤炭司制定了《煤层气统计调查制度》，其统计内容为全国范围内不同瓦斯等级的井工煤矿数量、煤矿瓦斯抽采和利用量、煤层气开发井数和产能、煤层气产量和利用量等基础数据，鉴于该行业的特点，该项调查也采取重点调查的方式。

综上所述，目前中国能源统计已经形成了以《能源统计报表制度》和《煤炭工业统计报表制度》两个统计报表制度为主，以《电力监管统计调查制度》《能源行业监测统计调查制度》《可再生能源发电利用统计调查制度》《煤层气统计调查制度》以及《民用建筑能耗统计调查制度》等专项统计制度为辅的较为全面的统计制度体系。

3. 统计数据产品体系

中国能源统计数据产品主要有全口径能源统计数据、煤炭工业统计数据和电力工业统计数据三种形式。

国家统计局定期发布全口径的能源统计相关数据，包括两种指标数据。一种是月度指标数据。根据每年国家统计局公布的《国家统计局主要统计信息发布日程表》，能源生产情况月度报告会按照日程表定期发布，国家统计数据库（http：//data. stats. gov. cn/）于数据发布后三个工作日更新相关数据。此外，月度数据也可以在《中国景气月报》上进行查阅，全口径的能源生产月度数据主要报告规模以上工业原煤、原油、天然气、电力生产情况相关数据。另一种是年度数据。可查看国家统计数据库、《中国统计年鉴》、《中国能源统计年鉴》和《中国经济普查年鉴》等。

中国煤炭工业协会网站上发布煤炭工业统计数据，该数据是按月发布的，主要包括煤炭生产、煤炭销售、煤炭库存、煤炭运输、煤炭进出口、煤炭价格以及相关行业经济情况等与煤炭工业相关的数据。同时，该网站及时加载和更新相关的统计制度、调查信息和数据解读等动态信息，是详细了解煤炭类能源数据的主要渠道之一。

中国电力企业联合会发布电力工业统计数据，包括两种指标数据。一种是月度指标数据，主要包括发电量、全社会用电量、装机容量等电力工业统计数据，同时，国家能源局也会对相关的数据进行相应的解读。另一种是年度数据，主要包括发电量、用电量、装机容量以及电力投资相关数据。同时，中国电力企业联合会公布的电力相关数据的口径较为齐全，《能源发展"十三五"规划》中的多个指标都需要通过该年度数据一览表进行测算。如，非化石能源装机比重和非化石能源发电量比重的计算仅使用国家统计局公布的口径无法计算，因为非化石能源发电主要包括水电、核电、风电、太阳能发电和生物质发电，生物质发电是火电的一部分，在国家统计局公布的电力工业相关的分类中生物质发电都没有单独分类。而根据中国电力企业联合会公布的 6000 千瓦及以上火电厂发电量和装机容量的详细分类，可以得到生物质发电具体情况，由此可测算出我国非化石能源发电量占比和非化石能源装机容量占比两个指标。①

4. 质量控制

为保证能源统计数据的准确性，国家统计局能源统计司在实际统计工作中建立了一套质量管理体系，以确保数据的准确性，主要包括三个方面的内容。

一是明确各级职责。我国能源统计核心制度是其报表制度，需要逐级上报，最终数据的准确很大程度上依赖于每个环节，因此，我国能源统计建立了从调查单位、区县、地市、省级到国家共五级统计机构责任制，明确了各级统计数据质量管理人员的职责，以及数据生产各个环节的质量要求，确保了能源统计数据的准确性。

二是强化过程控制。目前我国能源统计的数据处理模式是对调查数据从调查单位起，经过预处理，通过各级统计机构审核，直至验收考核的过程。规范的数据操作过程是结果数据准确的必要条件。中国能源统计工作中强化过程控制，这是最终数据准确的先决条件。

三是完善质量评估方法。在整理数据的最后，能源统计主体还需开展能源统计数据质量评估。常用的质量评估方法有相关指标对比验证法，这是为了核查报表各指标填报是否冲突，如工业总产值与能源产品产量的变化趋势如果相反，就需要进行深入分析。此外，还可以参考相关资料进行对比验证，如可以将能源报表中的数

---

① 非化石能源发电量占比具体的口径官方没有详细说明，笔者是根据《能源统计工作手册》中关于非化石能源的定义以及《能源发展"十三五"规划》中显示的两个比重的数值推测出来的，其中，非化石能源发电量 = 总发电量 − 火电发电量 + 垃圾焚烧发电量 + 秸秆、蔗渣、林木质发电量，式中笔者获得的后两项发电量是 "6000 千瓦及以上火电厂发电量"项下的，与"十三五"规划中的数值有差距，但差距较小，两个比重的差距都在 1% 以内。

据与本地区的电力消费、GDP、税收等其他宏观指标进行趋势匹配分析，如果不相符，可以进行深入分析，确保能源相关数据的准确。

（三）国际能源统计实践分析

目前，国际能源统计的数据源主要有两个方面：一是一些国际机构的统计；二是各个国家相关政府部门的统计。本节将首先介绍国际机构能源统计现状，其次介绍美国能源信息署的能源统计，最后介绍国际能源统计与我国能源统计的对比。

1. 国际机构能源统计

能源是社会经济发展的基础，一直以来众多国际机构都较为重视能源统计，目前主要的国际能源统计机构包括联合国统计司、国际能源署和英国石油公司（BP）① 等，本节仅对联合国统计司的能源统计进行详细介绍。

联合国统计委员会（United Nations Statistics Commission，UNSC）自成立以来就将能源统计作为经济统计的一部分进行详细的统计。在 20 世纪 70 年代初的能源危机之后，UNSC 将能源统计作为一个单独项目提上议程，并提交了专门的能源统计编制报告进行讨论。1976 年第 19 届 UNSC 以秘书长报告形式提交给大会委员会，大会委员会对该报告表示欢迎并一致认为综合能源统计系统的发展在委员会工作计划中应该优先处理，并一致同意使用能源平衡表作为能源统计工作协调过程中的一个关键步骤，且应以合适的形式提供数据以便更好地了解和分析能源在经济中的作用。在此背景下，联合国统计司制定出台了一系列能源统计相关的准则和建议，如《能源统计的概念和方法：尤其是关于能源账户和能源平衡的问题——技术报告》（*Concepts and Methods in Energy Statistics*，*with Special Reference to Energy Accounts and Balances—A Technical Report*）、《能源统

---

① BP 发布的《BP 世界能源展望》和《BP 世界能源统计年鉴》被奉为能源统计的必读物。

计：定义、计量单位和换算系数》（*Energy Statistics*：*Definitions*，*Units of Measure and Conversion Factors*）、《能源统计：发展中国家手册》（*Energy Statistics—A Manual for Developing Countries*）以及《国际能源统计建议》（*International Recommendations for Energy Statistics*，IRES）。其中，IRES 是联合国统计司最新发布的统计规范，也是目前能源统计重要的国际准则。本节将从统计对象及统计范围、统计项目和数据生产过程三个方面介绍联合国统计司能源统计的现状。

首先，统计对象及统计范围。顾名思义，能源统计中最基本的统计对象是能源，但不计量和监测自然界中对社会无直接影响的能源。因此，IRES 中将能源统计的主体定义为"能源产品"，即全部或主要用作能量来源的产品。能源产品包括可直接使用的能量（如电、热）和在化学过程或者其他过程（如燃烧等）中释放能量的能源。为了保证各国数据的可对比性，IRES 规定能源产品按照国际标准能源产品分类框架进行分类。

IRES 建议的能源统计范围分为两部分，分别是基本能源统计和能源统计核算。其中，基本能源统计是对特定时期内能源存量和流量、能源基础设施、能源行业运行状况及能源资源可用性的统计；能源统计核算体现为能源平衡表，主要是对进入和退出该国领土范围及内部使用的所有能源产品的数据的核算。

其次，统计项目。能源统计的根本作用是满足政策制定者、企业和公众等对能源信息的需求，因此，IRES 给出了各个国家在进行能源统计实践中推荐使用的数据采集内容。为了统计数据的准确性，IRES 建议的统计单位是基层单位，其数据采集内容主要包括五个部分：一是能源统计单位特征，主要包括调查对象的标识码、地区、活动类型、规模、所有权类型等；二是生产和储存能力，包括所有产品的产量、进口量、出口量、起初存量和期末存量、能源消费、变更、转换、损耗、非提供能源使用；三是能源生产和储存能力，包括天然气、石油、生物燃料和废弃燃料、电力和热力的生产量；四是能源相关经济指标，包括能源价格、能源出口价格、能源进口价格、能源投资等数据项目；五是有关地下矿藏资源相关的统计指标，主要包括期初量和期末量。

最后，数据生产过程。能源统计数据生产过程主要包括能源相关统计项目的采集、能源统计编纂和数据发布。IERS 建议，能源相关统计项目的采集渠道包含统计数据来源，即所提供的数据是仅以统计目的而收集的普查或抽样调查数据，以及行政数据来源，即所提供的数据是由生产统计数据以外的目的而生成的。基于收集到的数据，负责能源统计的机构需要对数据进行编制，并对数据质量进行检验。能源数据发布方面，IRES 给出了能源统计数据的参考期和发布时间表方面的建议。

2. 美国能源信息署能源统计

美国能源信息署（Energy Information Administration，EIA）是隶属于美国能源部的统计机构。1973 年，第一次石油危机引发了石油价格暴涨，再加上当初石油数据信息的缺乏，加剧了全球恐慌。为了向政府、国会、产业部门和公众提供翔实可靠的能源数据，增加石油市场的透明度，美国政府开始尝试在联邦层面设立专门的能源统计机构。1977 年，EIA 成立，其使命是向决策者提供独立的数据、预测、分析，以促进健全决策、建立有效率的市场，让公众了解有关能源及其与经济环境的相互作用。EIA 依照美国相关法律，全面收集、分析并发布能源信息，特别是能源统计信息，内容涵盖能源储量、生产、需求、价格、相关财务资料和能源技术等方面。本节将从统计对象及统计范围、统计项目和数据生产过程三个方面介绍美国能源信息署对能源统计的现状。

第一，统计对象及统计范围。广义上能源统计包括两个部分：一是能源产品的提取、生产、转换、分配、存储、贸易以及最终消费，二是能源产业的主要特征和活动。美国能源信息署能源统计的对象主要包括能源产品和能源行业。能源产品的统计范围包括了各个能源品种的供应、消费、需求、价格等。能源行业的统计范围包括能源技术进展、财务特征、能源消费和能源效率等。

第二，统计项目。美国能源信息署数据采集内容主要包括供应、市场和消费量三个方面。供应方面，EIA 根据不同能源品种的特点分别设置了具体的调查表，且根据能源品种的供应特点采取不同的调查方法。例如，石油调查采取的是全面调查方法，因为石油供应行业内公司相对较少，而且以大公司为主导，所以可以对所有公司进行调查。市场方面，包括搜集业内所有公司有关资金的信息，例如销售数据、收益、成本等。由于业内公司众多，而且每天都有大量的公司合并或诞生，进行市场调查比较困难，针对这种情况，EIA 强调运用准确的调查框架进行抽样调查。消费量方面，消费量调查需要搜集关于能源消费和反映能源利用特征的信息。由于消费者数量太多，难以做列表，EIA 通常每三年或四年进行一次地区性的抽样调查。

第三，数据生产过程。EIA 在数据生产阶段尤为重视数据质量控制及数据的分析和预测。数据质量控制方面，EIA 在数据采集之后需要先对数据进行描述，分析数据的准确性；然后再进行数据填报，填报中使用 EIA 设计的调查表，并利用这些表进行数据准确性验证；最后，EIA 还对数据进行梳理验证，通过计算机和模型来检验数据是否吻合，自动检验数据真伪。另外，数据的分析和预测方面，EIA 在出具数据报告的同时，对数据的现状进行分析，根据分析对能源数据的发展进行预测。

3. 中国能源统计与国际能源统计相比的不足

与国际能源统计相比，我国能源统计还存在以下三个不足。

一是能源统计指标体系不够健全。例如，我国的能源统计指标体系中缺乏能源价格指标。能源价格是能源市场的重要信息，随着我国能源市场的不断完善，能源价格将是影响能源供应和能源需求的重要因素，这就必然导致能源价格信息会影响能源安全。美国能源信息署的能源统计指标体系不仅有能源价格的统计，还有分析金融市场对能源价格影响的统计，足以看到美国能源署对能源价格的重视，而我国目前的能源统计指标体系中没有能源价格指标。

二是缺乏能源数据的分析和预测。能源统计的作用之一是为数据需求者提供服务。美国能源信息署、国际能源署以及英国石油公司每年都发布预测报告，如美国能源信息署每年发布《国际能源展望》，国际能源署每年也会发布《世界能源展望》，BP 每年也会发布《BP 世界能源展望》。国际组织开发的能源模型原理不一定适应于我国能源发展，因此，我国需根据国情建立适合我国能源发展的分析预测模型。

三是缺乏统一的能源综合管理体系。目前，我国能源数据分散在国家发展和改革委员会、国家能源局、国家统计局、海关总署、工业和信息化部、中国石油天然气集团公司、中国石油化工股份有限公司等多个单位，这种情况固然满足了各自的数据需求，但分散式的统计机构容易产生资源浪费和协调不够的问题，亟须从国家层次上加强战略决策和统筹协调。

五 能源统计的前沿进展——理论与实践

能源消费是保障经济、社会平稳运行的重要基础，其利用效率水平决定着一个国家经济增长的绩效和质量。对能源消费和能源利用效率进行统计分析并以此为基础促进能源的清洁、高效利用，对于能源消费量居全球首位的中国尤其有着重要意义。

（一）能源消费总量统计：进展及应用

1. 能源消费总量的统计方法

在现有学术研究中，能源消费总量多来源于官方发布的各类统计年鉴。而在实际研究中，直接获取小尺度区域的能源消费数据存在一定困难。随着技术的革新，能源消费总量的测算方法取得较大改进和突破，测算区域的尺度不断收窄，测算结果的精度不断提升，这为能源经济领域的相关研究提供了有力的数据支持。

经过长期的实践与检验，利用卫星灯光数据估算能源消费数据已成为一种成熟的研究方式。该方法可追溯至 20 世纪 80 年代，Welch（1980）通过研究 1975 年美国 18 个地区的电力消耗数据与 DMSP - OLS 卫星灯光数据的关系，首次论证卫星灯光数据可用于监测城市能源需求。Letu（2010）建立多项式回归以消除夜间卫星灯光数据的饱和性问题，结果显示电力消耗与去饱和之后的 DMSP - OLS 卫星灯光数据之间存在相关性。其后，Raupach（2010）在研究中使用线性回归模型或相关分析佐证上述观点，认为利用夜间灯光数据估算电力消费量具有一定可行性。Townsend 等（2010）使用 DMSP - OLS 卫星灯光数据研究澳大利亚全国的电力消耗空间分布情况，进一步印证卫星灯光数据估算国家能源消费的可行性和有效性。

参考全球性和国家性的研究，学者尝试对中国省级和地级层面的能源消费进行估算。李通、何春阳等（2011）运用灯光数据和地级市电力消费数据估计中国县级的电力消费量，结果显示，模拟精度约为 70%，同时电力消费量有明显的增长趋势并且空间分布差异明显。吴健生、牛妍等（2014）基于灯光数据在地级市尺度利用横截面线性回归方法模拟了中国 1995—2009 年能源消费总量，结果显示，模拟精度较高，具有一定的可靠性。潘竟虎、李俊峰（2016）使用夜间灯光降饱和指数模型处理灯光数据，以估算中国省级层面与地级层面电力消耗。Xiao 等（2018）建立时空加权模型，利用卫星灯光数据精确估计了中国各省份的能源消费，在时间和空间层面使省级相对误差均小于 5.5%。秦蒙等（2019）采用校准后的夜间灯光数据度量了地区经济增长，用动态面板数据模型和工具变量法考察了城市规模和城市蔓延对经济增长的影响。

2. 国内围绕能源消费总量统计主题开展的相关研究

（1）能源消费总量影响因素研究

能源消费总量受到多种因素共同影响，主要有产业结构、产业集聚、金融发展、技术创新、能源结构等方面。

国内外的诸多学者从宏观视角出发，探讨了经济发展过程中产业结构变动与能源消费的关系。郑新业等（2019）探讨了在产业结构转型、经济发展从量到质的转变过程中，中国能源需求的走向问题。研究发现，经济总量对能源需求的影响是通过高耗能行业进行的，经济结构变动是能源需求变动的主要因素。邹璇等（2019）则认为，若产业结构趋于合理，则其对能源消费结构的优化也将产生正向作用，但是，不同的省级单位存在着显著的差异。王凤云（2018）分析了京津冀地区经济、人口结构与能源消费之间的关系，研究表明，京津冀三地的人口密度、人均实际 GDP 与能源消费之间存在正向影响关系，同时，北京、天津第三产业占比与能源消费之间存在反向关系。

产业集聚对能源消费的影响也是不确定的，这部分由于能源回弹效应的存在，即产业集聚带来的能源效率的提升不一定会降低能耗。Bataille 等（2017）针对加拿大 2002—2012 年能源效率的分析表明，能源效率的提高使经济结构从资本密集的能源供应部门转向劳动相对密集的服务业和制造业，降低了总体能源的使用，但是大多数行业的能源支出普遍回弹，并且一部分行业还出现了"逆火效应"（Backfire Effect），即能源效率提高导致能源使用绝对量增加。邵帅等（2019）的研究表明，经济集聚和碳排放及人均碳排放之间存在典型的倒"N"形曲线关系，当集聚水平达到一定程度后可能会同时具有节能和减排的双重效应。

除上述影响因素之外，资本流动方面，Khan（2020）研究了生态创新和人力资本对能源的异质性影响，实证结果证实人力资本、生态创新、能源价格以及研发支出与能源消费总量之间存在负相关关系。金融因素方面，Chiu（2020）研究探讨了能源消费与金融发展之间的影响，研究发现在稳定的国家风险环境下，金融发展可以帮助减少能源消费。地理空间结构方面，Aruga（2020）发现印度政府解除城市封锁会对能源消费产生积极影响，以及较富裕的地区能更快地将其能源消费恢复到以前的水平。价格变化结构方面，Zou 等（2020）检验了 1965—2016 年国际原油价格变化对中国原油和水电使用变化的影响，结果表明国际原油价格与中国原油使用之间存在正相关关系，国际原油价格的上涨可能导致长期的中国水电使用增加。

（2）能源回弹效应研究

具有成本效益的能效改进降低了能源服务（例如供暖和照明）的有效价格，因此鼓励了这些服务的消耗增加，而这又将部分抵消每单位能源服务的节能量。这种直接的反弹效果已经被证实，已有文献对此进行实证研究（Dimitropoulos et al.，2018），特别是基于消费者的能源效率方面。但是，提高能效还可以触发间接和宏观经济效应以及相关的反弹效应，从而对整个经济中的能源消耗产生影响。如冯烽（2018）测算中国 20 个行业在能耗方面的表现，发现能源回弹效应存在典型的行业异质性，总体来看中国能源回弹程度并不高，能效改善可以有效节约能源。刘自敏等（2018）通过 CF-PS 数据研究了居民家庭用电回弹效应，研究发现居民用电总体上表现为回弹效应，通过实施阶梯电价政策，回弹效应降低，同时政策对城市和农村、高耗电省份和其他省份都有显著的限制回弹效应效果，对处在第三阶梯用电家庭的用电回弹效应限制作用明显，高耗电家庭接近零回弹。

（二）能源利用效率测度：理论方法及应用

1. 能源利用效率的经济学理论基础

（1）能源利用效率的经济学含义

经济学将"效率"定义为：在不使其他人境况变坏的前提下，如果一项经济活动不再有可能增进任何人的经济福利，则该项经济活动就被认为是有效率的。简言之，所谓"效率"，就是社会资源得到合理利用，或者说社会福利通过资源分配和运用实现了最大化。在规模报酬不变的假设下，能源利用效率可理解为给定一定水平的经济产出所需投入的最少能源占实际能源消费的百分比。它反映了实际能源投入与目标值的差距程度。此差距越小，能源利用效率越高。

（2）能源利用效率的生产函数框架

从经济学的视角看，资本和能源是生产能源服务的两种投入品，即选择能源利用效率决策时，即要考虑初始资本成本投入，也要考虑到未来运作成本。Gillingham 等（2009）利用生产函数分析框架对能源利用效率进行分析。

在此框架下，以消费者的最优化行为作为前提，生产能源服务的等产量线为技术水平不变条件下两种生产要素投入量（资本与能源）的各种不同组合的轨迹，这条曲线上的各点代表投入要素的各种组合比例，每一种组合比例所能生产的能源服务产量都是相等的。如图5-4所示，当能源投入减少所导致的资本成本的边际增加量等于能源与资本的相对价格时（等产量线与价格的切点处），达到能源利用成本的最小点。在技术水平不变的条件下，此时的能源利用效率为最高。相对价格取决于资本成本的效率改善、折旧率、预期能源价格、设备利用情况和决策的时间跨度。这个分析框架既能适用于家庭层面，也能适用于更广义的部门或多部门层面。

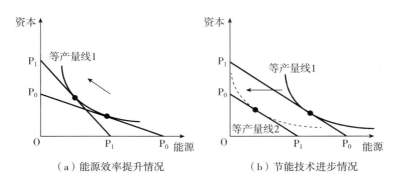

（a）能源效率提升情况　　　（b）节能技术进步情况

图5-4　能源利用效率的生产函数分析框架

（3）能源价格与能源利用效率

能源消费者决策受到能源市场与能源价格的影响。能源价格上涨短期内将导致能源消费量的节约，但由于能源利用设备和资本投入有较长的生命周期且流通率较低，能源利用效率在短期内未必能有多大变化。但是长期来看，如果能源价格持续上涨，消费者将不断替换旧的资本品，企业有更多时间来研发新产品和流程，能源价格将显著地影响能源利用效率。

我们可以定义能源需求的价格弹性为：能源价格变动时，能源需求量相应变动的灵敏度。用公式表示为：

$$\varepsilon = \frac{\Delta Q/Q}{\Delta P/P} = \frac{P}{Q} \cdot \frac{\mathrm{d}Q}{\mathrm{d}P}$$

国外学者利用价格弹性分析，就能源的需求量对价格变动的反应程度进行了大量分析。Gillingham 等（2009）通过归纳研究者对能源价格弹性的估计值发现：能源需求量的长期价格弹性要比短期价格弹性大，这是因为从长期来看，随着资本的更新，能源利用效率有更多的提高，所以长期价格弹性高于短期弹性。一些学者针对中国不同的能源市场计算得出相应的能源价格弹性和收入弹性。成金华等（2014）研究了大华北地区需求弹性模型，发现天然气需求价格弹性为负，缺乏价格弹性，GDP 的持续增长是拉动天然气需求的最大动力。

另有一些研究围绕影响能源利用效率的因素展开。Anderson 和 Newell（2004）发现能源价格越高，则消费者更倾向于大规模地应用能源利用效率高的设备。Newell 等（1999）研究发现，能源价格显著地影响能源利用效率的提高，能源价格的变化不仅影响能源利用效率技术的应用与革新，也会在一定程度上导致能源利用的变化。

（4）市场失灵、行为失灵与能源利用效率

大量国外研究发现，由于可能存在市场失灵，能源价格往往不能反映能源消费真实的社会边际成本，导致能源利用效率受到负面影响，从而有必要实施相应政策干预。为了使针对市场失灵出台的政策措施更具针对性，需要对行为失灵与市场失灵加以区分。

所谓"行为失灵"（Behavioral Failures），是指由于消费者决策的系统性偏差，对能源利用效率的投资相对于成本最小化而言可能会出现不足，它代表了与效用最大化或者与能源服务成本最小化不一致的消费者行为。作为对比，对市场失灵的分析并不预先假设个体的理性，而是集中讨论经济代理人与社会之间进行互动的条件。市场失灵与行为失灵的具体表现及针对性政策措施详见表 5 - 3。

表 5 - 3　　　　　市场失灵与行为失灵及针对性的能源政策

	类别	具体表现	政策措施
市场失灵	（一）能源市场失灵	环境外部性	污染物排放定价（税收、限额与交易）
		平均成本定价	实时定价，市场定价
		能源安全	能源税，战略储备
	（二）资本市场失灵	流动性约束	融资/贷款计划
	（三）投资市场失灵	研发外溢效应	研发税收减免，公共资助
		"干中学"外溢效应	早期市场应用的激励措施
	（四）信息问题	信息缺乏或信息不对称	信息程序
		委托—代理问题	信息程序
		"干中学"与"用中学"	信息程序
行为失灵		前景理论	教育、信息、产品标准化
		有限理性	教育、信息、产品标准化
		启发式决策	教育、信息、产品标准化

　　注：转引自 Gillingham 等（2009）。

　　①市场失灵

　　影响能源利用效率的市场失灵因素包含能源市场失灵、资本市场失灵、投资市场失灵以及信息问题。

　　能源市场失灵对能源效率的影响主要表现在以下三个方面：

　　其一，环境外部性。能源的生产与消费会导致温室气体的排放和其他空气污染，从而导致环境外部性，这种环境外部性不能由个体的能源消费者在内部消除。虽然对于环境外部性的存在没有争议，但这些外部性的量级和内部化的程度是不确定的，难于对其测度。环境外部性主要是以温室气体排放的形式出现，但也存在于其他化石类能源，例如家庭取暖用油或丙烷。如果能源价格没有将环境外部性在一定程度上内部化，从社会角度看市场就只能处于较低的能源利用效率水平。许广月（2010）通过研究能源消费、碳排放与经济增长之间的关系，发现可以通过对碳排放征收碳税，缓解环境外部性问题。碳税不仅可以使经济增长出现稳态的平衡增长路径，还可以调节能源消费，从而调节碳排放量，实现能源消费、碳排放与经济增长的协调发展，并因此提高社会的整体福利水平。

其二，能源产品的不合理定价。以美国电力市场为例，由于电能普遍采用平均成本定价，不能体现出社会边际成本，导致电力相对于经济最优状态下的使用不足或过度使用，引发较低水平的能源利用效率。Joskow 和 Tirole（2004）给出了具体分析：一方面，作为摊销固定成本的结果，如果平均成本高于边际成本，消费者面对的价格将高于经济最优状态下的价格，使得电力的使用不足；另一方面，电力的平均成本价格又取决于生产电力的发电机组的平均成本。如果消费者在用电高峰时面对的电价过低，相对于社会最优状态，他们使用的电力将是过量的；如果消费者在用电低谷时面对的电价过高，他们的电力消费将会过低。Ouyang 等（2018）利用随机前沿分析模型对 2004—2013 年中国 30 个省份的要素价格市场进行分析。研究发现，相对于劳动力价格和投入，中国的能源价格是较低的，而资本的价格是相对较高的。要素市场的价格扭曲导致中国能源利用效率偏低，中国必须加快能源价格市场化进程。

其三，国家安全导致的外部成本。Bohi 和 Zimmerman（1984）等研究认为，对于能源对外依存度较高的国家，过度依赖于境外某种能源资源（特别是来自世界不稳定地区的石油资源）会导致国家安全的外部成本，但国内消费者所面对的能源价格并没有完全包含国家安全的因素，或是这些因素并没有计入他们的能源利用决策中。从短期看，减少石油消费并不能改变相关的国家安全风险，调整军事或外交支出也同样不能改变该风险。当然，如果开展更大规模的削减石油消费或发展石油的替代资源，从长期看是可以降低这种国家安全风险的。但是，鉴于该风险目前并没有充分体现在相关能源资源的价格中，这仍可能导致能源利用效率的投资不足，从而引发能源市场失灵。

资本市场失灵对能源利用效率的影响主要体现在流动性约束方面。Blumstein 等（1980）首先描述了能源市场的流动性约束，将其界定为阻碍能源利用效率获得更充分融资的一种市场壁垒。当用于改善能源利用效率的信贷融资渠道不畅通时，消费者只能购买能源利用效率较低的产品。由此能源利用效率低下可归因于能源利用效率投资不足，这反映了在典型市场水平之上的一种隐含贴现率。但能源利用效率中的流动性约束到底严重到何种程度，目前还未从经验上加以认定。一些经验证据显示，只有很小百分比的消费者能够获得贷款融资以改善能源利用效率，这或许暗示流动性约束仅仅对较少份额的能源利用效率投资产生了实质影响，或者说，流动性约束事实上强迫绝大部分能源利用效率投资进行自我融资。

投资市场失灵对能源利用效率的影响主要体现在研发（R&D）造成的外溢。研发外溢使得对能源利用效率进行技术革新的投资不足。这是公共品的属性使然，它使得私人企业不能从自身的革新努力中获取足够的收益，相反，其他企业和消费者倒是从中获益。当然，这是所有技术革新共同面对的问题。

阿罗（Arrow）首次提出了"干中学"（Learning by Doing）的概念，发现随着新技术不断应用于生产，企业在实践中能学会降低生产成本的方法，技术变迁就是在企业解决生产过程中的问题而不断积累经验的过程中发生的。如果在"学"的过程中创造出的知识外溢到了行业中的其他企业，使得这些企业的成本下降而初始投资的企业并没有因此获得报偿，则"干中学"将导致投资不足从而造成投资市场失灵。在能源领域，对"干中学"过程的实证研究已经开展，首先应用于能源与气候政策模型背景下的新兴低碳发电技术。但是在能源利用设备"学习"方面的经验证据还非常有限，现有研究多集中在降低生产成本方面，而不是针对在提高能源利用效率方面的"学习"情况。如何考察能源利用效率技术方面的"学习"并确定"学习"外溢到其他企业的程度，需要在未来进行深入研究。

信息问题对能源利用效率的影响主要表现在以下三个方面：

其一，信息缺乏和信息不对称可导致消费者对能源利用效率系统性投资不足。Howarth 和 Sanstad（2010）指出，在操作成本中，消费者往往缺乏更高效与更低效能源产品之间差异的足够信息，而这种信息对于做出合适的投资决策是非常必要的。Howarth 和 Sanstad 描述了能源利用效率背景下的逆向选择：当能源利用效率的改善不可观测时，高能源利用效率技术的卖方（这类技术确实能为消费者带来利益）无法将相关信息充分、有效地传递给买方，逆向选择就可能会出现。尽管每一种产品的卖方都有激励来宣传其产品有较高的能源利用效率，但是由于买方通常无法直接观测到能源利用效率的改善程度，所以买方只好在其购买决策中忽略了能源利用效率这项因素。

其二，委托—代理问题或激励分裂问题描述了所有权与经营权（使用权）分离的情况。Jaffe 和 Stavins（1995）对居住类能源消费中的委托—代理问题进行了分析：建筑商或地产主作为代理人，确定该栋建筑物的能源利用效率水平，而购房者或租户作为另一方当事人（委托人），才是真正支付能源账单的人。当委托人对建筑物的能源利用效率仅可获得不完全信息时，代理人就不能从建筑物的销售价或房租中得到对能源利用效率投资的补偿。此时相对于社会最优状态，建筑商或地产主在房产上的能源利用效率投资就会不足，从而导致市场失灵。

其三，"干中学"与"用中学"所造成的知识外溢也对能源利用效率产生正外部性影响。如同在其他类别的生产领域，在能源的生产与利用领域，只要新技术具有非排他性的学习特征，使得在"学"的过程中创造出的知识能够外溢到同行业中的其他企业，从而降低其能源利用成本，"干中学"就可能导致正外部性。Rosen-berg 首次提出了"用中学"（Learning by Using）的观点，认为通过对复杂技术的操作和使用，也能产生知识外溢。能源利用效率领域中的"用中学"常导致正的外部性：在新产品和新技术的使用或运行过程中，使用者能创造出与提升能源利用效率有关的技术、技巧、经验等知识外溢，而其他人可以免费地学习借鉴而获益，从而促进能源利用效率在更广范围内提升。Harris 等（1993）等研究从需求方角度出发，将"用中学"所产生的知识外溢，细化为"免费开车者"（Free Drivers）和"规划外溢"（Program Spillovers）两种情况。

②行为失灵

行为经济学已经开始关注消费者决策中的若干种系统性偏差，这些偏差可能影响能源利用效率投资领域的相关决策。尽管能源决策领域的心理学与社会学分析也有类似的研究视角，但总体而言在能源决策领域有关行为失灵的实证检验文献目前还较为缺乏。

行为经济学借鉴了认知心理学和其他学科的相关内容来开展实验和理论分析，以此研究消费者决策行为。行为经济学放松了微观经济学中关于理性选择的经典假设，代之以有限理性（Bounded Rationality）或其他启发式决策方法。在能源利用效率研究领域，最常见的理性假设是：决策者在某种给定水平的能源服务条件下，对现值进行成本最小化决策。但是事实证明，消费者决策并不总是完全理性的。学术界已发展出一整套理论，对人们何时以及如何违背理性选择公理进行考察。Shogren 和 Taylor（2008）对资源与环境经济学背景下的该问题进行了专题文献回顾。

在能源利用效率背景下，行为经济学中的三项主题都对能源决策产生影响：前景理论（Prospect Theory）、有限理性（Bounded Rationality）和启发式决策（Heuristic Decision Making）。

前景理论假定，收益和损失间的福利变化是由一个参考点来评价的，通常该参考点位于当期现状（Status Quo）。在不确定性条件下，如果消费者对收益是风险规避者，而对损失又是风险爱好者时，损失所导致的福利变化，就远远大于相同规模的预期收益所导致的福利变化。这将导致损失规避（Loss Aversion）、锚定效应（Anchoring Effect）、现状偏差（Status Quo Bias）以及其他偏离理性决策的异常行为。

有限理性认为，当消费者在处理信息过程中存在认知约束的问题时，其行为在一定条件下就会偏离理性决策。启发式决策与有限理性关系密切，它包括在若干关键内容上与传统效用最大化理论所不同的一系列决策策略，可以减少决策中的认知负担（Cognitive Burden）。

从行为经济学理论角度看，在能源利用效率相关领域，能源消费者的行为决策可能受上述问题的影响而存在系统性偏差，无论这种偏差是正向的还是负向的。但是，对此进行实证检验的经济学文献还相当缺乏。Hartman 等（1990）就消费者对电力服务的可靠性评估中是否存在前景理论进行了实证检验，发现消费者是非理性的，不愿意跳出现状。

对有限理性的实证检验就更困难了，这是因为在能源决策中，目前尚没有得到一致认可的有限理性模型可供使用。Friedman 和 Hausker（1988）使用有限理性的特殊结构方法，构建了一个理论模型。在这个模型中，为了应对能源价格的分层利率结构（Tiered - rate Structure），消费者没有能力对其能源消费进行最优化决策。该模型指出，如果能源价格的利率结构上升，消费者将过度消费能源；反之，如果利率结构下降，能源消费将不足。

能源领域的启发式决策也同样难以进行实证检验。Kempton 和 Montgomery（1982）发现，消费者使用简单的启发式技巧来决定他们的能源消费，而这些启发式技巧系统性地导致了能源利用效率投资不足。他们发现，在有关能源利用效率投资的决策中，消费者倾向于使用一种简单的投资回收期方法，将全部投资成本进行分类时，是利用目前的能源价格计算出未来的能源节约值，而不是使用能源节约发生当时的价格来计算，这显然忽略了真实能源价格的未来变动。

Aronson 和 Yates（1985）发现，消费者常对那些在心理上最活跃鲜明的且可观测的因素赋予过高的权重，这称为突出效应（Salience Effect）。Wilson 和 Dowlatabadi（2007）认为，突出效应会对能源利用效率决策产生不利影响，这是因为，相比较于能源运作成本而言，决策者对前期投资成本更加敏感。由此决策者会过度重视初始能源利用效率产品或投资的购买成本，从而导致能源利用效率的投资不足。

尽管实证检验较为困难，但心理学及其他学科的研究证据表明，消费者决策中存在的系统性偏差，能导致能源的过度消费以及能源利用效率的投资不足。尽管如此，有关如何测度这些偏差的规模、如何克服信息失灵和其他类市场失灵、如何评估应对行为失灵相关政策的有效性等问题，仍是有待于未来进行深入研究的重要问题。

2. 能源利用效率的统计方法研究

世界能源委员会 1995 年将"能源利用效率"定义为"减少提供同等能源服务的能源投入"。实际上，能源利用效率本身是一个一般化的术语，可以用多种数量上的指标进行测算。由于能源利用效率的定义缺少统一标准，加之测算方法本身存在争议，各种研究计算出来的能源利用效率结果差异较大。当前，能源利用效率的统计测度方法，按照影响要素的数量进行划分，有两类思路：单一要素能源利用效率指标和多要素能源利用效率指数。

（1）单一要素能源利用效率指标

单一要素能源利用效率指标（Partial Factor Energy Efficiency，PFEE），是把能源要素与宏观经济的总体性产出指标进行比较，不考虑其他生产要素或影响能源消费的因素。由于此类指标计算方法简单，基础数据获取难度低，很多国家都用此类指标衡量经济发展中的能源利用效率以及节能潜力，并用于国际比较。单一要素能源利用效率指标具体包括以下几种。

①能源强度或能源生产率

能源强度（Energy Intensity），指单位产出的能源消耗，一般用能源消费总量除以国内生产总值来计算，常称为单位 GDP 能耗。与此相类似的是能源生产率指标，即单位能耗的产值，它是能源强度的倒数。

②能源消费弹性系数

能源消费弹性系数反映能源消费增长速度与国民经济增长速度的比例关系。计算公式为：能源消费弹性系数 = 能源消费量年均增长速度/国民经济年均增长速度。该系数大于 1 时，表明能源消费的增长速度高于经济增长的速度，能源利用效率下降；反之，则说明较少的能源消费增长即可支撑较高的经济增长，能源利用效率上升。

③能源生态足迹

能源生态足迹是生态足迹方法（EFA）在能源领域的应用，通过计算各类能源的生态占用面积，测算能源对生态系统的影响从而对能源使用的绩效进行评估。较为典型的计算方法为：用人类消费和污染消纳所消耗的各种能源区域消费量除以区域单位产量，得到各类生态生产性土地的区域能源生态足迹占用面积，再乘以产量调整因子和等价因子，得到各类土地全球生态足迹占用面积，将各类等价土地面积加和，得到某特定区域的能源生态足迹值。

（2）多要素能源利用效率测度方法

多要素能源利用效率综合考虑了包含能源在内的多种生产要素对产出的影响，这些生产要素包括能源、劳动力、资本等，有的文献也包含影响能源消费总量的其他因素，如可再生能源（生物质能）等。多要素能源利用效率测度方法由于综合考虑了能源、劳动力、资本等多元投入对产出的影响，弥补了单一要素能源效率忽视结构性因素、方法较为简单等缺陷，目前在学术界得到了广泛关注。多要素能源利用效率一般采用数据包络分析（Data Envelopment Analysis，DEA）或随机前沿（SFA）等方法进行计算，两种方法都是建立在前沿生产函数的基础上的。前沿生产函数是将生产者效率分解为技术前沿（Technological Frontier）和技术效率（Technical Efficiency）两个部分，前者刻画所有生产者投入—产出函数的边界（frontier of the production function），后者描述个别生产者实际技术与技术前沿的差距。前沿生产函数反映了在具体的技术条件和给定生产要素的组合下，企业各投入组合与最大产出量之间的函数关系，通过比较各企业实际产出与理想最优化产出之间的差距，可以反映出企业的综合效率。以下将详细介绍数据包络分析和随机前沿的基本原理以及其在能源利用效率测度中的应用。

①数据包络分析

数据包络分析是著名运筹学家 Charnes、Rhodes 和 Cooper 等于1978 年创建的一种基于线性规划技术的非参数前沿效率分析法。通过数学规划的方法，利用决策单元（Decision Making Unit，DMU）确定一个有效生产前沿面，并通过比较决策单元与前沿面的距离来评价它们的相对效率。输入数据可以是 DMU 在某种活动中耗费的资源，如投入的资金、原材料、机器设备、劳动力等；输出数据是指输入经过一定生产过程所转化为 DMU 某些产出成果的量，如产出的数量、质量、获得的收入利润等。

方法方面，DEA 在能源效率测度中常用的方法可分为技术效率值直接代替法、Hu－Wang 方法、直接计算法和技术效率转换法四类。技术效率值直接代替法，基于常规 DEA 模型，将能源列为诸多投入要素的一种，计算出全部投入要素的技术效率值，以此作为能源利用效率值。这种方法测度的能源利用效率较为粗略，掺杂了其他种类投入要素的效率信息，也没有考虑能源投入配置效率的损失。但由于该方法简单易行，可使用常规线性规划软件直接求解。Hu－Wang 方法由 Hu 和 Wang（2006）首次提出，它考虑到了社会生产中可能出现的能源投入的冗余现象，通过计算能源投入的松弛变量，间接计算能源利用效率。直接计算法在 DEA 模型中专门设定能源投入的效率参数来直接计算能源利用效率值，由此得到的能源利用效率目标值剔除了其他种类投入要素的效率信息，结果较为精确。技术效率转换法是一种间接计算能源利用效率的方法，常用在技术手段受到某种局限而无法使用上述 Hu－Wang 方法直接计算法时。技术效率转换法提供了一种备用选择，它使用全部投入要素的技术效率、能源投入的松弛量来间接计算能源利用效率。

实践方面，Honma 和 Hu（2007）将十余种投入和仅一种产出纳入 DEA 模型，测算了 1993—2003 年日本 47 个县的能源效率，使用 Malmquist 指数（ML 指数）法对其进行分解。Mukherje（2008）从生产理论的角度出发，比较了运用几种 DEA 模型测算的美国制造业 20 世纪 70 年代之后 31 年间能源消费最高 6 类行业的能源效率。Ouyang 等（2020）从三个方面增强了数据包络分析（DEA）模型分析区域能源和环境效率的能力。Huo 等（2020）使用 DEA 模型和 TFEE 算法，结合 2006—2015 年中国 30 个省份（不包括西藏自治区）的数据，对建筑业的"实际"全要素能源效率（TFEE）进行了测量。除了 TFEE 框架下的传统经济产出外，在建的建筑面积也被视为产出指标。

除传统 DEA 方法外，Apergis 等（2015）采用两步法，基于包含非期望产出的 Slacked Based Measure（SBM）模型对选定的国家进行能源效率评估。Amowine 等（2019）基于动态 SBM 模型评估 2006—2014 年非洲 25 个国家的能源效率。Sepehr 等（2019）基于数据包络分析模型，使用 K－Means 聚类算法确定效率，并根据国家的效率表现对它们进行聚类。Ohene－Asare 等（2020）对 46 个非洲国家进行了能源效率评估，并在一个三阶段的框架内分析了能源效率与经济发展之间可能存在的双向关系。

相比国外，国内学者研究相对滞后。栾义君和任杰（2014）以能源、资本、劳动、土地为投入，第一产业增加值为产出，测算发现 2002—2011 年中国各省份的农业能源效率呈现整体稳态收敛趋势。关伟和许淑婷（2014）用全社会固定资产投资额代替资本存量，将基于产出导向的生产规模可变 DEA 测算结果与单位国内生产总值作比构建新的评价指标，挖掘辽宁省地级市能源效率的空间格局与区域差异。

随着 DEA 模型快速发展和人们对非期望产出认知的提升，能源效率的测算方法和分析方法更加成熟起来。赵楠等（2015）将污染物排放、生物质能等环境因素纳入全要素能源利用效率测度模型，采用 DEA – Bootstrap 方法对中国省级行政单位的能源利用效率进行测算。陶长琪、李翠和王夏欢（2018）通过 Bootstrap 抽样方法纠偏的 SBM 模型，更准确地测算考虑非合意产出的省际能源效率。高鹏和岳书敬（2020）构建非竞争型投入产出模型和超效率 SBM 模型，动态分析中国产业部门的全要素直接能源效率与全要素隐含能源效率及其节能潜力。

②随机前沿分析

随机前沿分析（Tochastic Frontier Analysis，SFA）是一种基于生产前沿面理论的参数方法。SFA 模型在确定性生产前沿的基础上，通过将误差项分解为两部分，一部分表示随机误差，另一部分表示技术无效性（Technical Inefficiency），从而估计 DMU 的技术效率。SFA 是一种基于参数估计的前沿分析方法，与基于非参数方法的 DEA 相比，它的突出优点是能够提供明确的生产函数关系并考虑技术效率的影响变量。Honma 等（2014）利用 SFA 估计了 1996—2008 年日本 47 个地区的全要素能源效率得分，将横截面随机前沿模型扩展到面板数据模型，并添加环境变量。Ouyang 等（2019）采用随机前沿分析（SFA）评估了珠江三角洲城市群的 9 个城市在 2004—2016 年的工业全要素能源效率。

3. 国内围绕能源利用效率主题开展的相关研究

（1）能源利用效率影响因素研究

目前国内已有大量研究，将影响能源利用效率的因素归纳为产业结构、技术进步、能耗结构、能源价格等。

①产业结构

产业结构的调整能够促进各种要素在行业之间的流动，比如产业结构的升级可以使能源从生产率低的行业流向生产率高的行业，从而在整体上降低了能源消耗。魏楚等（2007）采用固定效应模型研究了能源利用效率与产业结构、政府影响力、对外开放程度和制度变量之间的关系，发现产业结构（第三产业增加值）的调整能够改善能源利用效率。吕明元和陈维宣（2016）通过将产业结构演进拆分为产业高级化和合理化，认为产业高级化提高了能源利用效率，合理化则抑制了能源效率的提升。于斌斌（2017）研究认为，提高产业结构调整质量对能源效率存在显著的促进效应及空间溢出效应。Yu（2020）研究表明，中国的全要素能源效率产业间结构的服务调整和产业内结构的生产率提升都显著促进了全要素能源效率的提高。

②城镇化发展

从20世纪90年代开始，中国进入了城镇化加速发展阶段，城镇化比例攀升，对能源效率的影响也逐渐凸显。阚大学和罗良文（2010）使用空间计量模型进行研究，认为短期内城镇化水平对能源强度具有正向影响。王蕾和魏后凯（2014）分地区进行研究，认为我国城镇化水平正向影响能源强度，城镇化水平的提升会增加能源强度，降低能源效率。佟金萍等（2018）认为，在城镇化进程中居民消费对能源消费产生显著正向效应，城镇化水平提升可以缓解能源消费增长。周敏等（2018）研究了城镇化对能源的影响，认为城镇化显著促进能源消费，但这种促进作用呈现减弱趋势。

③工业化水平

工业消耗的能源是能源消费的重要部分，工业化水平对能源效率具有显著影响。张瑞和丁日佳（2015）研究认为，工业化对能源强度具有较为显著的正向作用。王珂英和张鸿武（2016）研究了工业化和城镇化对能源效率的影响，结果表明工业化水平的提升显著促进能源效率的提高，但城镇化水平对能源效率的影响不明确。陈庆江等（2016）认为，工业化和信息化的融合对能源强度具有显著降低作用。

④影响能源利用效率的其他因素

除了上述列举出的几个因素，还有影响能源效率的其他因素。吴玉鸣（2012）认为，能源价格、经济增长均能影响能源强度。孙庆刚等（2013）认为，投资率也能对能源强度产生显著影响。姚小剑等（2016）的研究表明，能源消费结构优化以及技术进步均对能源效率的提升产生显著作用。王溪薇（2018）认为，在 2007 年之后信息化对降低产业能源强度的贡献很大。

（2）能源利用效率地区分布特点研究

大多数学者根据能源利用效率的高低直接将各省市划分为三个区域：能源高效区、能源中效区和能源低效区。也有学者按照东、中、西三大地区对能源利用效率进行区域分析，并且多是采用时间序列分析其变化趋势。近年来国内出现了利用空间计量方法分析区域特征的文献，如徐盈之和管建伟（2011）基于空间计量分析方法采用全局莫兰指数研究能源利用效率的整体分布，结果发现能源利用效率呈空间集聚趋势。Peng 等（2020）聚焦于江苏省内部的能源生态效率，发现区域能源生态效率的差距不断增大，空间网络分布并不均匀，板块间的溢出效应相对较低。Cheng 等（2020）将空间相关性纳入能源效率的收敛检验中，发现我国的能源效率具有显著的空间差异。

（3）节能潜力研究

史丹（2006）以能源强度作为各单位的能源利用效率，对我国节能潜力进行了分析。杨红亮等（2009）把一个地区的节能潜力定义为一个地区和先进地区在能源利用效率上的差距，发现各地区经济社会因素造成的能源投入冗杂才是真正可以实现的节能潜力。汪克亮等（2018）基于非径向加权 Russell 方向性距离函数与 Luen-berger 生产率指标，分别从静态和动态两个维度系统考察了 2006—2015 年中国节能减排效率的地区差异、动态演进与驱动因素，研究结果表明中国节能减排潜力巨大。中国节能减排效率的提升主要靠技术进步驱动，然而中国技术效率低下，且地区间存在明显的差异，呈现典型的"马太效应"特征。

4. 中国能源利用效率的统计实践

当前中国各级政府已充分认识到提高能源利用效率、建立节能减排统计监测和考核体系的重要性和紧迫性，能源统计制度也逐步建立和完善，能源利用效率的统计实践工作取得了显著进步。2007年11月，国家发展和改革委员会、国家统计局和国家环保总局分别会同有关部门制订了《单位 GDP 能耗统计指标体系实施方案》《单位 GDP 能耗监测体系实施方案》《单位 GDP 能耗考核体系实施方案》等方案，进一步推动了中国能源效率统计工作的顺利开展。

从"十一五"开始，中国节能减排取得显著成效，"十一五"时期中国实现了单位 GDP 能耗下降 19.1% 的显著成效。能源消费弹性系数也由"十五"时期的大于 1.0 下降到 0.59。中国已把单位 GDP 能耗和单位 GDP 二氧化碳排放分别下降 13.5% 和 18% 作为约束性目标纳入了"十四五"国民经济与社会发展规划，同时提出合理控制能源消费总量的设想。由此可见，在中国目前的能源统计中，能源利用效率主要由单位 GDP 能耗指标体现，由于计算方法简单、基础数据易获取，它在能源效率统计中发挥了重要作用。但如前述，该指标属于单一要素能源利用效率指标，存在如下局限性。

首先，单位 GDP 能耗指标包括了大量结构性因素，当国家或地区的产业（行业）结构发生升级变动后，指标值将显著变化，但这并不表明经济中能源利用的技术效率发生了变化，因此单位 GDP 能耗指标忽视了产业间的技术差别以及能耗差别，不能表现国民经济体中各个不同产业在能源利用效率上不同的发展变化。

其次，单凭能源要素投入无法完成全部社会生产活动，而 GDP 是一个经济体中各种不同生产要素的综合产出，因此单位 GDP 能耗指标无法反映劳动力、科技水平等其他生产要素对能源投入的替代效应。

最后，现实经济中使用的能源种类显然是多种的，不同种类能源在根据现有技术使用时，会有不同的利用效率差异。GDP 能耗指标只是经济体总产出的货币表现与总能源投入（能源消费）之间的比值，忽视了不同种类能源之间的替代效应，也不能反映能源结构不同的经济体（例如各地区）之间的能源利用效率差异。

因此，我国能源利用效率相关统计工作还需进一步加强和完善，我们提出如下建议。

第一，需构建"综合性能源强度指数体系"。

针对单位 GDP 能耗指标存在的局限，建议我国尽早建立"综合性能源强度指数体系"，从而获得多要素能源效率指数。初步设想是引入层级结构，将能源利用情况按照地区、行业和不同能源结构进行多维分类，分别测算个体能源强度的时间序列数据，再对低层次的各类能源强度数据采用加权汇总的方式生成更高层级的能源强度数据，直至最终生成全国或地区、行业层面的能源强度指数。

综合性能源强度指数体系是基于大量特定经济活动的能源强度的综合。它可用于监测全国（或地区）整体宏观经济、终端部门以及各类分支部门的能源强度改变，对行业和地区能源效率的变化和内在因素进行分析研究，在相当程度上突破了单位 GDP 能耗指标方法简单、忽视结构性影响的局限。

实际上，西方发达国家已经在进行这方面的尝试。美国能源部（MOE）下设的能源效率与可再生能源办公室（Office of Energy Efficiency and Renewable Energy）设计了能耗强度指标体系，取得了很好效果。该指标体系使用三类指数来解释历年能源利用变化：①活动指数，反映经济中某个部门活动水平的变化；②个体能源强度指数，用来反映各分支部门或经济组成部分的能源强度的变化；③结构指数，用来表示经济结构变动的影响。

第二，应重视地区和行业层面的能源利用效率统计。

全国层面的能源利用效率数据往往会掩盖地理空间差异，难以得出真实结论，还应该结合横截面的地区或行业数据进行综合分析。各地区间不同的能源消费规模、能源产业结构和能源利用效率会对区域经济发展施加重要影响；同时能源供给的可流动性、技术的外溢又使各地区间能源利用效率存在复杂的互动影响，这是基于全国整体层面的能源统计分析所不能测度的。因此，开展更为深入、细致的地区（或行业）能源利用效率统计工作，可为中国区域经济规划和宏观经济管理部门提供有价值的决策参考依据，从而制订科学的能源利用政策，合理选择产业布局和区域经济规划。

当前国外有大量研究对地区或行业的能源利用状况进行综合分析，以对能源利用效率进行更加全面的测度。但是中国在这个领域还处于刚刚开始阶段。当前，中国地区能源利用效率统计存在的突出问题是统计数据发布不及时、统计方法不公开、不同地区的统计口径不衔接。为此，笔者建议加强地区间能源统计的合作，统一各地区能源统计口径、指标体系和数据公开制度，借鉴和吸收国外能源利用效率统计制度中的规范做法，加强中国能源统计数据的地区可比性以及国际可比性。

第三，应进一步开展能源统计数据的后期开发利用。

为深入发掘能源利用效率统计数据的内在信息，我们建议进一步加强政府统计部门与学术界的沟通合作，做好相关数据的后期开发利用。如前所述，当前学术界有大量研究对中国能源消费以及能源利用效率进行分析，例如通过指数分解将能源生产率分解为要素结构变化与技术变化等若干部分；将 R&D 作为一种额外要素引入测度模型，研究科技进步是否显著影响能源利用效率；还有的引入数据包络技术、随机边界等较为复杂的方法对多要素能源效率进行测度；等等。这些学术性工作显然迫切需要来自政府统计部门的支持。一方面，政府统计部门及时发布权威、精确的统计数据将支持能源利用效率领域的学术研究；另一方面，学术界的研究成果和能源利用效率统计测度方法的改进也会促进政府统计部门的工作。

参考文献

陈庆江、杨蕙馨、焦勇：《信息化和工业化融合对能源强度的影响——基于 2000—2012 年省际面板数据的经验分析》，《中国人口·资源与环境》2016 年第 1 期。

成金华、刘伦、王小林、肖建忠：《天然气区域市场需求弹性差异性分析及价格规制影响研究》，《中国人口·资源与环境》2014

年第 8 期。

冯烽：《能效改善与能源节约：助力还是阻力——基于中国 20 个行业能源回弹效应的分析》，《数量经济技术经济研究》2018 年第 2 期。

高鹏、岳书敬：《中国产业部门全要素隐含能源效率的测度研究》，《数量经济技术经济研究》2020 年第 11 期。

关伟、许淑婷：《辽宁省能源效率与产业结构的空间特征及耦合关系》，《地理学报》2014 年第 4 期。

胡萍：《能源统计知识简介》，《统计与咨询》2011 年第 8 期。

纪成君、鲁婷、陈振环、韩家彬：《中国能源消费与经济增长关系的动态演变——基于状态空间模型的变参数分析》，《生态经济》2016 年第 11 期。

阚大学、罗良文：《外商直接投资、人力资本与城乡收入差距——基于省级面板数据的实证研究》，《财经科学》2013 年第 2 期。

李江华、赵楠：《关于完善和加强能源利用效率统计的思考》，《统计与决策》2012 年第 4 期。

李璐：《有关能源统计的国际建议》，《中国统计》2016 年第 6 期。

李通、何春阳、杨洋等：《1995—2008 年中国大陆电力消费量时空动态》，《地理学报》2011 年第 10 期。

刘自敏、李兴：《阶梯电价、回弹效应与居民能源消费——基于 CFPS 数据的分析》，《软科学》2018 年第 8 期。

吕明元、陈维宣：《中国产业结构升级对能源效率的影响研究——基于 1978—2013 年数据》，《资源科学》2016 年第 7 期。

栾义君、任杰：《我国农业全要素能源效率及其收敛性研究》，《中国农业资源与区划》2014 年第 5 期。

潘竟虎、李俊峰：《基于夜间灯光影像的中国电力消耗量估算及时空动态》，《地理研究》2016 年第 4 期。

秦蒙、刘修岩、李松林：《城市蔓延如何影响地区经济增长？——基于夜间灯光数据的研究》，《经济学》（季刊）2019 年第 2 期。

邵帅、张可、豆建民：《经济集聚的节能减排效应：理论与中国经验》，《管理世界》2019 年第 1 期。

史丹：《中国能源效率的地区差异与节能潜力分析》，《中国工业经济》2006 年第 10 期。

孙庆刚、郭菊娥、师博：《中国省域间能源强度空间溢出效应分析》，《中国人口·资源与环境》2013 年第 11 期。

陶长琪、李翠、王夏欢：《环境规制对全要素能源效率的作用效应与能源消费结构演变的适配关系研究》，《中国人口·资源与环境》2018 年第 4 期。

佟金萍、赵明明、马剑锋、杨足膺：《城镇化进程中地区居民消费对能源消耗的影响研究》，《华东经济管理》2018 年第 10 期。

汪克亮、史利娟、刘悦、杨宝臣：《中国节能减排效率的地区差异、动态演进与驱动因素——基于非径向加权 Russell DDF 与 Luenberger 生产率指标》，《华东经济管理》2018 年第 1 期。

王风云、苏烨琴：《京津冀能源消费结构变化及其影响因素》，《城市问题》2018 年第 8 期。

王珂英、张鸿武：《城镇化与工业化对能源强度影响的实证研究——基于截面相关和异质性回归系数的非平衡面板数据模型》，《中国人口·资源与环境》2016 年第 6 期。

王蕾、魏后凯：《中国城镇化对能源消费影响的实证研究》，《资源科学》2014 年第 6 期。

王溪薇：《信息化对我国产业能源强度影响的测算》，《统计与决策》2018 年第 7 期。

魏楚、沈满洪：《能源效率及其影响因素：基于 DEA 的实证分析》，《管理世界》2007 年第 8 期。

吴健生、牛妍、彭建、王政、黄秀兰：《基于 DMSP/OLS 夜间

灯光数据的 1995—2009 年中国地级市能源消费动态》，《地理研究》
2014 年第 4 期。

吴开尧：《基于可持续发展的中国能源核算研究》，博士学位论
文，上海交通大学，2011 年。

吴玉鸣：《中国区域能源消费的决定因素及空间溢出效应——
基于空间面板数据计量经济模型的实证》，《南京农业大学学报》
（社会科学版）2012 年第 4 期。

徐盈之、管建伟：《中国区域能源效率趋同性研究：基于空间
经济学视角》，《财经研究》2011 年第 1 期。

许涤龙、钟雄、汤智斌：《能源统计的国际准则——IRES 及其
启示》，《北京理工大学学报》（社会科学版）2014 年第 3 期。

许广月：《碳排放收敛性：理论假说和中国的经验研究》，《数
量经济技术经济研究》2010 年第 9 期。

杨红亮、史丹：《能效研究方法和中国各地区能源效率的比
较》，《经济理论与经济管理》2008 年第 3 期。

杨红亮、史丹、肖洁：《自然环境因素对能源效率的影响——
中国各地区的理论节能潜力和实际节能潜力分析》，《中国工业经
济》2009 年第 4 期。

姚小剑、杨光磊、高丛：《绿色技术进步对全要素绿色能源效
率的影响研究》，《科技管理研究》2016 年第 22 期。

于斌斌：《产业结构调整如何提高地区能源效率？——基于幅
度与质量双维度的实证考察》，《财经研究》2017 年第 1 期。

张瑞、丁日佳：《工业化、城市化对能源强度的影响——基于
我国省际动态面板数据的实证研究》，《经济问题探索》2015 年第
1 期。

赵楠、王辛睿、朱文娟：《中国省际能源利用效率收敛性研
究》，《统计研究》2015 年第 3 期。

郑新业、吴施美、李芳华：《经济结构变动与未来中国能源需
求走势》，《中国社会科学》2019 年第 2 期。

中华人民共和国国务院新闻办公室：《中国的能源政策（2012）》，http：//www. gov. cn/zwgk/2012 – 10/24/content _ 2250617. htm，2012。

周敏、谢莹莹、孙叶飞、高文：《中国城镇化发展对能源消费的影响路径研究——基于直接效应与间接效应视角》，《资源科学》2018 年第 9 期。

邹璇、王盼：《产业结构调整与能源消费结构优化》，《软科学》2019 年第 5 期。

Amowine, Nelson, Ma, Zhiqiang, Li, Mingxing, Zhou, Zhixiang, Asunka, Benjamin Azembila, Amowine, James, "Energy Efficiency Improvement Assessment in Africa: An Integrated Dynamic DEA Approach", *Energies*, Vol. 12, No. 20, 2019.

Anderson, Soren T. , Newell, Richard G. , "Information Programs for Technology Adoption: The Case of Energy – efficiency Audits", *Resource and Energy Economics*, Vol. 26, No. 1, 2004.

Aronson, Elliot, Yates, Suzanne, "Social Psychological Aspects of Energy Conservation", *American Institute of Physics*, Vol. 135, 1985.

Aruga, Kentaka, "Effects of COVID – 19 on Indian Energy Consumption", *Sustainability*, Vol. 12, No. 14, 2020.

Bataille, Chris, Melton, Noel, "Energy Efficiency and Economic Growth: A Retrospective CGE Analysis for Canada from 2002 to 2012", *Energy Economics*, Vol. 64, 2017.

Blumstein, Carl, Krieg, Betsy, Schipper, Lee, et al. , "Overcoming Social and Institutional Barriers to Energy Conservation", *Energy*, Vol. 5, No. 4, 1980.

Bohi, Douglas R. , Zimmerman, Martin B. , "An Update on Econometric Studies of Energy Demand Behavior", *Annual Review of Energy*, Vol. 1, 1984.

Cheng, Zhonghua, Liu, Jun, Li, Lianshui, Gu, Xinbei, "Research on Meta – frontier Total – factor Energy Efficiency and Its Spatial Convergence in Chinese Provinces", *Energy Economics*, Vol. 86, 2020.

Chiu, Yibin, Lee, Chien Chiang, "Effects of Financial Development on Energy Consumption: The Role of Country Risks", *Energy Economics*, Vol. 90, 2020.

Dimitropoulos, Alexandros, Oueslati, Walid, Sintek, Christina, "The Rebound Effect in Road Transport: A Meta – analysis of Empirical Studies", *Energy Economics*, Vol. 75, 2018.

Friedman, Lee S., Hausker, Karl, "Residential Energy Consumption: Models of Consumer Behavior and Their Implications for Rate Design", *Journal of Consumer Policy*, Vol. 11, No. 3, 1988.

Gillingham, Kenneth, Newell, Richard G., Palmer, Karen, "Energy Efficiency Economics and Policy", *Annual Review of Resource Economics*, Vol. 1, 2009.

Harris, Jeffery P., Blumstein, Carl, Rosenfeld Arthur H., et al., "Energy – efficiency Research, Development and Demonstration: New Roles for US States", *Energy Policy*, Vol. 21, No. 12, 1993.

Hartman, Raymond S., Donae Michale J., Woo, Chi Keung, "Status Quo Bias in the Measurement of Value of Service", *Resources & Energy*, Vol. 12, No. 2, 1990.

Honma, Satoshi, Hu, Jinli, "A Panel Data Parametric Frontier Technique for Measuring Total – factor Energy Efficiency: An Application to Japanese Regions", *Energy*, Vol. 78, 2014.

Honma, Satoshi, Hu, Jinli, "Total – factor Energy Efficiency of Regions in Japan", *Energy Policy*, Vol. 2, 2007.

Howarth, Richard B., Sanstad, Alan H., "Discount Rates and Energy Efficiency", *Contemporary Economic Policy*, Vol. 13, No. 3, 2010.

Hu, Jinlin, Wang, Shihchuan, "Total – factor Energy Efficiency of Regions in China", *Energy Policy*, Vol. 34, No. 17, 2006.

Huo, Tengfei, Tang, Miaohan, Cai Weiguang, et al., "Provincial Total – factor Energy Efficiency Considering Floor Space under Construction: An Empirical Analysis of China's Construction Industry", *Journal of Cleaner Production*, Vol. 244, 2020.

Jaffe, Adam B., Stavins, Robert N., "Dynamic Incentives of Environmental Regulations: The Effects of Alternative Policy Instruments on Technology Diffusion", *Journal of Environmental Economics and Management*, Vol. 29, No. 3, 1995.

Joskow, Paul, Tirole, Jean, "Reliability and Competitive Electricity Markets", IDEI Working Papers, 2004.

Kempton, Willett, Montgomery Laura, "Folk Quantification of Energy", *Energy*, Vol. 7, No. 10, 1982.

Khan, Zeeshan, Malik, Muhammad Yousaf, Latif, Kashmala, Jiao, Zhilun, "Heterogeneous Effect of Eco – innovation and Human Capital on Renewable & Non – renewable Energy Consumption: Disaggregate Analysis for G – 7 countries", *Energy*, Vol. 209, 2020.

Letu, Husi, Hara, Masanao, Yagi Hiroshi, "Estimating Energy Consumption from Night – time DMPS/OLS Imagery after Correcting for Saturation Effects", *International Journal of Remote Sensing*, Vol. 31, No. 16, 2010.

Mukherje, Kankana, "Energy Use Efficiency in U. S. Manufacturing: A Nonparametric Analysis", *Energy Economics*, Vol. 30, 2008.

Newell, Richard G., Jaffe Adam B., Stavins Robert N., "The Induced Innovation Hypothesis and Energy – saving Technological Change", *Quarterly Journal of Economics*, Vol. 114, No. 3, 1999.

Nicholas, Apergis, Aye Goodness C., Barros, Carlos Pestana, Gupta, Rangan, Wanke Peter, "Energy Efficiency of Selected OECD Countries: A Slacks Based Model with Undesirable Outputs", *Energy Economics*, Vol. 51, 2015.

Ohene – Asare, Kwaku, Tetteh, Eric, Nuertey, Asuah, Evelyn Lamisi, "Total Factor Energy Efficiency and Economic Development in Africa", *Energy Efficiency*, Vol. 13, No. 6, 2020.

Ouyang, Wendi, Yang, Jianbo, "The Network Energy and Environment Efficiency Analysis of 27 OECD Countries: A Multiplicative Network DEA Model", *Energy*, Vol. 197, 2020.

Ouyang, Xiaoling, Mao, Xinyu, Sun, Chuanwang, Du, Kerui, "Industrial Energy Efficiency and Driving Forces behind Efficiency Improvement: Evidence from the Pearl River Delta Urban Agglomeration in China", *Journal of Cleaner Production*, Vol. 220, 2020.

Ouyang, Xiaoling, Wei, Xiaoyun, Sun, Chuangwang, Du, Gang, "Impact of Factor Price Distortions on Energy Efficiency: Evidence from Provincial – level Panel Data in China", *Energy Policy*, Vol. 118, 2018.

Peng, Benhong, Wang, Yuanyuan, Wei, Guo, "Energy Eco – efficiency: Is There Any Spatial Correlation between Different Regions?", *Energy Policy*, Vol. 140, 2020.

Raupach, M. R., Rayner P. J., Paget M., "Regional Variations in Spatial Structure of Nightlights, Population Density and Fossil – fuel CO_2 Emissions", *Energy Policy*, Vol. 38, No. 9, 2010.

Sepehr, Mehrdad Jalali, Haeri, Abdorrahman, Ghousi, Rouzbeh, "A Cross – country Evaluation of Energy Efficiency from the Sustainable Development Perspective", *International Journal of Energy Sector Management*, Vol. 13, No. 4, 2019.

Shogren, Jason F., Taylor, Laura O., "On Behavioral – Environmental Economics", *Review of Environmental Economics and Policy*, Vol. 2, No. 1, 2008.

Townsend, Alexander C., Bruce, David A., "The Use of Night – time Lights Satellite Imagery as a Measure of Australia's Regional Electricity Consumption and Population Distribution", *International Journal of Remote Sensing*, Vol. 31, No. 16, 2010.

Welch, R, "Monitoring Urban Population and Energy Utilization Patterns from Satellite Data", *Remote Sensing of Environment*, Vol. 9, No. 1, 1980.

Wilson, Charlie, Dowlatabadi, Hadi, "Models of Decision Making and Residential Energy Use", *Annual Review of Environment and Resources*, Vol. 32, 2007.

Xiao, Hongwei, Ma, Zhongyu, Mi, Zhifu, Kelsey, John, Zheng, Jiali, Yin, Weihua, Yan, Min, "Spatio – temporal Simulation of Energy Consumption in China's Provinces Based on Satellite Night – time Light Data", *Applied Energy*, Vol. 231, 2018.

Yu, Binbin, "Industrial Structure, Technological Innovation, and Total – factor Energy Efficiency in China", *Environmental Science and Pollution Research*, Vol. 27, No. 8, 2020.

Zou, Gaolu, Chau, Kwong Wing, "Effects of International Crude Oil Prices on Energy Consumption in China", *Energies*, Vol. 13, No. 15, 2020.

索　引

B

部门统计系统　24

抽样调查　12，13，25，29，196，201，202

储备资产　42，68，72，73，96，118，119

存货　66，68，72，74，86，90，95，96，121，128

存款性公司　42，48，51－53，58，98，100，116

大数据　1，3，5，24，25，29，31，38，57，58，131

贷款　36，40，51，52，54，68，72，73，82，96，99，102－104，139，143，144，149，154，161，163，209，211

单位国内生产总值　218

F

服务业统计　3，24，30

复式记账　66，67，71

G

杠杆率　41，142，143，152－154，157

H

高质量发展　2，3，8，20，22，25，29，30，180，189

股票　43，52，54，68，72，73，81，96，104，105，108，117，118，125，153，160，163

固定资产　12，24，66，68，72，74，90－96，105，121，128，132，133，218

管理体制　3，11，12，14，15，20，23，28，29，36，130

国际统计标准　1，3，8，9，14，18，20，22，44，55，56

国民财富　127，132

国民经济核算　3－5，13，14，16，24，30，32－34，37，43，44，61，63，65，78，80，83－87，129，133，134

国民账户体系　3，13，16，33，37，44－46，81，82

货币供应量　4，36，38－40，42，43，49，50，53，58，59，61，97

货币统计　42，43，46，48－50，62

J

机构部门　4，5，45，63 – 67，69，
71 – 82，86，90，93，95，97 –
103，106，108，109，111 – 116，
118，120 – 129，131，132，160

金融负债　42，66，68，69，71，
82，118，128

金融监管　41，59，108，138

金融体系　34 – 36，39，50，57，59

金融统计　2 – 4，26，33 – 49，51 –
62，78，139

金融危机　6，26，31，37 – 39，41，
55，56，60，63，78，79，88，
138，156，190

金融稳定统计　38，40

金融衍生品　68，72，73，81，96，
115 – 117

金融资产　42，45，50，60，63，
66，68，69，71 – 75，78 – 82，
90，93，96，107 – 109，116，
118，121，127 – 129

经济所有权　66

K

可再生能源　166，167，171，172，
174，177，181，185，191，193，
195，196，216，223

L

绿色能源　195

N

能源技术　180，182，188，201

能源结构　170，174，177，181，
183，185 – 188，204，222，223

能源利用效率　7，166，174，175，
191，203，206 – 225，227

能源平衡表　167 – 169，191，194，
199，200

能源强度　215，216，220，221，
223，224，226，227

能源统计　2，6，7，165 – 167，
169，170，172 – 175，180，183，
189 – 203，222 – 225，227

能源消费　7，166，168 – 174，176 –
178，180，181，183 – 192，194，
200 – 210，212，214 – 216，218，
220 – 228

能源效率　168，170，175，178，
179，182，183，186 – 188，201，
205，206，209，216 – 227

能源政策　7，165，168，169，176，
177，179 – 181，183，185，186，
209，228

P

评级方法　2，6，137，140，144，
149，153，159，163

评级机构　2，6，137 – 140，144，
153，160 – 164

普查　11，12，14，15，25，72，90 –

93，95，96，105，107，191，
197，201

Q

权责发生制　66，80，130

全社会用电量　177，183，185，
188，197

S

社会融资规模　39，41－43，52，
59，61

市场失灵　208，209，211，
212，215

数据发布　4，17，27，38，40，45，
51－54，57，197，201，224

数据评估　48，55，56，192

数据生产　1，16，17，24，30，44，
46，48，198，200－202

数据质量　1－4，17，21，22，25，
29，31－33，38，40，45－48，55－
58，60，62，78，131，191，192，
198，201，202

T

通货　68，72，73，96－99，101

统计体系　1－4，7－10，13，15，
18－23，25－34，36－39，41－
44，48，56，57，61，83，186，
189，190，193，195，196

统计现代化　1，2，9，21，23，29

统计质量管理　17，40

W

外部性　209，210，212，213

外债统计　45－48，56

X

系统性风险　27，31，59，163

现金流　70，140，143，144，149，
153，154

新能源　166，167，171，172，177，
181，182，185，186，191，
193，196

信贷统计　35，36

信息缺口　4，26，31，39，43，49，
56，59，60

信用评级　6，137－141，144，145，
148－150，154，156，159－164

Y

预警体系　3，31

Z

债券　6，43，50，52，54，58，66，
102，111－113，119，122，123，
125，137－140，144，160－164

债务性证券　68，72，73，96，
111，113

政府统计　1，10，11，13，25，26，
28，31，32，130，131，191，224

知识产权产品　90，132，133

资本充足率　153

资本市场　6，69，93，137－139，
　141，163
资产负债表　2，4，5，30，38，42，
　45，48，51，52，63－84，86－91，

93－97，99，102，105，114，116，
　120，124，127－136，144
资金流量核算　42，45，51，78，85－87
综合统计系统　24